参加型文化の時代における
メディア・リテラシー

言葉・映像・文化の学習

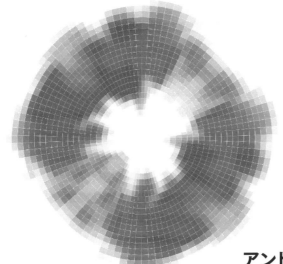

Making New Media
Creative Production and Digital Literacies

アンドリュー・バーン 著
Andrew Burn

奥泉香 編訳
Kaori Okuizumi

訳|
石田喜美
田島知之
松田結貴
水澤祐美子
村井明日香
森本洋介
和田正人

Making New Media: Creative Production and Digital Literacies,
First Edition by Andrew Burn

© 2009, 2015 Peter Lang Publishing

Making New Media: Creative Production and Digital Literacies, First Edition was originally published in English in 2009. This translation is published by arrangement with Peter Lang Publishing.

日本語版へのまえがきと謝辞

　日本の読者のために翻訳されたこの本を見ることは，私にとって大いなる喜びであり，この新たな読者にとって，本書が手にとっていただけるようになることは，私にとって大変光栄なことです。デジタル時代におけるメディア・リテラシーというテーマは，世界中のすべての国々においてそれぞれに異なった重要性を持っていますので，こういったテーマについて国際的な議論に私の仕事が貢献できることを大変嬉しく思います。この協働研究プロジェクトのためにご尽力くださり，私を日本に招聘してくださった奥泉香氏をはじめとする心強いメンバーである，石田喜美氏，田島知之氏，松田結貴氏，水澤祐美子氏，村井明日香氏，森本洋介氏，和田正人氏，高橋敦志氏に心から感謝を申し上げます。

　この本における以下のようないくつかの章の内容がもともと所収されていた雑誌の出版社や，編集者の方々にも感謝を申し上げます。

　以下の章は，次の雑誌に掲載されていた論考を基に執筆しています。

第2章　*Convergence*, Vol. 3, No. 4, Winter 1999.

第3章　*Education, Communication & Information*, Vol. 1, No. 2, 2001, pp. 155–179.

第4章　*English in Education*, Vol. 33, No. 3, Autumn 1999, pp. 5–20, and is re-published here by permission of the National Association for the Teaching of English.

第5章　*English in Education*, Vol. 37, No. 3, Autumn 2003, pp. 41–50, 20, and is re-published here by permission of the National Association for the Teaching of English.

第6章　*Explorations into Children's Literature.* Vol. 14, No. 2, 2004, pp. 5–17.

第7章　*L1 - Educational Studies in Language and Literature*, Vol. 7, Issue 4, October 2007.

この本に著した研究の多くは，協働研究という性質を持っています。第2章，第3章の基になった論文の尊敬すべき共著者であるDavid Parker氏とKate Reed氏に感謝いたします。また，ロンドン大学教育学研究所，子ども・若い人たちとメディア研究センター(The Centre for the Study of Children, Youth and Media)，ロンドン・ナレッジ研究所(London Knowledge Lab)における同僚にも謝意を表します。これらの同僚の方々と，私はこの本に書いた内容について，研究費を獲得した多くのプロジェクトで共に研究をしてきました。特にDavid Buckingham氏，Diane Carr氏，Martin Oliver氏，Caroline Pelletier氏，Shakuntala Banaji氏，Rebekah Willett氏，そして英国映画協会(British Film Institute)のMark Reid氏に感謝を申し上げます。

さらに，この本のいくつかの章において言及したプロジェクトに貢献してきてくださった学校や教育施設の仲間にも，お世話になりました。特にJames Durran氏，Louise Spraggon氏，Trish Sheil氏，Donna Burton-Willcock氏，Britta Pollmuller氏に感謝いたします。そして，この本で述べた多くの実践的な研究を行ってくださったケンブリッジのパークサイド・コミュニティ・カレッジ(Parkside Community College)の生徒やスタッフの皆様にも，感謝いたします。また，編集者の方々の激励や編集技術にも感謝いたします。編集者の方々の精緻な読みのおかげで，この本のいくつかの章の構成を作ることができました。Julian Sefton-Green氏，Mark Reid氏，Jenny Leach氏，Helen Nixon氏，Wendy Morgan氏，そしてColin Lankshear氏に感謝いたします。

最後に，この本の基盤となるカルチュラル・スタディーズの歴史や社会記号論，そしてメディア教育を私に手ほどきくださったKen Jones氏，Gunther Kress氏，そしてDavid Buckingham氏に，感謝を申し上げます。

いくつかの章で言及したさまざまな研究プロジェクトにおいて，以下の研究基金をサポートしてくださった団体にも感謝を申し上げます。

- the Arts and Humanities Research Council ('Textuality in Videogames')

日本語版へのまえがきと謝辞

- the Economic and Social Research Council and Department for Trade and Industry（'Making Games', RES-328-25-0001）
- Creative Partnerships（'Rhetorics of Creativity'）
- the Cambridge Film Consortium, Screen East and the British Film Institute（the Primary Animation Project）
- BECTa（the Digital Video Pilot）
- the Eduserv Foundation（'Learning in Virtual Worlds; Teaching in Second Life'）

第8章で述べた Peter Twining 氏と the Open University's Schome project にも感謝を申し上げます。

アンドリュー・バーン
ロンドンにて，2017年6月
（奥泉 香／訳）

訳者まえがき

　CGM（Consumer Generated Media）と呼ばれる参加型メディアの普及する現在，学習者はどういったデジタル・リテラシーを身につけていく必要があるのだろうか。また，そのデジタル・リテラシーの学習では，どういった分析力やそれを支える言葉の力，アイデンティティや文化について学ぶ必要があるのだろうか。そして，その学習では，どういった方法や理論的基盤が必要になるのだろうか。

　私たち教育に携わる大人は，実は自らもこういったことを学んだ経験が無い。しかし現実的には，たとえば国語科の授業では従来からの広範な読み物テクストがあり，それらと学習者を取り巻くメディアやテクスト環境との関連を，教師自身が考え工夫して学習させていかなければならない。この書は，こういった問題にアンドリュー・バーン（Andrew Burn）氏が挑戦し，英国の教師や学習者とともに紡ぎ出した学習方法や実践記録の分析を通した提案が示されている。

　原書名は，*Making New Media: Creative Production and Digital Literacies* であり，本書はその全訳である。この書では，民話や児童文学等のテクストから映画，写真，ゲームまでをも射程に入れた多様なテクストと，それらの制作や「創り換え」を通じた学習が提示されている。そして，そこではカルチュラル・スタディーズや修辞法，視覚記号論，機能文法といった理論が基盤として堅固に位置づけられている。こういった広範なメディアと接することを通して，デジタル・リテラシーやそれを支える言語や思考の力を育成しようとするバーン氏の挑戦が，読者の方々の力となることを願って一同翻訳した。

　この書を多くの方々に届けることを可能にし，終始励ましてくださったくろしお出版の池上達昭氏と出版社の方々に，心から感謝を申し上げる。

凡　例

翻訳にあたっては，以下のような規準を設けて訳し記した。

- 註については，原註は巻末にまとめて章ごとに示し，訳註は各章の欄外に示した。

- 「オーディエンス」，「コード」といった，メディア・リテラシー教育で既に日本においても安定的に使用されている語，及び「ソーシャル・メディア」といった日本社会において日常的に新聞等で目に触れる機会の多くなった語については，そのままカタカナ表記を用いて表した。

- 次のような特殊な意味の語の表記については，訳語の上にカタカナのルビを付して原語を記した。たとえば，仮想世界サービスである「セカンドライフ」の中で使用される「島」のような場合である。また，「物語」「言説」等の語については，訳し分けの必要に応じてルビを付した。

- 人名については，研究者の名は，「カタカナ表記(英語表記)」で記した。各章の初出ではフルネームで示し，後出では原著に記されている通りに，苗字のみあるいはフルネームでカタカナを用いて記してある。また上記の研究者以外，特に実践記録中の生徒の氏名については，固有名詞で発音が特定できないものがあるため，一律に原語の英語表記のみで示した。組織名や小説，映画等の作品名についても，初出時に「邦訳名(原語)」を記した。

- 原著書の本文中にイタリックで示されていた箇所は，太字のゴシック体で記した。

目　次

語版へのまえがきと謝辞 i
訳者まえがき iv
凡例 vii

第1章　新たなメディアを作る
　　　文化，記号論，デジタルリテラシー／リオラシー(Lit/oracy)　1

カルチュラル・スタディーズ：文化の広範な定義に戻る 3
マルチモダリティとカルチュラル・スタディーズ：
　相互補完的な枠組みなのか？ 8
基本概念(criticality)と修辞技法 11
基本概念，美学，楽しさ 15
創造性 20
参加型の新たなメディア 23
集合知 31
結論 34

第2章　デジタル・フリーズフレーム
　　　スチル写真の比喩性と社会的なものとしての技術　37

画像の技術—「画期的な変化」？ 37
スチル写真：モンタージュ理論から共時的統語へ 44
全体のための部分：第2の共時的統語 52
社会的利用：誘いや引用としてのスチル写真 55
予告編制作：スチル写真と動画のテクノロジー 58
結論：未来のデジタル・コテージ業界 59

目　次

第 3 章　デジタル・ネイティブが「サイコ」を復活させる　63
　サイコ：ホラー映画の生みの親！...64

第 4 章　デジタル・インスクリプションと新たな視覚記号論
　　　　　小学生が作るアニメーション　85
　はじめに..85
　インスクリプションのシステムと新しいコミュニカティブ・
　ランドスケープ..89
　共時性のインスクリプション..92
　変容..94
　(再)統合..97
　(非)固定化..99
　双方向性..102
　通時性のインスクリプション..103
　変容..104
　(再)統合..105
　縮小・拡大..107
　フレーム内の動き..108
　トランジション..109
　(非)固定化..110
　双方向性..111
　ディスプレイのインスクリプション..112
　結論..114

第 5 章　バイリンガルな生徒たちの動画を使った自己表現
　　　　　詩，パフォーマンス，動画　117
　はじめに：「国語科」における動画..117
　映像を作る：詩とキネイコニック・モード..121
　マルチモダリティと動画の場合..131
　結論：パフォーマンスの技術..133

第 6 章　ポッター・リテラシー
　　　　　文学，映画，ゲームとクロス・メディア・リテラシー　　137

クモのアラゴグ——メディアを横断したナラティブの変容................. 141
リプレゼンテーション 142
組織 154
対峙性 156
メディア・リテラシー：マルチモーダルか，モード固有のものか？
　... 163

第 7 章　コンピュータ・ゲームで「書く」物語(ナラティブ)
　　　　　ゲーム・リテラシーと古くて新しい物語　　167

生徒が書いたゲーム 169
Eleanor のゲーム 172
Ochirbat のゲーム 182
物語(ナラティブ)を「書く」.. 183
遊戯的「ライティング」.. 187
周辺的リテラシーズ 191
新しいゲーム，昔からの物語 192
ゲーム・リテラシーのモデルを目指して 197

第 8 章　マシニマ，「セカンドライフ」にみる
　　　　　アニメーション教育の新たなかたち　　201

アニメーションとデジタルビデオ 203
「セカンドライフ」における芸術家 207
「セカンドライフ」でマシニマを教える 216
生徒たちのマシニマ 224
結論 234

原註リスト 238
参考文献 243
索　引 253

第1章

新たなメディアを作る

文化，記号論，デジタルリテラシー／リオラシー（Lit/oracy）

> どうすればその人のスキルを卓越したものにすることができようか？
> エドムンド・スペンサー（EDMUND SPENSER），
> 『ザ・シェパード・カレンダー（THE SHEPHERD'S CALENDAR）』

　本書は2つのことについて述べている。1つは「作ること」であり，もう1つは新たなメディアのことである。中世の英語やスコットランド英語において，「作る」は詩を書くこと（writing poetry）と同義であった。ギリシャ語の動詞で作ることを指す **poieo** が語源となっているからである。この語源は本書のすべてにわたって重要である。1つの理由としては，「作ること」は表現されたものや芸術作品を生み出すことであり，本書で述べられている学習者と教師のすべてのメディア制作に関する実践が広い意味でこれに当てはまるからである。メディア制作と教育における芸術活動の関係は，リテラシーについても当てはまる。また，教師や研究者は創造性という言葉を同様の意味で用いることがあるだろう。もう1つの理由は，「作ること」が物質を構成することによる実践的な表現性であり，これもまた本書のテーマであるからである。

　作ることは，一義的には**リプレゼンテーション**に関することである。リプレゼンテーションは何かしらの世界を再構成するアイデア，そして言語やイメージ，音楽，演劇的な動きといった構成要素によって構築されうるアイデアの組み合わせのことである。ミメーシス[訳註1]や模倣といった言葉を用いたアリストテレス（Alistotle）にとって，リプレゼンテーションは人間の芸術活動によって作られた自然の模倣という意味で文化的なものであ

[訳註1] 自然を模倣する修辞技法のこと。

り，また詩の作り出す「文化的な」空間の中にリプレゼンテーションが発生するということも意味していた。しかしリプレゼンテーションは言語や音楽を物理的に用いることによって特定の美的感受性に関する効果を生み出すため，物質的な意味でも文化的である。とはいえ，リプレゼンテーションをただ自然の模倣として理解することは，リプレゼンテーションを脱政治化することにほかならない。言語がどのように政治作用に介入ないし実際に影響するかというアリストテレスの考え方は，アリストテレスの言う**詩論**ではなく，**修辞技法(レトリック)**に属する。近代のリテラシー論者にとって，リプレゼンテーションと修辞技法は一緒に扱われる。ビル・グリーン(Bill Green)は1995年において既に，英語教師はクリティカルなポストモダンの教育学を模索する必要性があると述べている。そのような教育学は「ポピュラー・カルチャー，テクスト性，修辞技法と政治性，そして『創造的』かつ『クリティカル』な意識にもっとも焦点を当ててリプレゼンテーションを楽しめるようになることを内包」(Green, 1995: 400)している。

　上述した人々の言葉を再読すると，意欲的にアイデアを統合しようとしていることに私は感銘を受ける。英国よりもオーストラリアのリテラシー研究の歴史において強く取り組まれてきた修辞技法の概念と同様に，未来の教育学に目を向ける必要があるのだと，冒頭で述べたことを再度述べておきたい。未来の教育学では，クリティカルかつ創造的なメディア・リテラシーを要素として含む必要がある。また，メディアと言語カリキュラムを対象にしたテクスト性の概念，そして多様な様式とメディアの観点から考える必要のあるテクスト構造(Kress & van Leeuwen, 2000)，多様な形態のリテラシーとの関係(Cope & Kalantzis, 2000; Lankshear & Knobel, 2003)についても未来の教育学に含める必要がある。さらに，未来の教育学は政治的なコンテクストにおける実践に位置づけられる必要があるが，一方でそのことによって楽しむというアイデアが理解されづらくなってしまうことも再度述べておく必要があろう。

　グリーンの，修辞技法とテクスト性，ポピュラー・カルチャーの概念を結びつけようとする考え方は，後述するように，ギュンター・クレスと

セオ・ヴァン・ルーヴェン(Gunther Kress & Theo van Leeuwen, 1992)がロラン・バルト(Roland Barthes)の研究成果を批判した論文を思い起こさせる。その論文において彼らは，記号論を「カルチュラル・スタディーズの理論的，分析的，詳述的な分野である」と指摘したのである。私のように伝統的な英国のカルチュラル・スタディーズを学んできた人間にとってそのような指摘は，レイモンド・ウィリアムズ(Raymond Williams, 1961)のような先駆者の研究や，その研究を引き継いだバーミンガム大学現代文化研究センター(Birmingham Centre for Contemporary Cultural Studies)の研究，そしてより最近のポピュラー・カルチャー現象を解釈しようとする発展研究，とくに多様で断片的で流動的な若者文化の研究から生じていった文化理論を整理しようとしているに過ぎない。クレスとヴァン・ルーヴェンの主張はこれらの研究の流れと，社会言語学，とくにマイケル・アレクサンダー・カークウッド・ハリデー(Michael Alexander Kirkwood Halliday, 1985)の研究に由来するテクストの文化的機能・社会的機能に基づく重要な理論を関係づけたものである。結果的に，彼らの主張はテクストと，そのテクストに関連する記号の生産者，すなわち記号を作る者，使い，読み，視て，遊ぶ者の社会の関心を結びつける。教育のコンテクストにおいて彼らの主張は，メディア教育にカルチュラル・スタディーズがどのように影響したかに関する提言と同様に，子どもがメディア・テクストとどのように関わっているのかに関する重要な研究を行ったデビッド・バッキンガム(David Buckingham, 1996を参照)のように，子どものメディア文化と研究を統合する準備に関する意味の理論の大切さに気づかせてくれる。

■ カルチュラル・スタディーズ：文化の広範な定義に戻る

カルチュラル・スタディーズは，私にとってつねに上述した議論の重要性を意識させるものであろう。カルチュラル・スタディーズはメディア研究の発展を非常に活性化させてきた。この研究によってテクストの構造から生きた文化へ，空想上の傍観者から現実のオーディエンスへ，抽象的なテクストのポリティクスから位置づけられた文化のポリティクスへと，劇的に焦点がシフトした。しかし，研究方法がエスノグラフィック調

査，言説(ディスコース)分析，社会理論へと発展するにつれて，意味(signification)やテクストについて考察するためのまったく新しい方法ではないということも明らかになってきた。カルチュラル・スタディーズの学者がテクスト分析の技法にたどり着いたとき，ディック・ヘブディジ(Dick Hebdige, 1979)やジョン・フィスク(John Fiske, 1989)がフランスの記号論を用いてパンクやマドンナを丁寧に分析した方法との違いがなく，彼らは単に時代を遡った，もしくは昔行われていたことを借りていたに過ぎなかったのである。

そのためクレスとヴァン・ルーヴェンによって提起された新しい記号論の組み合わせは，構造主義者の記号論をいくぶん明確に改良して提供したものであり，控えめに言っても，意味の流動性や不確実性に焦点を当てたポスト構造主義者の恩恵を維持しつつ，そのアピールに目を向けたものに過ぎない。

しかし，少なくとも作業を通じて実践的に認識する方法で，理論と研究方法の組み合わせを期待させることに，私たちは着目する必要がある。リプレゼンテーションと修辞技法につながりを持たせることがここでは重要であるため，私が知る中ではグリーンの主張は最良で，もっともインクルーシブで，想像性に富むものである。グリーンがポピュラー・カルチャー，リプレゼンテーションの楽しみと政治性を持ち出したことは，カルチュラル・スタディーズ研究に強い影響を与えている。若者のサブカルチャーの理解に拡大した教育の社会学(Willis, 1977; 1990)と，子どもがとくにポピュラー・カルチャーを学校に積極的に持ち込む英国におけるメディア教育の発展(Buckingham & Sefton-Green, 1994; Marsh & Millard, 2000)の両方にグリーンの主張が建設的に関わっているためである。

ポピュラー・カルチャーは，本書に収録した諸論文において繰り返し扱われるテーマであり，学校の教師を経てリテラシー分野一般，とくにメディア教育分野の研究者になった私にとって，実践・理論・方法論を計画しながら取り組まれてきたテーマであり，この10年間はこのテーマで諸雑誌に寄稿してきた。ポピュラー・カルチャーは頻繁に注目されている。また，よく知られていることであるが，メディア・スタディーズとメディア教育がポピュラー・カルチャーを真剣に取り扱う数少ないカリキュラム

の分野であり，メディア教育者にとってそのことは信仰のようなものである。しかしながらポストモダン主義者にとってのメリットの1つは，これまで厳密に保たれてきた大衆文化とエリート文化の境目が曖昧になってきているという前提が生じてきていることである。その2つの文化の境目に位置するメディア・テクストが若者に良い意味で使用されており，嗜好や文化的価値に疑問を投げかけ，2つの文化の違いを不安定にさせているからである。第2章でニール・ジョーダン(Neil Jordan)の映画である『狼の血族(The Company of Wolves)』に対する13歳の子どもの取り組みに関する事例を挙げ，そのことについての話題を提供する。この事例はある意味でアートシアター系ファンタジーに対する意識化であり，またある意味では人気のある人狼映画の映像比喩表現を技術的にどのように活用したのかということである。同様に第3章では，低予算で制作された有名ホラーで，後に傑作まで上り詰めた『サイコ(Psycho)』を10代の若者が分解して模倣した事例を検討する。他の章では伝統的な民話をテレビアニメのイメージに注いで子どもがどのようにアニメーションを制作したのかを検討したり(第4章)，子ども向けコンピュータ・ゲームがどのようにSFのテクストを作りつつも壮大な古典の物語を修正したのかを検討したり(第7章)，パソコン上で作られるCGアニメーション作品が，どのように自身を一人称視点のシューティングゲーム(First Person Shooters: FPS)からヨーロッパのアートシアター系アニメへと，異なる美的感受性の伝統に位置づけたのかを検討したりする(第8章)。

　ポストモダン主義者の説明にしては軽薄に語り過ぎなのかもしれないが，カルチュラル・スタディーズの歴史と密接に関係して，そしてメディアとリテラシーを学際的に捉えている教師として，異なる文化について考えうるもう1つの方法は，英国のカルチュラル・スタディーズの名著の1つであるレイモンド・ウィリアムズの『長い革命(The Long Revolution)』(Williams, 1961)に回帰することであろう。本著は初期のカルチュラル・スタディーズにとってポピュラー・カルチャーの重要性や価値にもっとも影響を与えた作品であり，ウィリアムズの「生きられた文化(lived culture)」に根差した考えを示唆し，「文化は特定の生活の仕方を説明した

ものであり，芸術と学習だけでなく慣例や振舞いにおける特定の意味や価値を表現している」(Williams, 1961: 41) という「社会的規定」を顕著に示している。

カルチュラル・スタディーズに影響を受けたメディア教育者は，若者によって示された嗜好の蔓延を理解する必要があるとする「共通の文化」をひとまとめにしてしまうことの危険性の指摘に苦心してきた。一方で社会学における若者文化は，若者と子どもの文化への関わり方が脆いものであると認識するようになってきている。無数の様式やライフスタイルが，グローバルおよびローカルな力によって形成されたり，または彼ら自身が形成したりしているからである (Bennett, 2000; McRobbie, 1991; Willett, 2006 などを参照)。

しかしカルチュラル・スタディーズの分野では，ウィリアムズの文化の3つの定義，その定義に対応した彼の区別による3つの文化のレベルに回帰しようとはしてこなかった。社会的な定義からすれば，彼の定義は「理想」，もしくは「記録」に過ぎなかったからである。彼が「選択的伝統」と説明する文化のレベルや，「文書記録(documentary record)」と説明するものがそういった批判の対象となっている。

しかし私からすれば，これらのカルチュラル・スタディーズの伝統から見過ごされてきた主張へと回帰することに意味があると思われる。その主張とは，文化を，階級を基礎とした政治性から解放し，そのときどきに存在しているものに目を向けるということである。

ウィリアムズの選択的伝統という考え方には，今では3つの意味があるかもしれない。まず，その考え方は文化の違いの歴史的な過程を提示することにより，エリートと大衆という二分法の立場から離れることを提案している。確かに，この過程はエリートの支配的な嗜好や価値を再確認することなのかもしれない。しかし，ポストモダン主義者の前提が，古いヒエラルキーを実質的に反転させることではなく，もっと多様で何らかの価値を持っているとすれば，その過程は有益な結果をもたらすだろう。次に，選択的伝統は，今日の時点ではありふれた文化であったとしても，明日には高い価値を有した文化になっている可能性を示唆している。このパター

第 1 章 新たなメディアを作る

ンは今日当たり前となっているメディアの歴史に共通していることを見れば理解できるだろう。昨日の新聞の連載漫画が，今日の収集家の関心事になっていたり，30 年前のコンピュータ・ゲームがエリートの文化組織から監督される対象になっていたり[①]，1950 年代の B 級映画が親しみや敬愛の念を込めて英国映画協会(BFI)に所蔵されていたりといったことである。最後に，過程としての選択的伝統それ自体は文化的価値の論争や交渉を提起しているに過ぎない。私たちが生徒に対して，文化的価値をあらわにしたり，批判の対象にしたり，どのように参加するのかを学んでほしいという過程が選択的伝統であることは確かなことである。

　文書記録の議論にみられるウィリアムズの文化に対する考え方に関して言えば，文化の歴史的な視点，すなわち生徒が文学やメディアの文化的価値を発見するという意味があろう。ここでの主要な論点は，クリティカルな距離をとることができるかということである。すべてのメディア教師は生徒とともにミュージック・ビデオを作ることが難しいことを知っている。生徒は自身の音楽の嗜好に夢中になってしまい，他の生徒にとってメリットになりうることが見えなくなってしまっているのである。このような状況から抜け出す方法の 1 つは，一時停戦の交渉を行い，異なるジャンルや音楽形式についての議論を聴く余地を作ることである。もしくは，影響力のある英語メディア教師のピーター・フレイザー(Peter Fraser)とその同僚であるバーニー・オーラム(Barney Oram)によって提案された方法もある(Fraser & Oram, 2003)。その方法とは，1960 年代や 1970 年代の曲を生徒に聴かせ，クリティカルな距離を簡易的に作らせるというものである。客観的な立場に身を置くことが，「古い」音楽によって再構成された文化状況の学びになるというのである。学びとは，言い換えれば文化的意義を記録するということである。文化の記録に対するウィリアムズの認識は長い歴史の歩み(市民化の歴史の証拠の記録)によって説明されてはいるが，私たちはもっと短いスパンでそれを考えることができるかもしれない。ポピュラー・カルチャーの様式はわずか数十年のあいだで劇的に変化している。しかし生活様式や嗜好は，現代の生徒が親や祖父母にインタビューしても，大きく変化していることはないだろう。

ウィリアムズの3つの文化レベルに回帰することは，リテラシーとメディアを扱う教師にとっていくつかの明確な利益があると考えられる。とりわけ，いくつかの扱いにくい分野において大きな助けになる歴史的な視点を提供する。文化的価値を単に相対化するということや，文化的価値をそのときの嗜好に変換することよりもむしろ，文化的価値が年代を超えてどのように増大するかを考える方法を提供し，社会的権力が文化的価値に作用する過程を可視化することに意義がある。歴史的な視点は長かろうと短かろうと，無制限に現代をもてはやすか，もしくは不満に思うかということではなく，むしろ私たちと生徒にクリティカルな視点と世代を超えた理解を与えてくれるのである。ある時点のエリート文化を激しく風刺し，ポストモダンに傾倒するのではなく，エリートと大衆という二極的な視点からどのように脱却し，それぞれの文化を互いにフィードバックさせ，互いに風刺し，変形させていくのかを考えることができるようにするのである。もっとも重要なことは，メディア教育者にとって困難な事象である文化的価値という問題に実際に取り組むことができるようになることである。文化的価値という事象に取り組むことができるようになったことで，以下に述べていくようなメディア・テクストの美的感受性に関する面を再考できるようになったのである。

■ マルチモダリティとカルチュラル・スタディーズ：相互補完的な枠組みなのか？

リテラシーに対する社会記号論の価値，さらに言えば，とくにマルチモーダルな取り組みについてはよく知られている。この取り組みは英語を母語とする人間の世界では数十年以上に渡って熱意のある活動がなされてきたことに下支えされている。その活動では，子どもや若者によって取り組まれたコミュニケーションやリプレゼンテーションの活動がどのように社会的なモチベーションと関わることが必要なのかを検討したり，記号の様式がそのような活動においてどの程度表現されているのかを検討したりしている。

しかしながら，仮にカルチュラル・スタディーズに意味の理論が欠けているのであるとすれば，社会記号論は，1992年にクレスとヴァン・ルー

第1章　新たなメディアを作る

ヴェンによって提示された方法での理想的な学問領域としてのカルチュラル・スタディーズを超えることはできないということが言えるかもしれない。共通の文化，ピエール・ブルデュー（Pierre Bourdieu）によって示された文化的嗜好の社会的決定要因，ポピュラー・カルチャーの政治性，アイデンティティが少しずつ主観的に形成されたサブカルチャーの参入，といったテーマに焦点を当てることは，近年のマルチモダリティに関する研究においてそこまで重点的なテーマにはならなくなっている。純粋に社会記号論やマルチモダリティの理論に焦点を当てることがいまだに重要となっている。意味構築（meaning making）の重要性は，記号をつくる人間の意図に正確に注意を払いつつ，そういった人間が作ったテクストの中にひたすらその証拠を探そうとすることにある。対照的に，カルチュラル・スタディーズでは周知のようにテクストを無視する。これは映画理論がテクストに固着していたことへの反発に始まり，より近年の社会学的な嗜好，生活様式，コミュニティやアイデンティティが注目を集める時代にまで続いている。カルチュラル・スタディーズではコンテクストに根差した観察，エスノグラフィックな研究，インタビューといった手法で研究対象の証拠を収集していく。

　これらは単に専門外の人間には理解しがたい研究手法上の論点のみを指しているわけではない。研究手法と理論は結びついている。あるアプローチでは，テクストを作った人間の意図が仮にあったとしても，テクストとしての世界を構築する。他のアプローチでは，よく知られているものとしてオーディエンスからのアプローチがある。オーディエンスのアプローチは，テクストの背景にいるオーディエンス，具体的に関わっているオーディエンスを検討する。これら2つのアプローチの両方とも私にとって重要であることには理由がある。

　カルチュラル・スタディーズでは，よく知られている「文化の回路」モデルがある。このモデルは，スチュアート・ホール（Stuart Hall, S.）が構造とエージェンシーという不毛な対立を解消しようと努力した研究に始まり，発展研究としてソニーのウォークマンを研究したものがある（du Gay et al., 1997）。この発展研究では，リプレゼンテーションとコミュニケー

ションがメディアの所産から生まれる異なる接点(**リプレゼンテーション，アイデンティティ，生産，消費，規律／規制**)を循環していることを示唆している。これらの接点の表面は，ある意味ではメディア，メディア産業，政治による規制の三者による政治経済的側面を指している。他方では，解釈と消費，メディア・テクストの受容と自身で意味を生み出すことのあいだで葛藤するオーディエンスの社会的コンテクストを指している。テクスト性の問題は，以下のことから比較的注目されづらい。リプレゼンテーションはテクストの印象よりもむしろその政治性が問題となっている。また制作に代表されるテクストづくりにおいては，作った作品の記号的な機能よりもむしろ制作過程におけるメディアの政治経済的側面が強調される。さらにオーディエンスは消費者として位置づけられる。繰り返しになるが，オーディエンスの解釈の問題ではなく，経済的な側面が強調されるのである。

　マルチモダリティの理論に関する上記の事例は，クレスとヴァン・ルーヴェン(Kress & van Leeuwen, 2000)によって指摘され，多大な影響を与えた，記号階層のスキーマから引用したものである。その階層とは以下のものである。

　　言説（ディスコース）　（現実の何らかの側面であると定義される）
　　デザイン　（記号モードの選択であると定義される）
　　生産／制作　（メディアの選択であると定義される）
　　流通　（新しいメディアの登場によって流通やメディアのあり方が変化する可能性がある。たとえば，ミュージック・ビデオはテレビという放送機器の登場によって変化した）

　クレスとヴァン・ルーヴェンは指摘していないが，新たな階層として**解釈**を付け加えるほうがよいと思われる。解釈に関しては彼らの著書にも章のテーマとして記載されている(本書でも第6章に記載している)。彼らにとって解釈もまた記号的な生産物であるため，論理的に導出される階層であるように思われる。

第1章　新たなメディアを作る

　以上のことを考慮すれば，クレスとヴァン・ルーヴェンの階層の理論はポール・デュゲイ（Paul du Gay）らの文化の回路の考え方にかなり合致していると言えよう。両者ともに変遷について主張しているが，厳密には年代のことではなく（クレスとヴァン・ルーヴェンは年代の変遷という考え方に反対しているが），少なくともデザイン，生産，流通，受容，テクストの制作者とそれを読む人間のあいだの意味の往還といった一連のプロセスを包含しているのである。この違いは，マルチモーダルなモデルが，もっとも細かい記号のレベルでテクストの構造を分析する記号の理論と密接に関わっている（しかし文化の理論とは構造的に関係していない）ことを示している。一方でカルチュラル・スタディーズのモデルは生産と消費の文化的な政治性と密接に関わっている（しかしいかなる意味の理論とも構造的に関係していない）。

　当然だが，これは両者の立場を単純化したものに過ぎない。単純化したのは，両方のモデルがともに不完全であるため，メディアとリテラシーの教育者は両者を組み合わせて用いることが最善であるという主張によるものである。

　本章で述べたことを繰り返すと，リテラシーという概念を振り返ることは本書の内容，およびリテラシーとメディアの教育者と密接に関わる，ということである。繰り返しになるが，本議論におけるキーワードはすべて，ビル・グリーンの未来の教育学という視点に由来している。

■ 基本概念（criticality）と修辞技法

　修辞技法のみならず，凝縮されたグリーンの声明には「クリティカル」という言葉が含まれる。「クリティカル」の要素は彼らが信奉するリテラシーの3つのモデル（**操作的，文化的，クリティカル**）（Bigum *et al.*, 1998; Lankshear, Snyder, & Green, 2000 参照）にも含まれている。「クリティカル」は成熟した概念であるクリティカル・リテラシーでもより広範囲にわたって議論されている（Morgan, 1997 参照）。

　基本概念という概念はメディア教育の文脈において特定の歴史を持つ。英国，ならびに他の国々においても，一般的な概念の枠組み（conceptual framework)の了解が得られている(Buckingham & Domaille, 2003)。この枠組みは国家や試験科目，メディア教育の理論家や推進者によって微妙な違いは見られるが，生産／制作(ないしメディア機関)，テクスト，オーディエンスといった概念をつねに含んでいる。メディア教師はこの枠組みを自分なりに理解している。概念の枠組みがあることによって，メディアがどのように生産されているかの政治経済的側面を理解でき，メディア・テクストの「言語」を理解でき，読み手の受容や解釈，趣味や嗜好の形態を理解できるようになるのである。一方でメディア教師は枠組みの問題点も理解している。産業構造を理解するのが難しくなったり，テクスト分析が生徒にとって抽象的で興味を失いかねなくなったりすることはよく知られている。また「ホンモノ」のオーディエンスは産業構造と同様に区別しづらく，容易には把握しづらいのである。

　私は概念の枠組みについて 2 点指摘しておきたい。1 点目は概念の枠組みがカルチュラル・スタディーズにおける「文化の回路」の別のバージョンであるということである。この関係性は明白で，よく知られており，この 2 つのモデルがともに発展した結果，かたやカルチュラル・スタディーズでは構造とエージェンシーの問題に悩まされ続けることになり，かたやメディア教育ではテクストの問題からコンテクストの問題に焦点を移すようになった。

　この意味でメディア教育において「クリティカル」が意味するのは必ず文化的なものである。しかし，仮に私の主張する文化の回路と，クレスとヴァン・ルーヴェンの記号の階層のあいだの類似性が確かなものであるとするならば，この概念の枠組みは同じ理屈で記号的な内容を欠かすことはできない。このことがどのような結果をもたらすのだろうか。その示唆として，記号概念の広域化が考えられる。伝統的に記号論はメディア教育において 3 つのモデルの中間部分，つまりテクストとメディアの「言語」に関係することのみが検討されてきた。このテクスト分析の伝統には問題がある。このテクスト分析の方法はどこか他人事で抽象的であり，1970 年代の記号論と物語理論(ナラティブ)の名残であり[②]，実践的な実証作業からかけ離れているように見えた。クレスとヴァン・ルーヴェンのモデルはもっと持続的

で，柔軟性があり，汎用性があったはずだ。本書の主張における社会記号論の視点は，推論的なコンテクストと元のメディア・テクストないし事象に着目することを求める。誰が制作したのか，その意図は何か，どのような権力構造が全体の特徴，文体の特徴を形成しているのか，といったことである。またデザインに着目することはたとえば以下のことを求める。どのような様式が用いられ，どのように終わるのか，映画の撮影や編集を超えて演技の動きや話し言葉，音楽，舞台セットのデザインの意味に目を向けることができるのか，といったことである。次に生産に着目することはたとえば以下のことを求める。デジタル・テクノロジーやゲーム・エンジン，ハイパーテクストの使用による編集がどのように意味を変化させるのか，といったことである。そして流通に着目することはたとえば以下のことを求める。テレビ番組の編成によって意味がどのように変わるか，シネマ・コンプレックスの上映技術によって意味がどのように変わるか，オンラインの仮想空間にどっぷり浸かってしまうことによってどのように意味が変わるか，といったことである。最後に解釈に着目することはたとえば以下のことを求める。メディア・テクストによって提供される記号の要素が理解されることにより，どのようにアイデンティティや社会的行為が形成されるか，参加者，読者，観客によってどのようにテクストの新たな読み方が形成されるのか，といったことである。

　仮にメディア教育における「クリティカル」の意味が，生徒に学習してほしいメディアの文化的・記号的要素であるとするならば，既に述べたビル・グリーンの修辞技法の概念がその枠組みに含まれていることを確認することは注目に値する。現代のメディア理論家と同様に，アリストテレスは**エートス**，**ロゴス**，**パトス**の3つの構造を好んで用いていた。エートスは，メッセージの倫理的側面に着目することであり，話者への信頼性への着目に相当する。ロゴスは論理の整合性への着目であり，テクストへの着目に相当する。パトスは聴視者への感情的なアピールへの着目であり，オーディエンスへの着目に相当する。明らかなことは，制作機関，テクスト，オーディエンスの3つへの着目は今日のメディアカリキュラムが独自に発見したものではないということである。アリストテレスの理論と，そ

こから発展した近代の修辞技法研究の重要性は，政治と議論への着目にある。このコミュニケーションのモデルはテクストがどのように人を説得させるか，テクストが中立ではなくつねに何らかの視点を持っていること(Andrews, 1994)を説明しようとしている。しかしこのモデルはメディアに対して懐疑的になるという狭い視点ではない。メディアに対して懐疑的になるというものの見方は単にメディアの商業主義的な意図を信じてはいけないというリーヴィス的な考え方(Leavis & Thompson, 1933)に回帰するか，ポピュラー・カルチャーのイデオロギー機能に関するセオドール・アドルノ(Theodor Adorno)の有名な悲観主義(Adorno, 1941)に回帰するだけである。英国の歴代の英語カリキュラムでのメディアに対する扱いはそのような懐疑的なものの見方を信条としてきた。メディアに対するそのような疑惑は近年薄れつつあり，前向きに扱われるようになってきたものの，依然としてメディア・テクストに対する一般的な傾向としては事実のみを扱い，真実ではなく，懐疑的な読み方が求められ，文学のテクストとはまったく異なる扱いをされている。文学のテクストはフィクションであり，真実であり，尊敬の念を持って読むことが求められる。

　修辞的なアプローチはより公平である。修辞的なアプローチは私たちに，不誠実で，営利目的で，不当な読み方を，メディア・テクストと文学のテクストの両方のみならず，テクストの文体や口頭のパフォーマンスに対しても行う。アイデアがどのように情熱と確信を持って伝えられるのか，どのようにオーディエンスは理性と感情でリプレゼンテーションを信じるのか，といった方法を用いる。テクストの信頼性やオーディエンスの判断という観点は，社会的な記号の理論(social semiotic theory)ではよく知られた手続きである。真実の主張をテクストがどのように作り出し，読者は何を真実の主張とするか，という過程のことである。修辞モデルは即時性，パフォーマンス，演説のコンテクストをも想起させる。それは本書のテーマでもある(第7章と第8章で主に取り上げる)オラリティ(声の文化)とオラシー(話し言葉による表現能力)が，リテラシーよりも新しいメディアでのコミュニケーションプロセスにとってより良い隠喩であるかもしれないということを示唆している。リテラシーとは，固定的で，曖昧で，活

第1章 新たなメディアを作る

字の一時的な延命に過ぎないのかもしれない。

　この点において，あるいはその他の点においても，レトリックのモデルは，記号論的なモデルでもある。そしてこのことは，これを「クリティカル」という概念のみに留めないようにしている。「クリティカル」という概念は，コンテクストについて適用されてきたものではあるが，いかにそのコンテクストの中で意味が作られるか，という点には適用されてこなかった。このことはハリー・ポッター（Harry Potter）がどのようにタイム・ワーナー社の商標となり，商業的なブランドと化したのか，熱狂的なハリポタファンがコスプレをしたりファンサイトを作ったりしているのかに関わっているかもしれない。これらの事象を調査することは，子どもがクリティカルになることを部分的に意味しているだろう。しかし修辞モデルはこれらの意味がどのように形成されたのかに着目することを求める。Harry Potter™ の商標が記号的に意味するものは何か，ホグワーツ魔法学校のガウンをファンが着ることがデザインと生産にどのように関わるか，オンラインで商品を販売する企業が利益をどのように得ているか，といったことである。

■ 基本概念，美学，楽しさ

　仮に基本概念が修辞技法に関することであるとすれば，リテラシーの美的感受性の側面とも関わることになる。ハリポタファンの衣装に詳しく目を向けてみよう。冷たい青色のワーナー社のロゴとホグワーツ魔法学校のスカーフの暖かな色，ウールの質感を身にまとっている。ハリポタファンはこれらのグッズの芸術性も，修辞的な要求と同じくらい考慮している。実際，グッズの芸術性と修辞技法は切り離すことができない。芸術性はメディア教育における歴史的な問題である。芸術性と意味を切り離して単純に様式に目を向けようとすること（リドリー・スコット Ridley Scott の視覚様式を参照）や，芸術性をエリートの様式に属する分類として扱うことを無視するといったことが困難であるためである。芸術性の問題に取り組むための前向きな方法は，ブルデューのカント批判（Bourdieu, 1984）の視点が意味することを考慮することであろう。周知のことであるが，ブ

ブルデューはイマニュエル・カント(Immanual Kant)の美的感受性の判断が，実際は階級に基づいた判断であり，絶対的で，美的感受性の価値がそのときどきの流行であることを否定し，客観的な審美眼を示すのではなく，下位の社会階層に属する人は審美眼を持つ対象から外されていたと主張している。ブルデューはカントの美的感受性の価値に代わるものとして，直感的な親しみやすいポピュラー・カルチャーの嗜好があることを主張し，カントの「純粋な」視線(pure gaze)がブルジョア的でよそよそしい考え方であると非難した。

　ブルデューの批判はカルチュラル・スタディーズに大きな影響を与えてきた。その影響はポール・ウィリス(Paul Willis)の『コモン・カルチャー(*Common Culture*)』におけるコンサートホールや劇場といったエリート文化の強固な否定や，ウィリスが宣伝するポピュラー・メディアにのめりこんでいる若者の「草の根芸術(grounded aesthetic)」(Willis, 1990)に見ることができよう。このようなポピュラー・メディア芸術の擁護は，メディア教育の領域において，バッキンガムとジュリアン・セフトン・グリーン(Julian Sefton-Green)の『カルチュラル・スタディーズ・ゴー・トゥ・スクール(*Cultural Studies Goes to School*)』(1994)に続いていく。その著書においてクリティカルという言葉は高飛車なリーヴィス的メディア批判でも，流行の喜びを禁欲的に否定するマルクス主義的な批判でもない。クリティカルに距離をとりつつも文化的に参加するという微妙なバランスのことを意味しているのである。

　私はその批判のことを，適切な判断をするための微妙なバランスと呼んでいる。一般的に言えば，そのバランスはクリティカルに関わるための主体と対象のあいだのバランスを意味しているが，本書ではそのようなバランスの必要性について第6章で述べている。第6章では『ハリー・ポッターと秘密の部屋(*Harry Potter and the Chamber of Secrets*)』の単行本，映画，テレビゲームをそれぞれ扱った13歳の生徒のグループについて検討している。一方でこの生徒たちはこれらのテクストを客観的に概念化しようとしていた。たとえばこれらのテクストがどのように特定の価値(「ハリーは勇敢でなくてはならない」)や特定のテクスト構造(「そのレベルのボ

スを倒して終わる」、「不要と思われる場面をカットしている」)をリプレゼントしていたのか、といったことである。その一方で、生徒たちはテクストと自分が慣れ親しんだものであるという意識を表明していた。たとえばある生徒が、ハリーがいろいろな場面で少年時代をリプレゼントしているが、そういった時代から早く自分は抜け出したいのだということを指摘しながら、ハリーを教師のペットであるとしてはねつけていた。

　本文脈においてメディア・テクストや教育上の経験として説明している客観的な構造が、ある人の主観や具体的な経験、願望、欲望と出会い、混合し、衝突する。これはブルデューがハビトゥス(habitus)と呼ぶ概念にあたる。ブルデューのスキームにおけるハビトゥスとは、客観的な構造が主観的な思考、行為、認識と出会う性質に関するシステムのことである。ハビトゥスは構造とエージェンシーを調和させるために社会学と哲学においてブルデューが長年をかけて取り組んできた概念である。構造とエージェンシーはバッキンガムとセフトン・グリーンがポケモンの記事(Buckingham & Sefton-Green, 2003)で述べているように、子どもとメディアの関係において対抗する概念として理解されている。バッキンガムとセフトン・グリーンによると、そうでなければ永遠に疑惑をもたらすような構造やエージェンシーの決定因子を仲介する力は教育である。彼らは、教育はクリティカルな理解を促進するための介入行為であると広範に捉えている。

　仮にポピュラー・カルチャーの価値を大絶賛するものとしてのブルデューの芸術性という用語について考え直すとすれば、ハビトゥスが示唆する客観的な構造と主観的な行為の出会い、これはバッキンガムとセフトン・グリーンもそのバランスを模索していたわけだが、そのことについてもまた思いを巡らす必要があろう。ケビン・リーンダーとエイミー・フランク(Kevin Leander & Amy Frank)は芸術性を一方では認識と結びつくものとし、もう一方では身体的な感覚と結びつくものであると主張した。そしてそのような芸術性は「感情的、芸術的なものというよりは意味形成により強調点が置かれる」(Leander & Frank, 2006: 186)傾向のある多様な取り組みのための矯正手段として受容されると述べた。このような取り組み

は，どのように生徒が伝統的なメディアの芸術作品と関わるかということだけでなく，新たなオンラインの世界に主体的に関われるかということについても考えられるようになるという点で注目すべき価値がある。メディアとの出会いが「感情，欲望，感覚的没入を通して」(ibid.) 発見したアイデンティティをつかむ活動として理解されるべきであるというリーンダーとフランクの主張は，本書の第8章で述べられているように，生徒のアバター制作の活動に直接的に当てはまっている。本章の冒頭で述べたように，記号論と，生活経験に重点を置くカルチュラル・スタディーズの領域は，しばしばエスノグラフィックに描かれることで，より身近なものとして受け入れることが可能である。

しかし，グリーンの主張する未来のリテラシーにおいて，もうひとつの強力な言葉として含まれている楽しみ(楽しさ pleasure)とは何を意味するのだろうか。楽しみは理解の難しい概念である。社会において楽しみは芸術の機能として自分が考えることが許されたことの結果であるが，今日の世界中のカリキュラムからはほとんどと言ってよいほど欠落している言葉である。近年のデジタル・リテラシーについての議論，とくに教育のためのコンピュータ・ゲームの利用可能性において，楽しみ(流行りの言葉としては楽しさ fun が用いられる)はしばしば伝統的な学校教育と相対する概念として用いられる。ジェームズ・ポール・ジー (James Paul Gee)がテレビゲームとリテラシー，学習について論じた書籍では，楽しい活動は伝統的な教育における楽しみのない，退屈な活動の対比として語られている。楽しい(playful)学習とは，身近に感じられて，協働的で，実践的で，目標が示された活動であると理解される。反対に伝統的な学校教育は疎遠で，有意味な目的とは切り離され，断片的で，独立していると理解される (Gee, 2003)。

芸術との関連で言えば楽しみは，非常に曖昧である。スティーブ・コナー (Steve Connor)は2つの歴史をたどった。1つはミハイル・バフチン (Mikhail Bakhtin)のカーニバルからバルトの喜び(jouissance)までの，文化的楽しみに関する快楽の(hedonic)主張である。もう1つはF. R. リーヴィス (Frank Raymond Leavis)がポピュラー・カルチャーの楽しみを「安易」

第 1 章 新たなメディアを作る

だと否定した時代から，ハリウッドの物語映画の視覚的楽しみを否定したラウラ・マルヴィ（Laura Mulvey）の時代までの，文化的価値の探究における楽しみの禁欲的否定である。コナーは「矛盾に内在している」（Connor, 1992）と理解する以外に方法はなく，これらの対比を簡単に調和させる方法はないと結論付けた。

　これは理論を用いた責任逃れのように感じられるかもしれないが，私がこのことを述べたのは，ブルデューのハビトゥスの概念のように丸を四角にするような困難なことに対する努力があったことを示したいからである。ここでの緊張関係は，分離した美的感受性と，感覚の近接性のあいだにある。その上，仮に先述したレイモンド・ウィリアムズの文化の階層の問題に戻れば，コナーのような矛盾した解決策を取り上げる必要性があると考えられるからである。ブルデューのハビトゥス概念や，バッキンガムとセフトン・グリーンの教育学的な回答によって，構造とエージェンシーの問題に対していくぶん進展することができた。しかし生活文化やポピュラー・カルチャーと同様，選択的伝統と文書記録に着目するというウィリアムズの文化のレベルの話になると，生徒が，自分に馴染みのない芸術経験に出会ったときに何が起きうるかを想像する必要がある。本書の第3章に，ある教師がアルフレッド・ヒッチコック（Arfred Joseph Hitchcock）の『サイコ』を西暦2000年のオーディエンス向けにリメイクする活動を生徒に行わせた授業を事例として紹介している。『サイコ』のような映画はメディアと映画の教師には慣れ親しんだ作品であるが，現代の生徒にとって白黒の映画は退屈なものであり，がやがやと別のおしゃべりをしながら見てしまうような作品である。このことこそが，有名な映画の特定の芸術性，近年で言えばウェス・クレイブン（Wes Craven）の『スクリーム（Scream）』のようなホラー映画の分類に属する芸術に順応するハビトゥスと，より疎遠な芸術として展示されているテクストのあいだで揺れ動くということである。その疎遠さが生徒にとって映像作家としてのヒッチコックの表現方法と何らかの関係があろうが，親しみのないはるか昔のコンベ

ンション^{訳註2}であろうが，もしくはその両方であろうが，教師はそこをうまくつなぐような授業の方法を見つけ出さなくてはならない。

　この場合，オリジナルの映画を基に，生徒が予告編を作るという方法が教師にとって良い打開策だといえる。オリジナル版を解きほぐし，現代のオーディエンス向けに再編集するという過程は，昔の映画と生徒自身の映画文化のあいだをつなぐために必要不可欠な要素となる。また，自分にとっての歴史的な出来事と，自分とは異なる意味の映画経験を持つ自分の親や祖父母とのあいだをつなぐものでもある。さらに，撮影の手段が明確に異なるアナログの時代の映画，デジタル時代の映画をつなぐ役割も果たす。

　ほぼ間違いなくハビトゥスはテクスト，歴史，認識をつなぐ教育，創造的な活動と能動的な経験の構造への順応を意味する。同時に，本文脈でのメディア教育の文化的側面は，ポピュラー・カルチャーの芸術性の根底にあるもの，とくに10代の女子のホラー映画への興味に関する理解を意味する。しかしまた，文書記録（その映画に早期の時代の文化がどのように物質的に残っているか）と選択的伝統（どのようにしてその地位に就くに至ったのか）の重要性も意味している。最終的に，楽しみは，古くてつまらなさそうに見えるテクストに慣れないことによる疎遠さと，近年のホラー映画に対する直感的な楽しみへの段階的な理解のあいだでの順応と揺れ動くことを意味している。ただし実際には，デジタルでリメイクされる過程で，たとえば血のような赤いタイトルに変更され，音楽も再編集されて視覚的，音声的な修正がなされることで，芸術的な変化が起こりうる。

■ 創造性

　先述した基本概念のモデルはメディア・リテラシーの「読み」の側面で生じる可能性がある。しかしデジタル・リテラシー，メディア・リテラシー，マルチ・リテラシーといった分野での研究や実践を通じて，若者によるテクスト制作のほうが，クリティカルな読解の作業よりも基本概念

---

^{訳註2}　慣習的な方法。

の理解が生じやすい可能性があることがわかってきた。これは「国語科」(English)[訳註3]やメディア教育に関係する教科での振り子の揺れとして理解されうる。これらの教科では伝統的に分析や解釈をすることが当たり前とされてきたため，テクストを作ることの有効性の発見は大きなパラダイムシフトとして捉えることができる。同時に，1970年代のメディア理論におけるテクストへの執着から，1980年代，1990年代に起きたメディアのオーディエンスの文化的活動への興味への移行としても理解される。

もちろん，この移行はそんなに単純に起こったものではない。「国語科」ではつねにクリエイティブ・ライティング[訳註4]（低学年の児童は数多くこなしている）を行ってきたし，メディア教育でも編集機材がまったくない時代でさえ何かしらの形式での制作活動を行ってきた。それにもかかわらず，この10年間でクリティカルな分析から制作へ，という変化が起こってきたのは，デジタルでの編集機材が広く流通し，使いやすくなってきたからであろう。この示唆について，次節で検討していきたい。ここでの中心的な論点は，メディア教育の近年の研究でも度々取り上げられているが(Buckingham, 2003 参照)，クリティカルな分析と創造的な制作をセットで扱い，それぞれを連携して授業を展開することが最善だということである。

教育に関係する創造的な活動の特徴に関する現在の議論は，創造性という言葉が曖昧で混乱を招くものであり，新ロマン主義的な概念では芸術的な天才を指す言葉として多義的に用いられたり(Scruton, 1987)，心理学では創造的な思考に関する認知的機能を指したり(Boden, 1990)，文化概念では「草の根の芸術活動」と理解されたり(Willis, 1990)，政策分野では新しい労働力に不可欠な協調的問題解決能力であると理解されたりしている(Leadbeater, 2000)。私が好んで用いるアプローチはロシアの心理学者であるレフ・ヴィゴツキー(Lev Vygotsky)の成果である。彼は子どもの創造性

[訳註3] 本書では，教科名としてのEnglishを「国語科」と訳す。英国には国語はなく，英語は公用語であるため，正確には「国語科」ではないが，教科内容としての類似性を鑑み，また，日本の読者を想定して「国語科」と訳すこととした。

[訳註4] 文芸の創作や表現。

が遊びと密接に関わっていたと言う(Vygotsky, 1931/1998)。楽しい活動において子どもは，物理的な対象を扱うことを通じて潜在的な記号の意味を学ぶ。ほうきの柄を馬のように見立てるというのがヴィゴツキーの用いた事例である。このようなシンボルに対する子どもの理解は，創造的な活動を生む精神の発達過程で内面化される。この過程において重要なことは，概念が「論理的思考」とつながったときにのみ，想像的な遊びが十分な創造性へとつながるとヴィゴツキーは考えていることである。この理論については本書であまり明確に触れられることはないが，本書全体を通じていくつかの方法を通じて考慮されている。たとえば，学習の形態によって違いがあるのか，子どもの文化的資源から引き出される創造的な活動において創造性が発達するか，そして知能と創造性は分離したものではなく，むしろ創造性がどのように知能の発達に結びついているか，といった方法で本書では扱われている。

既に指摘されていることであるが(Buckingham *et al*., 1995; Buckingham, 2003)，創造性はこの点でクリティカルな活動と分離していないと言えるどころか，むしろ不可分なものであると言える。これは単に「理論」に代わる実践があるということを示唆しているわけではない。メディア教師や演劇の教師は，教師の介入なしに生徒に自分で何かしらの作品を作らせることが危機的状況を生むことを知っている。メディア教育の教授法ではいろいろな方法で構造的に介入を行う。たとえばクリティカルに振り返りを行う際に問題を提起する，子ども同士で作品づくりを行う際にリハーサルの時間をとる，課題に対する技術的・知的な挑戦を行わせるために制限を設ける(Sharples, 1999)，グループで活動させて社会的な役割について交渉させる(Buckingham *et al*., 1995)といった介入を行う。

メディア・リテラシーの授業において慣れ親しまれたものであるこれらの創造性は，近年の新しいメディア・リテラシーが提起する可能性であるように思われる。たとえばヘンリー・ジェンキンス(Henry Jenkins)の『コンバージェンス・カルチャー (*Convergence Culture*)』(2006)では，ハリポタのファンサイトを生み出した Heather Lawver のように，オンラインコミュニティを管理し，ワーナー社によって仕向けられた彼女への攻撃的な

第1章　新たなメディアを作る

動きに抵抗するメディア・リテラシー実践を取り上げることで，オンラインツールやプロトコル，コミュニティに気楽に関わっている若者の自律性について実証している。

　しかしながら，私からすれば，ジェンキンスの実証した内容が本当に示唆していることは，子どもは自分で自律的になるため，学校の教育による介入は不必要だ，という過剰な楽観主義の提案ではないように思われる。実際，ジェンキンスは新しいメディア・リテラシーに関する「白書」（Jenkins, 2007）において，そのような楽観主義を支持することに対する3つの課題を挙げている。多くの若者は参加型の新たなメディアへのアクセスの方法を持っていないこと，多くの場合において参加型の新たなメディアの発するメッセージの不透明性を若者が理解していないと考えられること，オンラインの経験における倫理的なジレンマを解釈するための助けを若者は必要としていること，である。Heatherとハリポタファンサイトのような事例はむしろ教育者や政策立案者に対してそのような若者が存在するという意識を呼び起こすものとして引用される。Heatherやハリポタファンのような若者はルールの適用除外かもしれないが，若者は参加型の新たなメディアをより想像的に，意欲的に，洗練して使うことのできる存在，また公教育で出会う以上の真正な社会，文化，政治的目的に根差していると思い起こさせる存在として引用されている。同時に，ジェンキンスの3つの課題はまた異なる議論も示している。すべての子どもが創造的な可能性を経験するために活動する場所に関する議論，そして先述したメディアに関するクリティカルな理解を発達させるための教育的介入についての議論である。

■ 参加型の新たなメディア

　本書はメディアを作ることに関する文化と記号について述べている。しかしこのことは**参加型の新たなメディア**に関することでもある。近年ニール・セルウィン（Neil Selwyn, 2008）が述べているように，テクノロジー決定論の否定はICT，新たなメディアと教育に関する研究者にとってお決まりの議論になっている。他の研究者（Buckingham, 2007; Jenkins, 2007）と同様に，

セルウィンはテクノロジーを超えたメディアの社会的，文化的利用の優位性，社会的な利用がどのようにテクノロジーの発展を形成するのかに注意を払うこと，行為可能性(affordance)の理解やこれまで使われてきたテクノロジーの制約に関する理解について述べている。言うまでもないが，以下に述べる議論は参加型の新たなメディアに関することである。

参加型の新たなメディアはいくつかの前置きの説明が必要な表現形式である。メディア教育やメディア・スタディーズがどのように参加型の新たなメディアの課題や可能性に対応するのかに関する現在の議論において，ソーシャルネットワークや，ティム・オライリー(Tim O'Reilly)が提唱したWeb2.0というインターネットの参加型文化のことが専ら話題となっている。私たちはこのような関心事について取り組む必要があるが，異なる他のデジタル・メディアの発展とは区別しなければならない。とくに，現代に生きる子どもがメディア制作者になることを可能にするオーサリング・ツールについては区別する必要がある。たとえばデジタル時代のメディア教師にとって，デジタルビデオ編集ソフトの出現は大きなインパクトを与えた。イングランドとウェールズ地方のメディア・スタディーズの授業において，もっとも馴染みのあるメディアを創作することが，生徒と教師にとって可能になったからである(Grahame & Simons, 2004)。しかしこの新しいメディアの利用は劇的に落ち込んだ。丁寧に先行研究をレビューしたところ，メディアと英語の授業におけるオーサリング・ツールの利用は国際的にわずか12件の研究しかないことがわかったからである(Burn & Leach, 2004)。

実際，オーサリング・テクノロジーの波はデジタル時代の最初に到来したわけではないが，画面上のメディア編集においては画期的であった。まず私たちは活字メディアのデジタル編集を思い浮かべた。メディア教育で私が最初に出会ったデジタル制作は，当時(1988年)に勤めていた学校に導入されたエイコーン・アルキメデス(Acorn Archimedes)というコンピュータと，『オベイション！(*Ovation!*)』というすばらしい編集用ソフトウェア，そしてその後開発されたAdobeの『ページメーカー(*PageMaker*)』などの編集ソフトで行っていた。これらを用いて，私が担

当した第9学年の授業でケンブリッジの地方新聞である『ケンブリッジ・イブニング・ニュース(Cambridge Evening News)』を作った。これはパソコン上で編集した記事を印刷し，紙に貼りつけた程度のものだった。ここでの論点は，最新のWeb2.0が登場した現在の文脈においても，3つの特徴について議論されるべきということである。その3つの特徴とは，消費から制作への移行，伝統的な産業が幅を利かせていること，デジタルオーサリング機器を用いた制作活動の流動性である。

　その上，今になって20年前を振り返ると，レフ・マノヴィッチ(Lev Manovich)が『ザ・ランゲージ・オブ・ニューメディア(The Language of New Media)』で印象的に述べているように，新たな種類の言語が含まれていたと思われる。以下では，情報が整理され，文化がメディアとデータベースのアルゴリズム的な操作を通して創造されるという彼の新たな考え方について触れたい。

　デジタルオーサリング・テクノロジーの中でも，デジタルビデオ編集用のソフトウェアはとくに向上が著しく，メディア教育を行っている可能性のあるほとんどの英国の学校がプロ用，もしくはセミプロ用の編集ソフト一式を導入している。このことは，制作活動を行っている学校がかなり増えていることを意味している。その影響力がかなり大きいことは間違いないだろう。そのような活動が普及したことにより，それまでメディア教育で支配的だったクリティカルな分析とのバランスが崩れ，制作活動が多くを占めるようになった。クリティカルな分析はメディア・スタディーズや社会学といった学問と，イデオロギー理論に基づくメディア教育のアプローチに影響を受けている。制作活動への移行は，リテラシーの隠喩からの脱却と，カリキュラムが芸術分野に向かっていることも意味しているように思われる。アートや音楽といった芸術分野は「理論」をあまり意識することなく創造的に制作活動を実施できる分野である。また，ジョン・ポッター(John Potter)が10歳の子どもを対象に行った自分史づくりを映像制作の手法で行った研究のように，アイデンティティや一般的なメディア文化をテーマとする創造的なビデオ制作を実施する学校が初等教育で増えてきたことから，伝統的な中等教育も変化してきている。

しかし言うまでもないが，芸術寄りの教育内容に移行していても，クリティカルな分析とのバランスをとる必要がある。メディア教育がもたらしたクリティカルなアプローチは必要不可欠であり，制作活動においてもクリティカルな理解がより良い作品づくりにつながる。先述したように，生徒はメディア・テクストがどのような構造をしているのかを理解したときに，制作物にもその理解を反映する。第8章でも芸術活動がよりクリティカルなアプローチを模索し，メディア教育がより創造的な活動を伴うときに，創造的なメディア制作において美術科とメディア教育が一致することについて検討されている。

　とはいえ，他の種類の参加型の新たなメディアによる制作活動に関してはかなり事例が少ない。ラジオはいまだに制作活動が容易なメディアであるが，熱意を持って取り組んでいる人は少ない。またコンピュータ・ゲームの制作活動は，近年まで適切なソフトウェアに乏しかったためほとんど不可能な状況だった。私の研究グループは，ここ3年間に渡って有限会社イマーシブ・エデュケーションと協力して「ミッションメーカー（*Missionmaker*）」というソフトを開発し，メディア教育におけるコンピュータ・ゲームの活用において成果を挙げてきた（Buckingham & Burn, 2007）。12歳の児童を対象に行ったこの研究の初期の状況について第7章で述べている。

　このデジタル革命は，私たちが思っていたよりも動きが遅かった。また，ソーシャルなソフトウェアや参加型ウェブ文化への興味が新たな可能性と課題を提起している一方で，比較的古めのデジタル・メディアも使われ続けたり，そこから抜け出そうとしたり，また新旧デジタル・メディアを統合しようという動きもある。Web2.0の出現に目を奪われることなく，これらの「比較的古い」メディアに目を向けることも重要であるように思われる。視点を広げれば，古めのメディアはデジタル機器が何を可能にするのか，またひと昔前のデジタル時代と現在では何が違うのかということを問題提起する。現在のデジタル・メディアをどのように理解するのかについて，マノヴィッチ（Manovich, 1998）やマーク・レイドら（Mark Reid *et al.*, 2002）が学校におけるデジタルビデオの研究という形で中心的な課

第 1 章 新たなメディアを作る

題に据えて取り組んだ。これらの研究はデジタルビデオによって可能になることを問題提起したモースリーら(Moseley *et al.*, 1999)や，バーンとデュラン(Burn & Durran, 2007)による研究へと発展した。バーンとデュランは以下の4点が可能になると述べている。

- **反復 iteration**（際限なく修正する能力）
- **フィードバック**（作業過程をリアルタイムで見せる）
- **融合 convergence**（映像や音声といった複数の異なる要素を同じソフトウェア上で統合する）
- **展示 exhibition**（異なるメディア形式，異なるプラットフォーム，異なるオーディエンスに対して作品を展示する能力）

しかしながら，このような行為可能性(アフォーダンス)は最初の段階に過ぎない。マノヴィッチは写真や映画といった伝統的なメディア・テクストが私たちにとってどのような意味を持つのかを，考察が可能な形にするため，より深く問いかけている。これは英国や他の国や地域のメディア教育者のコミュニティが取り組もうとしてこなかった論点である[3]。マノヴィッチは自身が「文化の層」と呼ぶ概念と，「コンピュータの層」と呼ぶ概念を区別している。文化の層は，時間を超えて言語と文学の教師を含むメディア教師が専門家となるためのすべての形式から構成されている。コンピュータの層は，多数の組織された情報，私たちがいまだに困惑する言語を通して世界がどのようにリプレゼンテーションされうるかということに関する一連の概念である。Photoshop（写真編集用コンピュータ・ソフトウェア）では風景と表示される，私たちが**リプレゼンテーション**と呼んできた概念は，多数の尺度，そして色や透明性を決めるフィルターから構成される。たとえば，コンピュータ・ゲームで自分がどのような登場人物になりたいか，ということである。これはプログラマーが**エンティティ・モジュール**と呼んでいる概念に当てはまるだろう。エンティティ・モジュールとは，アルゴリズムによって統合されたり生命が吹き込まれたりする一塊のメディ

ア・オブジェクト^{訳註5}を指す。

　メディアと文学に関する科目の人文主義的な感性は，テクストが韻文や定型句から作られているという考え方に直感的に反応する。このような信仰は，たとえばヨーロッパの小説に見られる考え方を典型とする，近代におけるリプレゼンテーションのイデオロギーの支配という考え方がいまだに残っていると捉えることができよう。このイデオロギーは自然主義的なリアリズムや，心理学的な誠実さ(たとえば登場人物の精神的な成長)を求める一方で，空想と物語の決まり文句を拒絶するよう純粋に求める。啓蒙プロジェクトの考え方(もちろん科学的なものではない)の影響を受けてきたこのイデオロギーは，空想の様式における合理性と理想，統一的自己，陶冶の考え方に沿って駆り立てられた無情さなどを肯定することを模索しながら，より古典的なやり方で物語ることを誇示してきた。英語の教師，同様にメディア教師も，そのイデオロギーや，組織的に形成されてきた世界のリプレゼンテーションに関する信仰を受け継いでいる。3Dグラフィックで数学的に作られたパズルによって世界をリプレゼントするコンピュータ・ゲームを彼らに作成させたのは何なのか？決められたやり方に沿って振る舞うようプログラムされた登場人物を彼らに作らせたのは何なのか？

　第7章は12歳の男児がホメロスの『オデッセイ(*Odyssey*)』に基づいたコンピュータ・ゲームを作成したという事例で終わっている。その男児は自分がゲームデザインのメディアの授業で学んできたルールや経済の観点からそのゲームを思いついた。この事例はジャネット・マリー(Janet Murrey)によるゲームの登場人物に関する生産的な論評を思い起こさせる。マレーによれば，そのような登場人物は語り継がれている英雄と似ているのであって，それら英雄と近代の文学や演劇に登場する人物の精神的な成長を比較しても論点がずれているというのである(Murrey, 1998)。

　マレーの比較は，参加型の新たなメディアの実践における歴史的な継続性の根底にある考え方を示唆しているように思われる。参加型の新たな

---

^{訳註5}　プログラミング用語。

第1章　新たなメディアを作る

メディア時代の文化，物語，コミュニティは直近の先達とはいろいろな観点で質的に異なっているが，これらの違いは古い形式からの変革である。ゲームの物語を昔から語り継がれているお決まりの内容に類似していると理解することは，論点を的確に捉えていると考えることができる。これを拡大解釈すると，参加型の新たなメディアにおける意味形成を，即興で，地域社会的で，遂行的で，柔軟性があるものとして理解することは，堅苦しく，固定的で，退屈で，つまらない伝統的な教育の世界や，活字に支配されたカリキュラム，厳格なヒエラルキー社会の価値観との大胆な対比であるとも言える。しかし同時に，それは語り継がれる物語，それらがコミュニティでリニューアルされながら存在し続けること，社会のヒエラルキーの面というよりはむしろ社会の団結の構造に属していることへの即時性と反応性を呼び起こすことでもある。

新たなメディア時代における口承社会の価値が今も持続していることを，ここでは繰り返しておきたい。他の新たなメディアの研究者が提起した，ウォルター・オング(Walter Ong)の「第二の口承文化(secondary orality)」がそれにあたる。

> 電子テクストは(中略)新しい時代におけるすべての西洋文学を展示する装置として受け取られるだろう。多くの文学はそもそも口承で，自意識過剰なほどに修辞的であるため，また電子テクストはある程度口承で修辞的であるため，口承の「再利用」はこれまで私たちが気づかなかった文学，芸術，ミュージカルといった芸術のすばらしい側面を明らかにすることができよう。
> (Lanham, 1993: 131)

第二の口承文化という隠喩は，本章で検討している参加型の新たなメディア・リテラシーに対して多くの示唆をもたらす。本書の他の章でも検討しているが，十分に解決できているとは言いがたい。一般的に言えば，リテラシー全体の隠喩への挑戦とも言えよう。記号論やマルチモーダルなアプローチが，上述したテクストのような対象や書くような過程を検討した場合，パフォーマンスやはかなさや即興性を強調することで，口承のイ

メージがこれらテクストのイメージを緩和する。これらの特徴は生徒がデジタルビデオカメラを使うとき，オンラインのロール・プレイング・ゲームでアバターと出会うとき，デジタル映画の撮影で演技をするときに起こる出来事でのリテラシーの隠喩をよりよく説明できる。これらのリプレゼンテーションや制作の活動は読み書きというよりも，演劇や口承の物語に近い。このため，リテラシーのスペルを「リテラシー／リオラシー（Lit/oracy）」とするほうが効果的に読者に意図が伝わると考え，私は暫定的に本章のタイトルを「リテラシー／リオラシー」と提案する。

　コンピュータ・ゲームとオンライン・ゲームの長所を明らかにすることは，斬新で即興的な学び，制作，コミュニケーションの形式へと確実に生徒の興味を引かせる。しかし昔からの口承の物語や，それを維持してきたコミュニティが，これまでの社会で正当に受け継がれてきたことも思い起こす必要がある。このような歴史の継続性に注意を払う理由は3つある。1点目は芸術と文学の教育者に対して，馴染み深い参加型の新たなメディアへ生徒を参加させることを通じて，昔から続く力強い物語を再発見するよう挑戦してほしいためである。2つ目の理由は，多様な構造や溢れる情報から構成される世界のリプレゼンテーションの理解を手助けすることが，審美性を疑ったり貶めたりすることではなく，パフォーマンスや即興の文化のための創造的な資源となる常套手段を有する比較的古い審美性の理解へと生徒を導くためである。最後の理由は，一般社会に，そして学術界にさえはびこっているテクノロジー決定論，すなわち教育における新しいテクノロジーの立場に関する言説(ディスコース)に抵抗するためである（Buckingham, 2007; Selwyn, 2008 を参照）。デジタル時代の象徴的なテクノロジーは，マノヴィッチが明らかにしたように，典型的な特徴を有している。しかしそういった新しいテクノロジーが，私たちが思うように古いテクノロジーと明らかに分離しているわけではない。デジタル・メディアの特徴のいくつかは，しばしば「古い」メディアにも当てはまると，マノヴィッチは指摘している。仮に新旧のメディアの特徴が明確に区分されるとしても，新しいメディアの土台となったメディアがあり，それらの古い様式との類似性が残っている。たとえば文学的な詩の場合，ミュージカルがその姉妹にあ

たるように，新しいメディアの土台となったものは数多い。このような基礎的な人間の活動の代表例は，歩く，行進する，踊る，呼吸する，時間を管理する，など世紀を通じて変化していく文化の形態の根底にあるものである。これらは文化的リプレゼンテーションの単位を伝えるものである。

その上，一般的な感覚で言えば，デジタル・メディアはリプレゼンテーションと情報に関する古いテクノロジーの後に続く，もう1つのテクノロジーである。マノヴィッチは1830年代のチャールズ・バベッジ（Charles Babbage）の解析エンジンとルイ・ダゲール（Louis, J.M. Daguerre）の試作カメラに代表される2つの発明をマルチメディア・コンピュータがどのように受け継いできたのかに関する物語を紹介している。今日の学校はこの2つの伝統を受け継いでいる。1つは映像の文化であり，もう1つは情報解析である。メディアとICTの教師はこれらから得られる示唆を融合させようといまだに苦心している。その一方で，多くの研究者が指摘しているように，デジタル革命はデジタル化する前のマスコミュニケーション・メディアのように，ヨハネス・グーテンベルク（Johannes Gutenberg）の印刷革命と多くの共通点がある（McLuhan, 1962）。また，印刷物という発明を賛美し続ける人々のあいだにはびこる大それた楽観論と，モラルパニックという修辞技法を伴った可能性と制約のあいだで，私たちは奮闘し続けることになる。

■ 集合知

それにもかかわらず，デジタル・テクノロジーに何ができるのか（affordance）ということから，参加型のインターネットによって可能になったある種のコミュニティ，コミュニケーション，制作へと興味が移行したことが，新たな議論を作り出している。メディア教育（狭義にはメディア・スタディーズ）が何を意味するのか，本文脈におけるメディア・リテラシーが何を意味するのか，といった議論である。

デビッド・ガントレット（David Gauntlett）は自身の論文においてメディア・スタディーズ2.0という言葉を使い，芸術の専門家による解釈的な実践の崇拝からの脱却を主張している（Gauntlett, 2007）。彼は高等教育にお

けるメディア・スタディーズを主な話題にしているが，中等教育までの学校教育におけるメディア教育にも通じるところがある。私にとって彼の議論は，記号論に関する本章のこれまでの議論や，メディア・リテラシーのよりクリティカルな側面に関する議論一般にも関係している。専門家による解釈的な実践から一歩離れて教育実践をみることで，テクストに「クリティカルに」アプローチするための他の方法を発見することにつながる。このことは，決して専門家による実践が必要ないということではない。本書で紹介している研究や実践は社会記号論やマルチモダリティの理論から多くを借用している。それらは私にとって社会的随伴性（social contingency）理論を含む社会言語学的な伝統に基づきつつ，構造主義の記号論の明瞭さを補う利点がある。

　上述したように，最善のメディア教育のモデルは社会記号論とカルチュラル・スタディーズを組み合わせた方法である。記号論はテクストの構造や社会における記号の意味を的確に扱っており，カルチュラル・スタディーズはコンテクストや文化，生活様式に綿密に注意を払う。しかしメディア教育と関連させた場合，学校教育のレベルでこれらの学術的なアプローチをどのように導入することができるのか，ということが大きな論点となる。また，どのようにそれらの内容を理解するための社会的な合意を取り付けるのかということも論点となる。1点目に関して，私は同僚とともに，中等教育段階の生徒に対してこれらのアプローチに基づいた実践研究にチャレンジしてきた（Burn & Durran, 2007 を参照）。しかし，生徒とともにどのようにテクストを解釈し，理論化するのか，どの程度の抽象度であれば生徒が理解できるのか，といったことに関する全体的な見取り図は未解決であるように思われる。ガントレットは「難しさ」が必要であることに対して異論を投げかける。このことによって彼がポスト構造主義者やポストモダニスト理論の曖昧さを指摘しようとしたのであれば，私も彼に賛同できる。しかし，もし制作ばかりのアプローチを好み，丁寧でクリティカルな読み解きを諦めるということであれば，またすべての「難しい」テクストの読み取り作業を放棄するということであれば，そしてこれらテクストの意味が特定の政治的なものばかりであるのならば，メディ

ア教育の独自性を失ってしまうと私は考える。メディア教育は，美術科とも，文学の指導とも異なる独自性を有している。

　新たなメディア時代におけるメディア・リテラシーとメディア教育の思想家として，メディア教育と参加型の新たなメディアについての「白書」，正式には「参加型文化の課題に直面すること：21世紀に向けたメディア教育」(Jenkins, 2007)を作成したヘンリー・ジェンキンスがいる。この白書においてジェンキンスは現在の論点を3つの課題に分類している。これらの課題は，なぜ子どものメディア文化と利用を放置しておいてはいけないのかということに対する，そして古臭い大人の介入によってメディア教育を止めさせないようにするためにはどうするべきかということに対する，彼の回答である。

　　自由放任主義的なアプローチには3つの欠陥がある。1つ目は，このアプローチが若者の新しいメディア・テクノロジーへのアクセスや，そのテクノロジーを代表する参加型メディアにアクセスする機会(**参加格差**と呼ばれる)に関する根本的な不平等の解消には取り組んでいないということである。2つ目は，子どもが自身のメディア体験を主体的に振り返り，参加の経験から何を学習したのかを教師の介入がなくとも自分自身で整理できるようになること(**透明性の問題**と呼ばれる)を，このアプローチが想定していることである。最後は，複雑で多様なオンラインの社会環境に立ち向かう倫理規範(**倫理学的課題**)を子ども自身で獲得していくことができると，自由放任主義的なアプローチが想定していることである[訳註6]。参加型文化の世代に有意義なメディア教育を提供しようとする試みは，これら3つの中核的な課題への対応から始めなければならない。

　このジェンキンスの指摘は，メディア教育によって子どもや若者のメディア・テクスト，テクノロジー，文化へのアクセスの機会を平等にすることができるということを示している。メディア教育によって子どもや若

[訳註6] しかし実際には2つ目と3つ目について，教師の介入がなければ，子どもが自力でそのような能力を獲得するのは難しい。

者は倫理的な問題，意味解釈，権力に対して意識的になることの能力を獲得できるようになる。このことに関しては，本章においてメディア教育のクリティカルな，修辞的な側面について触れる形で議論してきた。本章では記号論についても強調してきたが，ジェンキンスは記号論について明確には触れていない。しかしジェンキンスは透明性の格差について触れることで，記号論も念頭に置いていると理解することができるだろう。

ジェンキンスがより明確に考察しているのは，オンラインコミュニティの機能である。第8章において，ジェンキンスがピエール・レヴィ（Pierre Levy）の集合知の概念を用いたことが紹介されている。第8章ではオンライン世界である「セカンドライフ」にどっぷり浸かった生徒がマシニマ（machine + cinema：パソコン上で作られるCGアニメーション作品）を作り出したことを検討している。集合知が何を意味するのかについて，ジェンキンスの立場は明確である。どのように集合知が知識の脱領域化や，コミュニティへの一時的な加入という参加ネットワークの水平性をもたらすのか，テクストの制作や規制よりもダイナミックな環境に向かった創造的な過程を志向するのか，といったことである。「セカンドライフ」でマシニマを作った生徒にとって，このようなことは既に当てはまっている。もし彼らが伝統的なやり方で短編映画を作るとしても，「セカンドライフ」の環境と同じように，自分をアバターとしてプロデュースし，映画を制作，上映，批評する環境を自ら作り出すだろう。このような見方は，かなり未来のメディア・スタディーズを楽観視しているのかもしれないが，それでもなお，ここでまた歴史の継続性に目を向けることに意義がある。生徒の声がどのように協働し，また対立するのか，マシニマのような新たなメディアの中でもさらに新しいメディアでさえ，伝統的な動画制作の方法への回帰を求めるのではないか，といったことである。

■ 結論

本書全体を貫いているテーマは，ローマ神話における門の神であるヤヌスをイメージすればよい。ヤヌスは後ろ向きの顔と前向きの顔を併せ持つ双面神である。レイモンド・ウィリアムズの理論や文化実践に対する丁寧

第 1 章 新たなメディアを作る

な歴史的アプローチを取り上げることで，第 2 章以降の多様な議論，どのように生徒が実践に没頭したのか，新しい画像や物語をリメイクしたり新規作成したりしたのか，参加型の新たなメディア時代の制作がどのように分析活動に位置づけられたのか，過去の有名作品と自分たちの作品をどのように区別したのか，未来への可能性についてどのように推測したのか，といったことの理解につながれば幸いである。

　不確実な内容や生徒の注意が逸れるような内容を含まざるをえなかったが，この 10 年間のデジタル・メディアとの関わりが，教師にとって未来への教訓になったかもしれない。もしくは私たちの文化的な目的に関する明確な意識を保とうとする場合に少なくともデジタル・メディアを使って何ができるのかに関するヒントになったと思われる。

　本書の論考は方法論的な議論や実験の数々を研究者に提供している。これらはつねに明瞭であるわけではない。つまり，導入にあたる本章では，支配的な議論がどのようにカルチュラル・スタディーズとその起源であるウィリアムズの文化理論のあいだにある妥協点を見出そうとしているのかということ，そしてマルチモダリティ理論と社会記号論に代表される多様なモードとメディアにまたがる記号を分析するための視点を詳しく説明することを試みた。もっと語るべきことはあるのだが，おそらく導入部としてこれが最低限語っておくべきことであろう。ヘンリー・ジェンキンスによるピエール・レヴィの説明のように，本書を通じて主張したいことを，クリティカルな空想主義の観点から自らの言葉で述べたかったのである。私は教師の経験や生徒の成長，デジタル・メディアを用いた創造的な制作活動の経験といった学校におけるこれまでの自分の研究に，例外なくさまざまな成果を見出してきた。デビッド・バッキンガム (Buckingham, 2007) のようなかなり懐疑的な態度は，新しい道具，新しい学びの空間，新しいコミュニティの価値を考えるうえで私たちが必要とする慎重な視点に気づかせてくれる。しかし第 2 章以降で述べている授業実践や研究は概してこの 10 年に私が行ってきた学びに関する楽観的な物語であり，リテラシー，文学，芸術のカリキュラムを横断するメディア教育の明るい未来を提示している。私にとってクリティカルな空想主義を維持することが意味する

のは，メディア教育やメディア・リテラシーがICT教育に従属している，もしくはその逆もありうるが，いずれにせよテクノロジー決定主義の世界ができる可能性を回避することであるのと同様に，極端なサイバー・オプティミズム[訳註7]やラッダイト運動[訳註8]の再来を回避することである[訳註9]。「国語科」やメディア科の教師は私のような考え方に反対する。2001年にメルボルンで開催された国際英語教育連盟(International Federation for the Teaching of English)の大会において，アラン・ルーク(Allan Luke)は「国語科」やメディア科教師が今まで信奉してきたものを問い直すように，参加者に呼びかけた。私たちは文化，リプレゼンテーション，創造性，意味形成に関する自身の専門知識(カルチュラル・スタディーズや記号論などの学術的な知見)を信じるべきである。

[訳註7] チュニジアで2010年から2011年にかけて起こったジャスミン革命のように，インターネットが多様な言論や民主主義を発展させていくという考え方。

[訳註8] 産業革命期の1810年代の英国において，繊維工業を中心に起こった職人や労働者の機械打ち壊し運動のこと。

[訳註9] テクノロジー礼賛主義を回避するために，理想論や空想主義に対してクリティカルに考えるということを意味していると考えられる。

第2章

デジタル・フリーズフレーム

スチル写真の比喩性と社会的なものとしての技術

■ **画像の技術──「画期的な変化」？**

　視聴覚の技術はこの10年間で劇的な飛躍を遂げ，専門家レベルの音や動画を創り出せる可能性をもたらし，学校でも家庭でも今やマルチメディア・スタジオに容易に手が届くようになった。生徒は，映画やテレビ，CD，マルチメディア，ハイパーテクストの制作で使われるパワフルな動画技術を操作できるメディア・オーディエンスの第一世代となりつつある。こういった技術は，社会的過程において作用するものであると理解される必要があるというのが，本章の中心的な論点である。80年代初頭にレイモンド・ウィリアムズ(Raymond Williams)は，マスメディアへの幅広いアクセスが可能な時代(ただし少数の制作者から多くの消費者へという関係を特徴とする)から，制作の手段そのものが広く流通する時代への「画期的な変化」(Williams, 1981)を予想し，それが以下につながると主張した。

> 直接的に決定されたコミュニケーション手段およびリソースへの公平なアクセスの提供，差し迫った社会的ニーズの充足……さまざまなコミュニケーション過程やそれらの要素(増幅，接続，保管，想起，代替，拡張)において，十全な移動性(モビリティ)は質的に異なる社会生活の手段やリソースになり得るだろう。
> (Williams, 1981: 191)

ウィリアムズは，本章に直接関連する別の主張もしている。それは，今世紀のコミュニケーションにおける新たな技術（ウィリアムズはラジオ，電話，映画，カメラを挙げている）は，活字のリテラシーに比べると，指導や訓練といった公的な学校制度によって育成されることが格段に少なく，私的に習得される比較的単純な一連のスキルだけで，多くの人へのアクセスが許されてしまうという主張である。この観点を私の主張に関連させて発展させてみると，これらの技術は，活字のリテラシーや文学作品の技法（とイデオロギー）に固執してきた公教育の教育学によって，近年までほとんど無視されてきたということを付け加えることができる。今新しいメディアへの取り組みを始めている学校は，次のような対となる2つの問題に直面している。1つは（教師のため，生徒のための）新たなスキルへのニーズに対処すること，そしてもう1つは，それに伴う文化への適応が，伝統的で公的な学校文化とは反目しがちだということである。

　本章の導入部における最後の指摘は，校内でも校外でも若者がこれらの技術におけるコンピテンシーを伸ばしていくということが，社会的コンテクストの決定的な重要性（Street, 1997; Raney, 1998を参照）に着目したときに，リテラシーについて長く続いてきた議論の流れの中に，位置づいてきたという点である。長く続いてきたリテラシーについての議論では，狭義の読み書き能力のモデルと，より広く捉えた複数のリテラシーあるいはマルチモーダルなリテラシーとのあいだで，リテラシー観は振り子のように揺れ続けてきた。こういった位置づけによって，言語のアナロジーを視覚的なあるいは他のメディアに適用することの適切性に関する議論とは別に，どのような新しいスキルが必要となり，それらはいつどのように習得できるのか，またそのために，どのような種類のメタ言語能力が若者から必要とされるのか，どのような新しい社会的文脈や文化的文脈が，これらのリテラシーの様相を形づくり決定するのかという重要な問いが，ここで挙げられる。

　本章では，中等教育における授業のごく具体的な活動実践例を通じて，「視覚への転換」のインパクトとデジタル・テクノロジーにおける可用性の進展を検討する。また，これらの事例が決定し，これらの事例によって

第2章 デジタル・フリーズフレーム

決定づけられる社会的実践と,これらの慣習の背後にある文化的経緯についても検討する。本章の大部分では,映画や動画から1フレームを抜粋する演習について述べる。スチル写真の次のような利用は,これまで自然で単純なものと思われてきた。視覚的な引用や批評における指摘のよりどころとして,プレスキットにおける当該映画の抜粋案として,またはポスターの中から私たちを映画館にいざなう役割としての利用である。しかし実のところ,そこには当然ながら選択やリプレゼンテーション,言説(ディスコース)の権限拡大というある種の型に関する複雑な史的過程がある。スチルは私たちが映画のイメージを読み取り,変換し,リプレゼントする方法(どのように期待し,観ているときにどのように反応し,後でどのように思い出すか)についての重要な手がかりを与えてくれる。またスチルは,カメラマンやスタジオ肖像カメラマンによる映画セットの写真,または初期の35mmフレームを使用した拡大版の写真から,映画から派生した近年のデジタル画像の形式まで,そのテクノロジーと特定の方法で関わる画像の形式でもあり,その文化的な使用が専門業界から家庭(教育界は通常専門業界と家庭の中間に位置する)へのシフトという歴史的な展開を見せている。

　映画の技術的な装置は,しばしば観る行為の比喩として,とくに70年代末の精神分析的映画理論において広く用いられてきた。スティーヴン・ヒース(Stephen Heath)は,ここから出た理想的で歴史を超越した鑑賞者という概念に対する貴重な修正案を提起した。ヒースはウィリアムズ同様,テクノロジーと社会は相互に決定し合うものであるとして,以下のように述べている。

> 映画はテクノロジーありきで存在し,それから社会の中のあれこれの習慣になるのではない。映画の歴史はテクノロジーの歴史と社会史を合わせたものであり,イデオロギーはそこに初めから存在している。
>
> (Heath, 1980: 6)

スチル写真の制作過程が,撮影や上映の技術のように,ある視点で映画を理解する物理的な実践として,また映画の理解における比喩の一種と

しても見ることができるということも，本章の論点の一部となる。

　昔ながらのスチルの技法は，イデオロギー的な目的と相互作用していた。制作風景のスチルとハリウッドのスタジオの 8" x 10" ポートレイトの両方が，スター・システム[訳註1]や，ジャンルやストーリーのある面を強調する映画テクストの各バージョンを構成していた。対照的に，セルゲイ・ミハイロヴィッチ・エイゼンシュテイン(Sergei Mikhailovich Eisenstein)の映画数作品を含む20世紀のソビエト連邦・ロシア連邦の映画ポスターを制作したステンベルグ兄弟(the Stenberg brothers)は，自ら発明したプロジェクターを使って映画のフレームを拡大し，エイゼンシュテインのモンタージュ理論を意図的にモデルにしたテクニックを使って，スターリン以前の革命芸術における構成主義的な様式で映画の重要なねらいを表現した。

　ギュンター・クレスとセオ・ヴァン・ルーヴェン(Gunther Kress & Theo van Leeuwen, 1996: ch.7)はテクストの作成を「インスクリプション」と呼び，歴代のインスクリプション技術の分類を，手による技術（塗る，書く，印刷する），記録的技術（目と耳による），合成技術（デジタルで操作されるテクストの開発による）の3つに識別した。彼らの主要な論点は，これら一連の分類が，世界を参照し単純にリプレゼントすることによってテクストが生産される参照のイデオロギーから，テクストを際限なく組み合わせ直すことによって，読むことと書くこととの区別をも崩壊させるような「デザインとしてのリプレゼンテーション」というイデオロギーへと，異なる種類のテクストの形をとったイデオロギーに変化しているという点である。

　ステンベルグ兄弟は，この最後の段階を予見していたようにも見える。彼らは，映画から抜き出した複数のコマを革新的に組み合わせ，昔ながらのインスクリプション技術を用いて，大きくて人の心をつかむポスター・デザインの表面に，観客のモンタージュ過程を通じて，映画の再読み取り

[訳註1]　映画会社が，専属するスターの人気や知名度に依拠した映画の制作方式。このシステムのもっとも典型的なケースは，かつてのアメリカ映画におけるもので，ハリウッドのスター・システムは，1910年代末には完成していたと言われている（『日本大百科全書』小学館，2001）。

第 2 章　デジタル・フリーズフレーム

として作用するような映画の実体を作っていたのである。しかしながら見方を変えてみると，彼らの映画へのアプローチは，より民主的な観客の関わりに可能性を開きながら，彼らはなお映画制作と配給という芸術的でプロフェッショナルな世界の中で活動していたことになる。そして彼らのプロジェクトは，より大きな意味で，芸術家がエリート・グループに属していたモダニズムの時代と同調している。彼らは，ここまで見てきたような，レイモンド・ウィリアムズが言うところの少数の制作者から大衆というオーディエンスへという関係を特徴とする段階に属していたのだ。

　デジタル画像編集ソフトウェアを使える生徒は，これとは対照的に，作者からオーディエンスへという制作者側の力の大きな移行を見つつある時代に属している。ある意味それは，オーディエンスの頭の中ではつねに起こっていた映画への反応の物質的な増幅と言えるのかもしれない。今や観て想像するだけではなく，画像を作る視覚的なインスクリプションの可能性が提供されている。クレスとヴァン・ルーヴェンが言うところの読み・書きの区別の「崩壊」である。デジタル・フィルム画像を使った子どもの作品について述べた初期の論考において，ジュリアン・セフトン・グリーン（Julian Sefton-Green）は以下のように指摘している。

　　映画を「バーチャル」な形態で，コマ毎，画像毎に扱うことが可能になることで，テクストと観る者とのあいだに通常存在する力関係が変わるかもしれないということを声を大にして主張したい。

　　　　　　　　　　　　　　　　　　　　　　　　（Sefton-Green, 1995: 63）

これから述べる学校プロジェクトでは，生徒はビデオ・デジタイザー・ソフトウェアを使って，授業で学んでいる映画の重要場面をデジタル化し，それらの画像を取り込んでDTP[訳註2]の画像上のコメンタリーやエフェクトに挿入している。そしてそれらを，自分たち自身のスチル写真

[訳註2]　文章や写真，図像などを組み合わせ，コンピュータを使って出版物のページ原稿を作成するソフトウェアを Desktop Publishing（DTP）Software と呼び，画像編集ソフトなどと組み合わせて作業を行う。

を作成するために，映画解説者や批評家が映画の歴史を通して使ってきたような目的で使っているのである。こういった流用は何を意味し，何を可能にするのだろうか。それはデジタル革命というストーリーにおいてはほんの一瞬のように見えるが，しかしこのことによって，私たちが観ている映画を読み取り，解釈し，変形させる方法においては，確かな類の拡充をもたらすことができるようになる。

　この研究を行った共学のコンプリヘンシブ・スクール[訳註3]においては，ニール・ジョーダン（Neil Jordan）の『狼の血族（*Company of Wolves*）』(1984)を基にしたデジタル・フリーズフレームのこういった使用が，9年生のメディアコースの活動の中心となった。アンジェラ・カーターの小説（Angela Carter, 1981）と脚本のフェミニスト志向に沿いながら，ホラー映画における女性の表象が，30年代，40年代のユニバーサル映画における早期から，50年代，60年代のAIP[訳註4]やハマーフィルムを経て，1984年のこの作品，大衆ホラージャンルにおいてはいくつかの点で風変わりではあるが，別の意味では今回の観点に密接に結びついているこの映画に至るまで，どのようにその表象が変わってきたのかを見ていくことが，このコースでの教授＝学習ということになる。コースが進むにつれて次第に狼男の変身場面に的を絞り，これを狼男というサブジャンルにおける最古の映画の類似シーンと比較して，ホラーに特徴的なメタファーとしてのこの事象の重要性について探究した。

　この研究は，スチル写真と動画の記号論的性質への理論上の問題を，さまざまな能力の9年生3クラスで行った観察に基づく研究であり，ホラー映画について，このメディア研究コースで3年間かけて行われたものであ

[訳註3]　同一地域内のすべての児童，生徒が就学する単一体系の学校。形式的機会均等だけでなく，教育目的や能力格差による学校の種別化，分類をしないのが重要な特色。教育課程は基本的に共通課程で，生徒の個別的必要を満たすため中等学校では多くの選択科目を用意している（『ブリタニカ国際大百科事典』ブリタニカ・ジャパン，2014）。

[訳註4]　50年代から80年代にかけて，いわゆるB級映画を制作，配給したアメリカのスタジオで，56年に社名をAIP（アメリカン・インターナショナル・フイルムズ）に改称した。SF映画やホラー映画などを，少ない予算で制作し，高収入を上げた。原註②を参照。

る。研究には，広義のエスノグラフィーの手法が採用され，授業日誌の観察，28人の生徒を対象にした3年間にわたる半構造化インタビュー，生徒の文章や画像，ICTを使った作品の社会記号論的分析も行った。本研究の背景となる学校は，専門メディア・アートカレッジとして英国政府から最初に指定されたケンブリッジにある小さな共学のコンプリヘンシブ・スクールである。これらのケース・スタディは，英国の生徒たちに対してさえ必ずしも典型的なパターンを示しているとは限らないが，生徒たちは時間の経過とともに，確実に映画との関わり方のパターンや，デジタル・テクノロジーの使用パターンを確立している。なお，本章で採り上げるのは例外的なケースではなく，ケース・スタディを通して見られた典型的なパターンである。

　本章では4つの大きな領域を概観する。ここで取り上げる問題は，若者が映画から抜き出して作成したスチル写真の扱い方を観察したところから生じたものもあれば，エイゼンシュテインのモンタージュ理論から現代の社会記号論に至る映画の映像理論史における要所要所から生じたものもある。これから論じるこの理論史における注目すべき点は，ロラン・バルトが有名な論考『第三の意味』(Roland Barthes, 1978)で述べたスチル写真についての見解である。

　4つの領域の1つ目は，動画シークエンスの中の単一の画像についての問題であり，これを実際のオーディエンス(とくに生徒)はどのように読み取るのかという問題である。映画の視覚的「文法」における意味の単位としての映像，そしてその映像がシークエンスから抽出されたときに，その意味はどのように変わるのかという問題である。

　2つ目は，映画の凝縮としてのスチル写真の画像，すなわち映画全体のすべてのシークエンスや大切なテーマにとって，場合によっては映画のポスターの中で換喩的に働く重要なイメージとしてのスチル写真についての問題である。

　3つ目は，バルトが「この主要な人工物」と呼ぶスチル写真の特定の社会的利用，すなわち引用としてのスチルの問題である。通常アカデミックな環境と関連づけられるこの社会的な目的が，若者によるフリーズ・フ

レームとデジタル・セレクションの使用によってどのように変わるのかという問題である。

4つ目は，ある種のデジタル・テクノロジーがここで説明するソーシャル・コミュニケーションの活動の中で担う役割についての問題である。

■ スチル写真：モンタージュ理論から共時的統語へ

バルトによるスチル写真の見解は，エイゼンシュテインの有名な「垂直モンタージュ」(Eisenstein, 1968)の考えを基礎として構築されている。しかし，エイゼンシュテインにとって垂直モンタージュとは，ショットとサウンドトラックとの垂直的な分節を意味するが，バルトの新たな考えでは，ショットより小さなレベルで個々のコマの垂直的な読み取りを提案するものとなっている。この考えは，近年の社会記号論者(Hodge & Tripp, 1986; Kress & van Leeuwen, 1996)がさらに発展させている。彼らは映画からのパワフルな画像は，観客がほとんど瞬間的に経験するものでありながら，独自の統語構造を持つものとして映画の流れの通時的な統語に対して，いわば直角に働く共時的統語であると示唆した。

この一連の理論は，オーディエンスから作家へという力関係についての思考の発展の一環としての動画シークエンスと，画像との関係についての見方を提案している。エイゼンシュテインは，テクストと観る者との関係にラディカルな見直しを提案した。彼のモンタージュ理論は，観客による自身のモンタージュの操作に依拠し，その中で，映画の画像は観る者の心に映画的に対応するものとして理解された。観る者は，画面上のイメージと自分自身の経験における他のイメージとを結びつける。エイゼンシュテインの思慮深い研究の枠組みに則ると，しかしながら，(理想的な)観る者における意味の構築は，監督の意図とつねに調和することになる。バルトも観客の力を強調することには賛成である。ただし彼にとっての理想的な観る者，再び言うが，それは彼の歴史的政治的な動機という理想であるが，それは破壊的な特徴を持っている。スチル写真との具体的な関係において，バルトはそれが映画的時間を破壊し，「即時的であると同時に垂直的な読み方を定めることによって，論理的な時間をあざ笑う」と示唆して

第2章　デジタル・フリーズフレーム

いる（Barthes, 1978: 332）。

　社会記号論における統語も，同様に破壊的である。観る者に，パワフルな画像からの自身の映画の読み取りをつなぎ合わせる可能性を与え，観客にとって特定の観念的な可能性という予期できない意味を生み出す。この点においては，概ねポスト構造主義のスタンスに従っている。つまり，その主張は若い観客の反応について独特な社会言語学的分析を施したものに立脚してはいるが，この場合はそれを動画に適用したものとなっている（Hodge & Tripp, 1986）。

　映画の画像ではないが，画像の統語構造についてのもう1つの社会記号論的分析を，クレスとヴァン・ルーヴェン（Kress & van Leeuwen, 1996）が提示している。彼らはマイケル・アレクサンダー・カークウッド・ハリディ（Michael Alexander Kirkwood Halliday）の機能文法（Halliday, 1985）の要素と同様に，画像を視覚デザインの文法という観点から分析している。そこでは，各要素が画像の文法の一部として作用する。このシステムでは，絵画に描かれた物や人物が参与要素[訳註5]として機能し，動きのベクトルによって示される対象の行動や描かれる角度，視点が，言語の場合と同様に，観点や人相互の関係といった意味を表す。

　次の分析では，若者が映画の映像を自分なりに解釈する際に，このような構造をどう使うのかという証拠を，どのように示し得るのかについて詳しく述べていく。13歳のBen少年はデジタル化したイメージをどう使うのだろうか。彼はどのようにスチル写真を読み取るのだろうか。そしてそれを動画にどう関連づけるのだろうか。バルトが示す映画上の時間の否定や，視覚文法の社会記号論的要素の読み取りについて，Benはどのような振舞いを見せ，それをどう実証的に示すことができるのだろうか。

　Benが選んだのは，狼男の変身の最終段階の画像だった。新婚初夜に新妻を置き去りにした花婿の狼男が，数年後に戻って彼女と新しい夫とのあいだにできた子どもたちを恐怖に陥れるという短い物語からとったもので

[訳註5]　ここでの一連の用語は，以下の文献によって訳語を当てている。ハリデーM.A.K.，山口登・筧壽雄（訳）（2001）『機能文法概説―ハリデー理論への誘い』くろしお出版

ある。これは，この映画の物語構造(ナラティブ)の第三層に属する。玉ねぎの一番外側の皮に当たる物語は，主題となる話を夢として見ている思春期の少女の物語である。二番目の層が，アンジェラ・カーター（Angela Carter）の短編小説を通じてシャルル・ペロー（Charles Perrault）の『赤ずきん（*Red Riding Hood*）』(1991)と，その主題の前例となる中世の物語から派生した話である。一番内側の第三の層は，少女の祖母が（夢の中で）語り，そして彼女自身が語る一連の物語となっている。

したがって，Ben の選択そのものが意味深いものであったということになる。彼は映画の主となる物語構造(ナラティブ)を通らない画像を選択したからだ。通常は不変であるはずの自己が，不快な変身に取って代わられる画像を Ben は選択した。そしてそれは，映画と民話の伝統からの歴史的意味合いという融合を具えた画像である。彼はどのようにこの画像を読むのだろうか。

Ben はそのスチル写真画像の特性をはっきりと認識してはいるが，彼の解釈は動画テクストからの理解によって得られたものばかりである。彼はいくつもの言葉を駆使して画像に描かれた生き物を説明する。その過程で，視覚的な記号とその名詞的な機能を，彼自身が持つことばの名詞群に変換しているのである。彼が述べた最初の一言は，以下のようなものであった。

　　この画像では，男は狼に姿を変える最終段階にあります。

1つの名詞では，この生き物を当然満足には表せないので，狼男の変身を扱うこの短い物語の流れの統語構造を象徴する「男」と「狼」という2つの語が必要となっていることがわかる。この短い映画の導入部はまた，狼／人間，狼男，そしてこのサブジャンルを代表する変身，すなわちルーベン・マムーリアン（Rouben Mamoulian）監督の1931年の映画における俳優フレドリック・マーチによるジキルからハイドへの有名な変身から，ジョン・ランディス（John Landis）監督の『狼男アメリカン（*An American Werewolf in London*）』(1981)における見事な変身シーンまで（どちらの映画も授業で抜粋を観ている）に見られる，こういった映画に特徴

第2章　デジタル・フリーズフレーム

的な，変身の段階が観られるというこのジャンルの伝統的な表現のコンベンションも具えている。

　後に Ben はこの生き物を「ほぼ狼の化け物」と呼んでいる。この複雑な名詞群で，ゴシックの伝統的生物の注目すべき性質への文化的な響きを，ダイナミックな変身過程も挿入句的に「ほぼ狼の化け物」という表現で，はっきりと伝えている。また彼はおそらく変化し続ける性質の不確かさを示そうとして，おそらくはもっとも有名な発明のひとつであり，古い SF ホラーの伝統を模倣した「そのもの(The Thing)」という名付けの言葉も使っている。他の箇所では，彼はそれを「けだもの」とも呼んでいる。これも黙示録的ホラーのイメージと共鳴する選択である。注目すべき点は，おそらくこれらの選択肢すべてがそのジャンルやそれを支配するパラダイムに，日常使う言葉「動物(animal)」(Ben が一度も使わなかった言葉)とは異なる形で関係しているということである。変身する狼男を言葉に変換するのに Ben が用いた再語彙化の過程は，決してランダムではなく，ロシアの心理学者レフ・ヴィゴツキー (Lev Vygotsky) が『思考と言語』の中で説明している意味の社会的な歴史の変遷を辿っていることは明らかである。

> 一次的な言葉はある概念の単純な象徴ではなく，概念のイメージ，絵，心象風景であり，それについての短いお話であり，小さな芸術作品である。物をこのような絵画的概念によって名付けることで，人はそれを他のたくさんの物と一緒に 1 つのグループに結びつける。
>
> (Vygotsky, 1962: 75)

しかし狼男のパラダイムは，もちろんその外見だけでなく，狼男が何をするのか，つまりシークエンスのほとんどを構成する**行為**の役割によっても定義される。バルトの主張によれば，スチル画像は物語上の時間にある意味で反逆する。しかしこのスチルでは，物語の統語という時間的な意味を再設定することによってのみ，その意味は読み取れるように思える。そしてそれはもちろん，Ben が行うこと，つまり狼男の動作を動

詞に翻訳することによってなされる。これは，彼がこれらの物語の過程をどのように読み取っているのかの目安になる。主な参与要素である狼男が，主要な行為者(アクター)なのだろうか。そして変身に関する興味深い問いとしては，誰がクレスとヴァン・ルーヴェンが（機能文法の用語を使って）呼ぶところの**ゴール**として機能するのかということがある。Ben が 3 つのゴールを感じ取っているのは，動詞からも明らかである。1 つ目は狼男自身である。彼は行為者(アクター)であり，同時にゴールであり，怪物と犠牲者である。彼がこの 3 つのゴールを意識していることは，最初の数文で使われた動詞に，無意識に次のような再帰動詞的な使用をしているという反応から確認することができる。「男は狼に〈彼自身の〉姿を変える最終段階にあります。彼は〈彼自身の〉鼻口部と牙を伸ばし，あとは毛皮をまとうだけです」。ここでは，ホラー映画における分裂した自己のイメージでよく見られるように（Jancovich, 1992; Clover, 1993），怪物は文字通り自己を分裂させている。シークエンスの感情構造の中で，その怪物が犠牲者として見えてきていることは，Ben の書いたコメントにおいて明白である。Ben は，ホラーの 3 人の犠牲者，すなわち怪物，シークエンスに登場する女性，そして観客という感情的な関連構造を，次のように文章にしている。

> この画像はとくにむごたらしいものです。なぜならほぼ狼の化け物は，明らかにひどく痛がっており，女性は叫び続け，音楽は大変激しくなっていくので，〈鑑賞者にとっても〉苦痛なのです。

この文章が示すように，変身過程の他のゴールは，女性（この画像には登場しないが，Ben がこの生物の恐怖を理解してもらうために説明した同シークエンスの別の部分には登場する）と観客である。そして，Ben のスチル作品の中心的な関心事は，観客の位置づけである。

観客に向けられた脅しは，ホラー映画の魅力にとって明らかに重要である。被虐的な観客－テクストとの関係における感情的なインパクトをあてにするため，キャロル・クローバー（Carol Clover, 1993）が指摘するよう

に，観客は一般的に怪物ではなく被害者の方に自分を重ね合わせる。この映像では，スクリーンから直接観客に向けて怪物が唸っており，そういった脅しを明確に提供するものとなっている。Ben はこのような観客の反応について理解しているのだろうか。

彼は，観客にとくに直接的に訴える画像を選んでいる。クレスとヴァン・ルーヴェンは，この種の画像は記号の交換を行う二者間，つまりスクリーン上の表象された参与要素と相互交渉する参与要素，すなわち観客とのあいだに，「要求」として作用する特定の関係を確立すると以下のように説明している。

> ……参与要素のまなざしは……観客から何かを要求する，そしてそれは，観客に登場人物と何らかの想像上の関係に入り込むことを要求するのである。
> (Kress & Leeuwen, 1996: 26)

したがって，私たちは観客に何らかのサービスを要求し，実際にホラージャンルに顕著な命令形を使用しているものとしてこの映像を見る可能性がある。それは，潜在的な犠牲者からもう一人の犠牲者に強要する際の，デヴィッド・クローネンバーグ（David Cronenberg）監督によるリメイク作品『ザ・フライ（The Fly）』(1986) における近代ホラーの記憶に残るキャッチフレーズ「怖がれ——とても，とても怖がれ」に集約される。Ben はこのテクスト–観客との関係を，コメント欄に入れた。まず初めに，彼は「要求」の映像をとても明確に観察している。

> 怪物がまっすぐ観客の方を向いているので，観客はこのけだものが自分を見ているように感じます！

ここで Ben はあたかも理想の観客，すなわち映画が想定する一般的な観客が実際の一人ひとりの観る者になる過程を説明するかのように，観客を第三者として捉えている。事実，次の文では第三者の観客に取って代わって一人称の Ben が登場する。

> 本当に「そのもの」が僕のことを見つめているように感じました。

人の三位一体を完成させようとしているかのように，次の文では，二人称の観客を位置づけている。

> この画像は，映画の中で大きな重要性を持っています。なぜなら，人間が数秒のうちに狼に変身することが可能だと唐突に信じさせてくれるからです。

作品の残りの部分での観客の体験を表すこの代名詞の変化は，Ben がテクストの知識などに対して個人としてとれる立場（ある考えに対する反応を共有したクラスの一員として，彼の反応について教師 - 読み手と意見を交わした生徒として，ホラー映画を観に行く可能性のある一般的な観客の一人として）の多様性を示唆している。このことが以下に表れている。

> この映画の制作者が，どのように変身場面を処理するのか知りませんでした。
> 狼が狩りに行くところだとわかりますね。
> 悪者だと思うでしょう。
> 僕は，これが彼女を無垢に見せているのだと思います。
> みんなでこの映画を観たとき，僕はこの考えを自覚していませんでしたが，クラスのみんなも無意識のうちに気づいていたはずです。

これらの語彙 - 文法的な選択，つまり Ben が書いた文章における観客 - テクストの関係を示す名詞や代名詞は，このテクストとの関わりが持つ単純化できない社会的な性質という側面を証明している。テクストとの彼の関わりにおけるこの側面は，彼ら自身の文化的な背景と学校教育のプロジェクトとのはざまで捉えられる文脈において，同じクラスの生徒から成る多様な集団という社会的な見方によっている。また，それは学校という文脈で奨励される批判的分析の抽象レベルに，より近いコメン

第 2 章　デジタル・フリーズフレーム

トという視点に属するような，より抽象的で理想的な観客を認識し構築さえもする。

　以上のような Ben の作品の分析から，スチル写真は，元の動画の鑑賞時に読まれていたようにはおそらく読み取られないが，しかしその動画シークエンスの文法は，スチルのいたるところに文法的に浸透しているということが示せたのではないだろうか。映像のデジタル・フリーズ化は，元の動画の再読み取りであり，変換なのである。そしてその過程で，コマの要素はより精密に分析することができる。これが，物語上の時間に対するバルトの反逆的な見解の意味するところである。確かに，映画の「リアルタイム」は中断され，映画のシークエンスがデジタル化でばらばらにされる中で，通時的なシークエンスは解体され，これを含む一連のコマは要約される。鑑賞という厳密な時間性は，別の時間性すなわち解釈的な行為の時間性や，評釈という圧倒的な現在時制の中で映画の物語(ナラティブ)を作り直すこと，画像をフリーズさせて解剖するように調べることにとって代わられる。

　彼は共時的統語の力について，何か具体的なコメントを述べただろうか。意味とは，彼の選択の中で結びついてくるものであり，その場面におそらく含まれる楽しみである。明示的に語られないこういった意味は，ロバート・ホッジとギュンター・クレス(Robert Hodge & Gunther Kress, 1988)が言うところの，とくに解読を拒む共時的統語という側面なのだろう。Ben は明らかに，ボディ・ホラーのパラダイムのもっとも強力な画像を選択した。すなわちジョーダンが大衆ホラーの伝統から拝借した，過剰で昇華された美学を拒絶する特徴を具え，フィリップ・ブロフィ(Philip Brophy)がクローネンバーグらのボディ・ホラーを激しく非難した際に「ヒッチコックの負債」(Brophy, 1986)と満足そうに表現したパラダイムである。この画像の持つ力についての Ben の認識は，観客の想像するという行為の感情的な緊縛性や，狼男というパラダイムの言葉における彼の解釈の多様性に現れている。

　彼の語彙 − 文法的な選択は，特定の社会・文化的環境における鑑賞行為をも示しており，ある意味アカデミックなテクスト分析における理想的な

51

観客だけでなく，実際の観客すなわち彼と一緒に映画を観ている多様な集団の仲間たちをも反映している。

■ **全体のための部分：第 2 の共時的統語**

私の第 2 の問は，映画の凝縮としてのスチル，映画全体にとっての重要なテーマ，あるいは映画全体のシークエンスに対する換喩的置換についてであった。

そこで，モンタージュについてエイゼンシュテインの説明を援用することにしよう。彼はモンタージュを，画像の並置や重ね合わせの構成過程としてだけでなく，読み手が鍵となるイメージを割り当てて自分の読み方でテクストを読解し，並び替え，構成し直して記憶の中に自分版の映画を作る過程として説明している。

しかし，バルトはこの問題に逆の方向からアプローチし，スチル写真を「その本質が決して断片を越えることのない第二のテクストの断片である」と説明している。それによると，映画とスチル写真はパリンプセプト[訳註6]の関係にあって，「一方が他方の上部であるとか，他方の抜粋であるとかいうことはできない」と示唆している (Barthes, 1978: 332)。

彼は各スチルとその選択過程が，無数のテクストの一つをある意味全体として，また別の意味においては独立したものとして，当該の読み手に提供しているようだと述べている。それはつねに新しいテクストで，スチルに凝縮されており，解釈に基づく明確な考えに放たれる可能性がある類のものである。

13 歳の Gemma と Ellie は，3 つの画像をデジタル化した。最初の画像は，寝室で寝ているヒロインの Rosaleen の姿を映した映画の冒頭場面である。彼女は，アンジェラ・カーターの原作を包み込んだ新たな物語(ナラティブ)のフレームを提示する現代のヒロインである。『狼の血族』は，彼女が見ている夢の中の話である。

第 2 の画像は狼人間でもある狩人の画像で，祖母を訪ねに行く途中の

[訳註6] 書いてあった文字を不完全に消してその上にさらに文字を記した羊皮紙のこと。多層構造。

Rosaleen と森で出会う場面である。

　第3の画像は，かつては Rosaleen であった狼の姿である。狼男が暗示しているとされる大人の性の世界に接近するために，彼女が招き，支配さえした変身の後の姿である。

　ある意味，この選択は，彼女らが興味を持つ登場人物の意識と結びついた，彼女ら自身による映画全体の凝縮である。彼女らは少女を中心とする画像を選んだ。第1の画像は夢を見ている彼女を，いわゆる一人称に置いている。第2の画像は，狩人から見た彼女を二人称に据え，ショットの裏面として想像したものとなっている。そして第3の画像では，三人称の彼女が次のような3種類の行動の対象となっている。狼男の変身の対象であり，彼女に気づかずに銃を向ける彼女の父の攻撃の対象であり，そして首元の十字架に気づいて母親が救う対象の3種類である。

　このような選択によって表現される映画の読み解きは，おとぎ話の要素，現代の十代の少女の見方，そして近代ホラー映画の怪物／犠牲者という軸との関連における，少女の主人公という実に曖昧な役割を強調している。スティーブン・キング (Stephen King) 自身をはじめとする一部の解説者は，70年代後半以降（おそらくはランドマークとなるキング原作，ブライアン・デ・パルマ (Brian de Palma) 監督の『キャリー (Carrie)』(1976) 以降）の映画では，女性の登場人物が犠牲者の役割をより曖昧に果たすようになったと述べている (Stephen King, 1982)。犠牲者の役と従来の男性ヒーローのような役，怪物の役，ときにはその3つすべて（古典的な例としてまたも『キャリー』を挙げることができる）の境界が，不明瞭になっている。

　したがって，その凝縮された映画のイメージは，大部分が少女の成長を描いた映画として読み取られ，狼男の変身シーンを描くホラー大作という側面は軽んじられている。一方で，Ben の解釈では，この映画は現代のボディ・ホラー（体もしくは体の一部分が変化してしまうバイオロジカルなホラー）に近い位置づけであった。彼はもっともホラー色の強い画像を選択し，アートシアター系ファンタジーからはもっとも遠く，大衆ホラーに近いイメージを前面に押し出した。

これらすべてが私には，読み手が最初にもっと凝縮された形で無意識に，いや正確にはジークムント・フロイト(Sigmund Freud, 1915)が言うところの抑圧された無意識と，意識的になるのを待つそれとのあいだの**前意識**との状態で，気づいた視覚的テクストの特徴を詳細に読み取ったものに思える。したがって，コメント文を添えたスチル画像を使ったこういった映画の読み方を，私たちは三重の読みの連動として捉える。第1に読み手はイメージを心の中で回想する。そして，次にそれを修正する(デジタイザーの再生前における長く複雑な早送りや早戻し，そしてフリーズ・フレームを伴うこの過程では，しかし独自のテクストとの関わりという物語(ナラティブ)がある)。これによって映画の諸側面における解釈を，1つの共時的統語(この場合は主人公／語り手を換喩的に表現するもの)に凝縮する。第3には，画像の意味を解きほぐすことで凝縮効果を反転し，自分版の物語的な統語の文脈にそれらを位置づけ直したり，共時的および通時的な次元で画像とその重要な要素を詳細に述べたりする。繰り返すが，これらすべては，とくに社会的な文脈において行われることが重要である。他の論考でも述べたように(Burn, 1996)，映画というテクストとの関わりは，一方ではスクリーン上の架空の登場人物に向けた観客のジェスチャーや顔の表情という形で始まり，これが親密さや理解のパターンを作り上げる。そしてもう一方では，他の観客に向けて，再びこちらも親密さやテクストという体験の共有化，または解釈の違いの程度やその争点を作り上げていく。

静止画の複数のコマと詳細なコメントからなるデジタル作品は，観客の私的な行為，すなわち鍵となるイメージの維持や頭の中での並べ替え，友人とそれについて話し合うこと(「あの場面はどう思った？」)とは似ていないこともない。教室が，教室の外の社会的文脈で起こるプロセスを増幅，リハーサルし，解説し，意識に呼び戻す役割を果たすのである。ウィリアムズ(Williams, 1981: 189)が述べていた「とても簡単に身に付くスキル」は，デジタル・テクノロジーの到来とそれによって新たにアクセスできるようになった制作形態とともに，教育や訓練できる機関によって扱われ広がっていく。

第2章　デジタル・フリーズフレーム

■ **社会的利用：誘いや引用としてのスチル写真**

　スチル写真についてのバルトの記述は，彼らしく，自身の行動に根差したその魅力的な推論から始まる。この極めて個人的な書き方で記された論考において，彼は，スチルが担う個人の映画体験としての小さな社会的変遷における役割を喚起している。後の文化論，とりわけカルチュラル・スタディーズの伝統において認識されているように，この社会的変遷のすべての部分が重要なのである。したがって，バルトが雑誌「カイエ・デュ・シネマ」のページや映画館の外でスチルを見ている自分を説明するということが，たとえば大手レンタルビデオ店の壁に貼られたウィル・スミス（Will Smith）や，シガニー・ウィーバー（Sigourney Weaver），ジョン・トラボルタ（John Travolta）の画像を見るのとは対照的に，前者の画像から作られるであろう意味にすぐさま影響を及ぼすのである。

　ここで喚起される楽しみとは，社会的に形成され，継承され，議論され，または変換された，特定の個人の嗜好の楽しみである。ピエール・ブルデュー（Pierre Bourdieu, 1984）が言うように，それはエリートの伝統や人気のある嗜好など社会的階級に根差して形成されるものなのかもしれないが，それらは少なくとも修正可能なのである。どのような場合でも，「この映画は楽しめそうだ」という即時のまたは逐次の認識はこの点から始まる。

　つまり，スチルの画像は，映画館の外にたむろする観客や，映画ガイドをめくったりTV雑誌で予告を読んだりする観客にとって，映画の先読みを提供する。スチル写真の物質的な制作はここではコントロールされずに，メディアの組織化された制度の中で固く閉ざされている。しかし，観客の楽しみや，選択，そして総合的な専門的判断というパワフルな遊びは，観客が鑑賞前のイメージと，過去に見た関連するテクストの残像との相互的なつながりを作るにつれて，始まっていくのである。

　バルトは，このスチルもまた引用の一種であると捉えている。映画産業のマーケティングやパブリシティのメカニズムだけでなく，アカデミックな環境にも関わるこういった利用は，ヴィゴツキーの言葉を借りれば，メディア・テクストの自然発生的な理解から科学的な理解への移行を示して

いる。この点で，生徒はスチルをある意味アカデミックなモードにおける，しばしば自覚的な説明的テクストの中での引用として用いる。しかしながら，バルトとは異なり，また相当量のアカデミックな映画解説とは異なり，彼らはスチル画像のライブラリに頼らずに（したがってスチル・カメラマンの作品の選択過程に頼らずに），自身で具体的な画像を選択し，場合によっては少なくとも従来の形式では映画のコマにもない写真を制作した。

GemmaとEllieのコメントは，伝統的な解説文からはかけ離れているものの，テクスト性を明確なテーマとしており，したがってそれが彼女らの画像選択の動機の一端となっている。彼女らの作品には，以下のようなある意味アカデミックな談話(ディスコース)の語彙と構造が用いられている。

　　……彼女を象徴する……
　　……顔の周りをパンし……
　　……おもちゃを1つひとつアップで映し……
　　……これによって暗示されるのは……

しかし同作品には，別の声も登場する。画像の選択に至る他の動機を示す通俗的で私的なコメントと意見という類の声である。

　　……彼女はお化粧に慣れていません……
　　……たくましい狩人が狼に姿を変えました。
　　……眉毛がつながった男には近づくなというおばあさんの言いつけを彼
　　　　女は無視して，完全に彼自身とその魅力に圧倒されてしまいました。
　　……見ているこちらには，彼は最初から彼女を食べたいだけの馬鹿者だ
　　　　とわかります。愚かなことに，彼女は彼に首ったけ[原文ママ]になり
　　　　ます。

このようなハイブリッドな談話(ディスコース)は，ミハイル・バフチン（Mikhail Bakhtin）が言う社会的意図の呼応的混合，発話の「構成上および様式上の特徴」

（Bakhtin, 1952: 3）を判断する「発話力〈スピーチ・ウィル〉」を示している。それは義憤と具体的・社会的な細々としたことを織り交ぜた映画についての非公式な議論として，同様に他のクラスメイトにも向けられている。そして教師またはアカデミックな体制，またそこで求められる形式的であることへの期待にも向けられている。話し手や書き手，とくに学校に通う児童・生徒は，純粋な意図や本心の意図というよりは，さまざまなものが入り交じった動機を持っていることのほうがずっと多いので，その発話や文章も多声的にそれを示唆している。したがって教師は，意図を明確化できるように，また表現のリソースを見つけて実行できるように手を貸す必要がある。それがハイブリッドで矛盾をはらむ談話〈ディスコース〉になるのであれば，批判的になることなく，少なくとも一時的にはそれに甘んじなければならない。批判的になっても水面下の矛盾が進行するだけである。言語についてのバフチンの見解は，まさにこの矛盾への寛容を表現している。

> それが，日ごと，時代ごと，社会集団ごと，ジャンルごと，学校ごとといった束の間の言語というものである。どのような発話についても，それを言語という生命の中で矛盾に支配され，緊張に満ち難問を抱えた2つの傾向の結合体として顕在化させれば，具体的で詳細な分析が可能となる。
>
> （Bakhtin, 1981: 271）

GemmaとEllieのスチルの使用にも，バルトのように個人的な楽しみに根差した部分や，それらをいくぶん正式な解釈や探求の過程へ発展させたり検討したりした部分がある。彼女ら，そして本研究に参加したすべての生徒にとって，これらの楽しみと解釈への発展過程の両方が，比較的古い映画編集と今やコンピュータ・スクリーン上に収斂された公開の技術という，検索とデジタル化の過程において存在している。ほしい画像を検索していたある二人組の少年へのインタビューでは，その少年の一人Graemeの頭に既にあった一連の明確な「心的スチル写真」から，いかに彼の検索が脱却したかということと，画像を見つける前から解釈の過程がどれだけ

進歩したかということの両方が，明確に示された。

> Graeme：それから，えっと，今探している画像は3度目の変身シーンです。狼が狼男の口から出てきて，えっと，狼が人の中にいることを象徴するようなシーンで，えー，狼の鼻が人の口から飛び出している瞬間がいいと思います。

別の少年二人組は『エイリアン2』(Cameron, 1986)から，体内のエイリアンによって身を裂かれる寸前で，壁から動けない状態の女性犠牲者が，殺してくれと懇願する場面の画像を探していた。一人の少年は読み書きの能力にさまざまな問題を持つ生徒であるが，家庭で観た記憶のある『エイリアン2』からのこの画像がほしい理由を，怪物が人の中から飛び出してくるイメージが「『狼の血族』みたいだから。両方とも人の中から出てくる」と説明している。

学校における社会的実践は，すべて意味の構築とそういった記号的活動に含まれる主体性に関与している。明るいスクリーンを備えた暗くなった教室とハイブリッドな鑑賞空間，コンサートホールのような仰々しい静けさと，複合施設のような雑音や対話性，公的な場の改まった空気と，家庭の親密さ。そういった中で生徒たちはコンピュータのスクリーンを囲む。誰がマウスを動かすのか，どのコマを使うかという決定にどのように到達するのか。電子ページの公的な性質や，デザイン，情報，何が見栄えが良いかという社会的な意思決定。こういった文脈が10代の少年少女の映画との関わりに付随する事態を判断するうえで役に立つ。GemmaとEllieがスチル写真を視覚的な引用として使ったのは，このような公的な教育と大衆向けフィクションや映画の楽しみという分析レパートリーとのあいだの，釣り合いのとれた曖昧な境界空間においてなのである。

■ 予告編制作（トレイラー）：スチル写真と動画のテクノロジー

GemmaとEllieは，Alexというもう一人の少女と組んで『狼の血族』のトレイラーを作ることにした。つまりスチル写真の使用をさらに次の段

第2章 デジタル・フリーズフレーム

階へと進めたのである。彼女らが使うのはアナログ編集ソフトであるが，この作業ではビジョンミキサーによって，リアルタイムに作られたデジタルエフェクトを使用する。トレイラーには，ビジョンミキサーのデジタルスチル機能とディゾルブ機能をフル活用して，1つのショットの上に別のショットを重ね合わせて余韻を残し，非常にゆっくりとディゾルブさせていく。最初のシークエンスは，Rosaleen の死んだ姉と祖母という二人の女性登場人物を，アップで映した2枚のデジタルスチル写真で構成される。これらの画像が，まずは森を駆け抜ける狼の群れのシーン，続いて狼男の最初の変身シーンとミックスされる。このミックスによって，女性登場人物のイメージが動画のシーンよりも「ソリッド」，つまり確かなものになる。アップの画像であるという事実に加え，これらのイメージが全体の構成の中でより強くなるのである。視覚的構成要素の相対的な比重を表すために，クレスとヴァン・ルーヴェン（Kress & van Leeuwen, 1996）が用いたきわだちの例である。この映画というテクストの並べ替えや選択によって，新たなモンタージュだけでなく，そこから新たな共時的統語も創られる。それは別の種類の「垂直モンタージュ」によって，意味のうえで関連づけられた2つの画像の分節をよりどころとする。そして一方の画像は，もう一方の画像の上に置かれて印象を形成する。選んだ女性の登場人物に，Rosaleen の顔を写した別のスチル写真が続くのだが，これを彼女らの作品の観点から見ると，またこの映画における女性の表象についての考察として捉えると，これらの関係する女性の役割（犠牲者／姉，語り手／賢明な女性，強いヒロインと夢見る語り手）という重要性の認識を，象徴しているように見える。それは映画の物語(ナラティブ)の範囲を明らかにし，10代の女性のアイデンティティの表象を前景化させる。そしてそれは，その鑑賞者にとって映画の中心であり，映画との関わり方の中心であり，今は文字通りリメイクの中心である。

■ 結論：未来のデジタル・コテージ業界

映画からデジタル化して抽出した画像の使用（少なくともこの特定の教育的文脈における使用）は，スチル写真の文化史との関係において，有益

な見方ができるということについて述べてきた。マーケティングやアカデミックな解説目的で，映画のコマを一種の二次的制作として分離することは，映画の予告や批評に関する社会文化的な実践や，観客との精神的・社会的な交換における，映画と対を成すものとしての使用実践史も関わってくる。

　スチルや動画（と音声）を，デジタル処理でとり消したり再構築したりすることが新たに可能になって，本書に登場した生徒たちは視覚的な読み手だけでなく書き手にもなることができた。まさに，これら二者間に安定して存在していた特徴や違いは，崩壊しつつあるのだ。彼らが習得した視覚的記号のリテラシーは，画像や動画のデジタル操作や，画像から言葉または言葉から画像へのコード変換において，そしてグループ・ディスカッションや解説文を書く中で，拡張していく。鑑賞における精神的活動は，デジタル・フレームとシークエンスの中で具現化され，デジタル・タイムラインの可塑性と暫定性が，心的イメージの活動における究極の可塑性に力を発揮するようになる。活発な議論とグループ制作の求心力を持つ中心的存在のコンピュータ・スクリーンは，70年代のスクリーン論における観客行動のメタファーで表されていた投影装置にとって代わった。そして今は，この新たなスクリーンに，映画の解体や制作，上映がまとめられている。そして，映画の大規模な産業工程は，デジタルコテージ産業へと縮小されている。ここで生徒たちは，小規模かつ局所的に映画を理解し，しかし同時にインターネットを介して，グローバルな知とつながり，映画ポスターをダウンロードし，映画にまつわる情報や映画評を手に入れている。映画への関わりに伴う主体性の緩やかな変化により，イメージの解体と再構成に新たな楽しみと力が見出された。そしてそのことによって，映画の凝縮という文化史（スチル写真とトレイラー）のみならず，ウィリアムズが予見したように，こういった形態の映画や画像の制作が広まる未来も指し示されている。デジタル・インスクリプションのツールは，セフトン・グリーンが示唆したように（Sefton-Green, 1999: 29），複雑な形態のメディア制作に民主的にアクセスする可能性を伴った新たな「書くこと」になりつつある。

第 2 章　デジタル・フリーズフレーム

　学校や大学でこういったことをどのように進めていったらよいかは，いまだ定かではない。しかしこうした必要なスキルは，明らかに教えられなければならない。そして，私たちは次のようなことを認識する必要がある。それは，ますます学校外で非公式に学ばれる制作のスキルはあり，そういったスキルは直観的にわかりやすいプログラムのソフトウェアが設計されるにつれて改良されて，視覚的インターフェイスが精神機能にかなり近い精度のメタファーを提供するところまでいくということである。そして同時に，大衆メディアに根差したコミュニケーションの実践を，どのように説明していくのかという文化的理論が必要とされている。その理論は，つねに職場や家庭，娯楽といった領域間を複雑に往還する対話性と，理解や分析のための新たな言語を具えていることが望まれる。それはおそらく，言語の文法に類似した新たな言語という形をとるだろう。私たちはどうやら，ウィリアムズの 1981 年における歴史的な契機に語られた「コミュニケーション技術と社会的制度との関係が，研究と分析だけの問題ではなく，幅広い実用的選択のために必要な問題となってきている」(Williams, 1981: 192)という彼の言葉のさらに先に，到達したようである。

第3章
デジタル・ネイティブが「サイコ」を復活させる

　デジタル革命によって，私たちはさまざまな問題に対処しなければならなくなった。その問題とはリテラシー，コミュニケーション，表現の種類，さらにこうした社会の変化に置かれた若者の居場所である。コミュニケーションの分野における他の技術革新と同様に，莫大で急激な変化によって最初に議論になったことが，技術そのものの性質だったことは不思議ではない。スティーヴン・ヒース(Stephen Heath)が1970年代の終わりに書いたものがある。「映画が歴史的瞬間を作ったことは，技術が瞬時に興味を引き起こす，ということである。宣伝され売られたものは機械，装置を通した経験であった」(Heath, 1980: 1–2)。この警告は，デジタル革命が起こった様に現代で急増した視覚的記号論(visual semiotic)としての映画にも当てはまり，技術は社会に先立つものではなく，技術と社会が相互作用するものであるとしていた。

　そこで，私たちが解決を必要とする問題がある。それは，デジタル技術がリテラシーの性質をどのように変えるのか，人がテクストを理解して制作するためにどのように活動するか，こうした活動が行われている中で人は文化をどのように変えていくのか，意味が作られ交換されている中で社会的空間がどのように変わるのかということである。ギュンター・クレスとセオ・ヴァン・ルーヴェン(Gunther Kress & Theo van Leeuwen, 1996)が強調したことは，「学校は視覚的コミュニケーションとデジタル技術を導入するためにリテラシーの概念を広げるべきである」ということであった。

もし学校が新しい記号論の求めに応じて生徒に適切に対応できるなら，右手で「書き」，左手で「観る」というような古い境界を引き直すべきである。これらの作業は，現代のコンピュータ技術を含むべきであり，新しい記号論の中心的な領域となるべきである。しかし，結局のところ，重大なよりどころは，分析手段を持つことであり，「新しいリテラシー」を持つことなのである。つまり，映像を読んだり作ったりするときに，何を行うかについて語る手段を持つことなのである。

　分析においては，新しいメタ言語がこの拡張されたリテラシーについて語るために必要であり，生じた問題を緊急に解決する必要がある。
　この章では，1999年から行われた16歳の生徒の学習を示していく。それは，義務教育修了試験（GCSE: General Certificate of Secondary Education）の「メディア・スタディーズ」の授業の課題として，4人の女子高校生が，ヒッチコック（Hitchcock）の『サイコ（*Psycho*）』（1960）という映画の2000年リメイク版の予告編を作っていく学習である。その前に考える問題がある。まず，視覚的コミュニケーションにおける「言語」と動画の関係である。次に，制作過程における生徒が感じた楽しみと個人的な投資の関係である。もう1つは，社会的なコンテクストと文化的なコンテクストが，新しい技術を用いて制作された意味を枠にはめて決めてしまうことについてである。

■ サイコ：ホラー映画の生みの親！

　予告編を制作する課題は，生徒がデジタル編集機器を用いるために用意された。この機器は，生徒が選んだ映画について視聴覚としての映像素材を分解するためであった。また，その視覚的素材を持ってくることができる場面を探索するものでもあった。そして新しいテクストを再び作ることによって映画について新たに理解をすることであった。またマーケティングと流通の過程も新たに理解をすることでもあった。さらに音と画像について理解することから丁寧に取り組んで制作することに変更していくことであった。

第 3 章　デジタル・ネイティブが「サイコ」を復活させる

　生徒の中には，すぐに自分の好きな映画にとびつく者もいたが，もっと慎重で，どの映画を選べばさまざまなオーディエンスに対応できてしかも課題もこなせるのかを考えていた生徒もいた。Abby, Lorraine, Gwen, Holly たちがこれに当てはまった。彼女たちが選んだ映画は，今まで見たことがなく，自分たちからすれば「古い」映画でも，再リリースが実現可能なものを考えた。昨年のリメイク版の『サイコ』は，オリジナル映画の30 周年に当たり，ヒッチコック生誕 100 周年記念として皆に興味を持たれていたので，良い選択と思われた。

　生徒は自分たちが探すべきものについて明確にする必要があった。『サイコ』がホラー映画でどのような位置を占めているかを確かめる必要があった。自分たちの制作する予告編の中で，この映画がカルトとしての地位があることを示す必要があり，また，若者の欲求について認識する必要があった。というのも，自分たちも新しいオーディエンスの一部であったからである。この自分たちも若者であるということでは，自分たちの映画の視聴歴があり，そこには，『サイコ』の遺産としての映画があった。それは，『ハロウィン (*Halloween*)』(Carpenter, 1978)，『羊たちの沈黙 (*The Silence of the Lambs*)』(Demme, 1991)，『スクリーム (*Scream*)』(Craven, 1984) のシリーズであった。

　生徒が使っていたノンリニアのビデオ編集ソフト (Media 100 のプロフェッショナル版) には，さまざまな利点があることは，この前の授業で使って確認していた。そのソフトは以前使っていたアナログシステムには見られない利点があった。デジタルビデオの映像素材をビンというウインドウに置き，思っているような流れになるように映像素材をカットすることで，最初の段階で，カットを選んで並べ，シークエンスやモンタージュ (音声と映像の双方) をより大胆に構成することができる。最終的な決定を無限に延ばすことができるから，最初の段階はかなり野心的なものになる。生徒は仮のものとしてできるだけ手を広げて，それから編集し直し，カットしたり挿入したりすることを，さまざまなオーディオトラックやショット同士のつながりで試した。生徒にとっては，『サイコ』の予告編の制作は，構成を並べてそれを組み合わせて作るものであった。生徒が

感想で書いていたことは，この制作は確実で一貫性を持った過程であり，多くがナラティブの構成に関するものであった。たとえばHollyが言っていたこととして，グループが決めた2種類のナラティブは，より短い「じらし」の予告編を作ることであった。最初に決めたことは，形式的なナラティブを否定することであった。

> 私たちが決めたことは，映像で実際に使われたあらすじを順番に示すことではなく，早いシークエンスで，「刺すこと」と人体を結びつけないショットを使うことであった。テンポを保つために，多くのショットに続く黒い画像をカットした。そうしたのは，さまざまなばらばらなショットではオーディエンスが筋を混乱することに気がついたからである。

デジタル・フォーマットの利点は，このシークエンスを試すことができることで，もしシークエンスが使えなくて，アナログ形式だと，大変な時間がかかってしまうであろう。事実，生徒は次のように方針を変えた。

> それから，私たちは，これは映画を作るために一番良い方法ではないと判断しました。若者のオーディエンスに対しても，流行遅れで少し混乱させてしまうように見える映画を作ってしまうようなものだからです。それで非常に単純な筋になるようにショットをもっとつなげていったのです。

予告編の主要部分を作るために，生徒は再度，違うナラティブに決めた。

> 私たちが作る予告編のメインの部分は，筋をもっと伝えることでした。予告編を新旧のターゲット・オーディエンスに届けるために，映画のスリラーの要素を積み上げて，それに恐怖の要素も加えたことでした。タイムラインに予告編を再構築したのは，セグメント化して，ナレーショ

第3章 デジタル・ネイティブが「サイコ」を復活させる

ンを並べることから始めるためでした。それは Janet Leigh が Bates モーテルにやって来るショットで，続いてアンソニー・パーキンス (Anthony Perkins) が部屋の鍵をジャネット・リーに渡すショットでした。

　Holly の感想を読んでみてはっきりとわかったことは，デジタル形式を使うことによって，生徒たちが予告編を制作していく中で，ナラティブについての複雑な考えを解き明かすことが可能になったことである。アナログ形式（1つのテープから他のテープに録画して編集すること）でいろいろと試みるよりも，実際はテクストを重ねて作り変えていくような作業である。つまり，映画からの映像素材を入れたデジタル・ビンの中に保存してある同じクリップを使っていた。そして，エフェクトをコピーして貼り付け，どのように見えるかを試しては捨てていた。こうするうちに，生徒はヒッチコックのナラティブの美的感覚を制作の過程で調べたり分析できたりした。それを Holly は感想の後の方で述べている。

　　実際，予告編の中で，母親が殺人者であることを中心にして，誤解させるような筋を設定した。それは2つの理由のためである。最初にオーディエンスに殺人のシーンを見せたかったが，殺人者を実際に見せることができないので難しかった。そこで考えたことは，ヒッチコックの伝統的なテクニックに従って，オーディエンスをわざと間違った方向に導くことであり，そのために，誰が殺人者であるかを誤解させ，最後で驚かせるものであった。

　予告編が完成したときに，生徒たちは，ヒッチコックのサスペンスの美的感覚について話した。その感覚は生徒も興味を示したことでもあり，そしてオーディエンスを驚かせるアイデアとして，恐ろしい画像を見せるのではなく，恐ろしさを推測することだった。

　　Holly：　これは，全部を見るよりも，もっと推測させることで，穴から

覗くことと同じで…だから記憶に残り…だから…とてもショッキングな映画なんです。

生徒たちが続けて話したことは，映画が恐ろしい場面で一旦停止し，その後に恐怖の画像が再び出てくるのはなぜか，ということであった。

Lorraine： 事実は，私たちの世代ではそうじゃなくてね。もっとも怖いことは，恐ろしい瞬間に，あるはずのものがないことなのよ…。
Gwen： 画像ではなくてね。
Abby： それは，だけど，…シャワーシーンでね，そうじゃなくて，たじろぐことなのよ。ナイフがどうなっているのかは実際には［聞き取り不能］，はっきり見えないんだけど。

このヒッチコックの美的感覚のセンスを用いた作業は，極めてアンビバレントであり，予告編はある種の裏切りであった。それは Holly が示しているように，サスペンスのナラティブで怖い場面を見せないけれども怖がらせることであり，それを美感の中で示したいからである。このアンビバレスは，それほど驚くことではないであろう。ヒッチコックの古典的なサスペンスの構造は，隠蔽と表出の弁証法である。それは，恐怖のイメージ（シルエットや傷ついたものをちょっとだけ示すこと）を隠蔽し，衝撃的な表出をすること（ナイフのクローズアップや Marion Crane の死んだ目を見せること）であった。生徒のわずかな分析からも示されたことは，この弁証法が，ごく最近の人気がある恐怖映画でも使われているのに，しばしばヒッチコックの映画の対極にある映画と考えられていたことであった[①]。こうした差異は，ブルデュー(Bourdieu, 1984)の用語を使って言えば，社会的に構成された感受性の好みや趣味の問題であり，より正確に言うと，ある種の矛盾した文化的忠実性であり，それを生徒がここで制作したのである。生徒が話し合っていたのは，見て楽しかった映画のことであった。それは，ウェス・クレイブン(Wes Craven)の『スクリーム(Scream)』の

場面，スティーブン・キング（Stephen King）の小説を原作にした映画として，『イット（It）』，『トミーノッカーズ（The Tommyknockers）』や，『エルム街の悪夢（A Nightmare on Elm Street）』（Craven, 1984）の場面であった。また，新しくリリースされた『エクソシスト（The Exorcist）』（Friedkin, 1976）は Gwen が見たばかりであった。Holly が書いていたのは，Holly と Gwen が週末ごとにホラービデオを借りてきて一緒に見て怖がったことだった。彼女たちが指摘したこととして，映画でしばしば驚いた所には，恐怖の場面はそう多くは示されてはおらず，匂わせられたり，何もない画像を見せられてじらされたりたことであった。また，『ポルターガイスト（Poltergeist）』（Hooper, 1982）では，画面に青白い光が出ていて，『トミーノッカーズ』（Power, 1993）は，「本当に怖い」怖さを表す緑の光があったことであった。

　しかし，ここでのポイントは，生徒に「ナラティブ」の効果を理解する大きなチャンスがあったことである。その効果とは，恐怖を示すモノや画像の一部分を隠すことであり，デジタルソフトを使うことでこの実験ができることであった。隠蔽と表出の記号論的な構造の働きが見えてくるのは，自分たちが予告編で制作した音と映像を備えたテクストを通してであり，さらに，自分たちが感想で示していたメタ言語的な理解を通してであった。それは Holly がここで述べた観察である。

　　私たちはシャワーのカーテンを引くシーンでシークエンスを始めた。このショットが物語の筋にカーテンを引くシーンで殺人に直面するときに比喩的にうまくいっていた。

　しかし，生徒が書いたコメントは，ストーリーの一部分を表しただけであった。きちんとして合理的のように思えるものは，理解することに生徒が到達していたことの証である。つまり，編集での雑然とした過程を示すものではなかった。生徒へのインタビューによって示されたことは，ナラティブの考えについて話し合っていても，映画の具体的な元の映像素材に向き合ったときには，すぐにナラティブではなく不適切で抽象的な議論に

なってしまったことであった。

>バーン(著者)： 実際にどのようにしてクリップを選んだの？
>Holly： そう，基本的に最初に選び始めたときは…，実際に何を選びたいかがはっきりしていなかったわ。そこで，映画の半分近くをデジタル化したの。キーとなる全部の映像，恐怖を示す映像全部だったわ。シャワーシーンのデジタル化では，Abby は「カギとなる部分が重要だわ」と言ったわ。でもそのカギとなる部分が重要なのに，どんな小さなカギとなる部分も持っていなかったので，最初に戻ってもう一回デジタル化しなければならなかったわ。

　この記載からわかることでは，生徒がまず手をつけたのは，映画の縮小版として恐怖を提示できるように見える強力な画像を選ぶことから始めようとしたことであった。これは社会記号論（social semiotic theory）（Hodge & Tripp, 1986 及び Kress & van Leeuwen, 1996 を参照のこと）の中で，共時的統語（synchronic syntagms）として描かれたもののように見える。この共時的統語とは，強力なイデオロギーとしての意味を持っているとくに強力な画像であり，視聴者によって即座に理解され，視聴者がテクストの「見方」を構成するために選ばれて利用されるものである。加えて，サスペンスの美学と表出されたホラーの快楽とのあいだの緊張があった。それは Holly が言ったことで，「恐怖のものすべて」だった。しかし私たちが目にしていたのは，生徒がどのように，隠蔽と表出，恐怖とサスペンスのあいだの戯れに恐怖の場面を修正して作り替えて入れているかであった。それが生徒の到達した点であった。

　Abby が言っていたことは，クリップがどのようにして「重要なキー」となるかということであった。さらに，自分たちが戻って，文法のように作用する視覚的テクストを示す「ほんの少しのクリップ」をどのように見つけ出すかであった。Abby が述べていることはたぶん，ナラティブの中で，バルト（Barthes）が触媒（catalysers）として描いたものであろう。その

触媒は、バルトが基数関数(cardinal function)と名付けた、より劇的なシークエンスのナラティブとナラティブの隙間を埋めるものであり、ナラティブ同士をつなぐちょうつがいとなるものである(Barthes, 1978)。ナラティブのこの部分を除去すると代償を支払わねばならない。バルトが警告したのは「触媒は重要な機能を持つ」ということであった。

> したがって、触媒の定常的な機能は、いずれにせよヤーコブソン(Jakobson)の語句を借用すれば、話しかけである。つまり、触媒は語り手と聞き手の接触を維持するのだ。要するに、話の中心となるものを削除すれば、ストーリーが変わらずにはいられないが、ある触媒を削除すれば、ディスコースが変わらずにはいられないのである。　　(Barthes, 1978: 95)

　Abbyが気づいていたことは、「キーとなる映像」同士を単純につなぐこと(共時的統語関係)では、モンタージュが短すぎて、一貫したナラティブを示したり、あるいはオーディエンスを特定するための視覚的文法が十分には使えないことであった。

　生徒たちは、探していた映画の瞬間の場面はナラティブのクライマックスの瞬間(バルトの基数関数)では十分ではなく、予告編に必要な映像素材(触媒)であり、ほんの一瞬で「通過する」もっと小さいものであることがわかっていた。たとえば、生徒が使った場面は、Marionが車を運転しているショットで、Marionの正面の顔が映る場面であった[②]。生徒が最初には使わなかった場面は、Marionの上司がMarionの運転する車の前に現れたことで、Marionがお金の持ち逃げをやめようとした場面であった。しかし、生徒がその場面の必要性を後で認識したのは、行動のちょうつがいとしてではなく、バルトが触媒の論理的で経時的な機能と名付けたものだからであった。生徒はその場面の結末を示すことで、ナラティブの時間の流れを保ったのであった。

　生徒たちは、映画を見て、視覚的な法則を直感し、重要な瞬間や音も直感した。それは、生徒が皆で映画を見ているときに、突然、紙を取って、ビデオでのその場面の時間を必死で書き留めていたことから明らかであっ

た。この瞬間に相互認知と理解が進んだことが明らかになった。生徒が直感的にわかったことは，キーの重要性であり，映画全体では重要ではないものの，これから作る予告編には重要だ，ということであった。私たちがわかったことは，生徒はより多くの知識と直感的な理解をこの予告編の課題に用いており，それは私たちの予想以上のものであった。

あるリテラシーの過程がこの作業で示された。それは，何を選ぶかということにおいてであった。具体的には視覚的な記号論に基づいていた。ただ，映画の音の要素が，マルチメディアのテキストとして予告編を作るときに後で重要にはなった。生徒にたずねてはっきりさせたかったことは，編集は1つのリテラシーであり読み書きのようなものである，という考えをどう思っているかであった。HollyとAbbyのあいだで議論が盛んに行われた。Hollyは，作品の構造が視覚化されて計画されて実行されるにしたがって，視覚的テキストが大きくなっていくことを見ていた。Abbyが考えていたことは，これは実験のレベルを超えるものであり，素材の映像を使った実際の作業であったことである。

Holly: 作文するように組み立てをしなきゃね。自然にやって，それで組み立てがうまくいったら，OKじゃない。でも違った感覚，他の感覚を使わなきゃね。

Abby: いいえ，それでは問題があるわ。理論上の構造[聞き取り不能]，そう，理論上では，ショットはとてもうまくいくように見えるし，そうなんだけど，ショットを理論上の構造に置いてもデタラメのように見えるだけで，意味が伝わらないわ。

その後，Hollyが絵コンテは役に立つと言っても，Abbyは賛成しなかった。

Abby: 私は絵コンテを作ったらいいとは思わないわ…この考えが絵コンテの上で示せるとは思わないわ…。絵コンテは間違っていることを見つけるためには，とても役には立つのだけれ

第3章　デジタル・ネイティブが「サイコ」を復活させる

ど。
Lorraine： そうだわ…始めたとたん，ショットがたった1つだけしかなくて，それ以外のものが手に入れられなかったわ。それより先には進めなかったわ。私が思うに，ただそこに座っているだけでだんだんイライラして，ちょうど「ああ，これを終わらせることは絶対できないわ，そして他の［聞き取り不能］」。
Abby： テンポがあまりにもゆっくりだったわ。

　Abbyはここで2つの暴露をしていた。1つは「間違っているのは何なのかを見るために本当に助けとなったこと」で，デジタル・メディアのすばらしい能力として，暫定性と可塑性を強調していた。それは，実際に下書きを作り直したり，再考したり，作り直し続けたり，実験したり，形づくったり，磨きをかけたりすることが許されたことであった。もう1つは，「テンポが遅すぎる」ことであった。重要な点は，ここで言葉を使って推測ができるならば，Hollyがわかっていたように，部分的に視覚的なメディアの中で作業することについてであった。しかし，それはまた，時間単位の視覚的なメディアの中で作業することでもあり，視覚的なレトリックの形式でもあった。また会話の共有もあるが，書いて共有することではなかった。したがって絵コンテは書く形式により近いものであるために，まったく頼りにならない道具であった。生徒は，スクリーンで動画のシーンを見ることが必要になってはじめてテンポがおかしいことを理解した。生徒はジャンルの感覚を得たかったし，ナラティブの「ミステリー」を示したかった。しかし生徒が本当にやりたかったことは，映画の情緒的な衝撃の感覚をオーディエンスに与えることであった。速くエキサイトするテンポで予告編を作りたかったので，そのためには速いカットが必要であることがわかっていた。カメラの動きや参加者の動きがあるショットを使ってテンポを作りたかった。とくにショットをタイムラインに置いただけで，実際のテンポを試すことができた。ショットの長さを非常に正確に調節した。とくにこのことが，ショットを順番に並べたときに，すぐにテンポを確認できることに気づいた。生徒は，クロスズームのトランジッ

ション（切り替え）を見てとても興奮した。これはオーディエンスの目の前に，映像がスクリーンから飛び出してまたスクリーンに戻っていくように見え，これが「3D方式」でテンポを作るための完璧な方法であることを認識した。

　もう1つの重要な要素は，予告編の視覚的場面の中で，黒い画面に赤い文字を使うことであった。Abbyはこのことを次のように書いた。

　　もう1つうまくいったテクニックで，私たちが使ったものは，ターゲット・オーディエンスに興味と感情を呼び起こすためにテロップをつけるためのテキスト画面を使ったことだった。これはオーディエンスの注意をうまく引きつけるためであり，オーディエンスの皆がテロップを読まされる。ある意味では，このテロップは予告編を分割してしまった。最初のテロップは「気をつけろ！」（NormanがMarionにキーを手渡したとき）であり，このデザインは，オーディエンスをはらはらする状態にして，Marionが安全ではないということに，はっきりとヒントを与えるものだった。しかし，結末を話しているものではない。2つ目は，「彼女は後ろだ！」であった。それはNormanがMarionに，母親は「まともではない」と言った後に，恐怖場面へと導くものだった（おだやかなナラティブからテンポの速い恐怖のシーンに突然飛び越えていったのでは，不自然で素人同様のように見える）。そしてオーディエンスに母親が殺人者だという念を抱かせるものだった。3つ目のテロップは，「ホラー映画の生みの親」だった。この映画を既に見ているオーディエンスにも該当するうまい言葉遣いであり，最後に置いてアクションに幕を引き，オーディエンスに終了を告げるものだった。こうしたテロップがうまく働くのは，テロップを制作してプログラムの中に入れたときだった。そのプログラムは，テロップの表示している時間を長くしたり短くしたりすることで，時間を調整することができるものだった。そのため，テロップは予告編のテンポを調整して総時間の見込みを示した。

　明らかなこととして，こうしたテロップ自体が重要な構造化した装置で

第3章　デジタル・ネイティブが「サイコ」を復活させる

あるということである。また語り手とオーディエンス（この場合ふたりのオーディエンス）の関係を築く手助けをするために，こうしたテロップがバルトの触媒としての目的を提供することも明らかであった。さらに，デジタルの特性によって，再度，このメディアの時間軸について洗練された操作ができることなのである。

　作品すべてが広範囲の社会文化的コンテクストから意味を引き出したことも明らかになった。Abby は次のように書いた。「テロップの背景が黒いということは，血と危険（ホラーを意味する）を推測させるためであり…，ボールド体の赤い文字は現代的要素を予告編に加えて，ターゲット・オーディエンスの中の若者に魅力を感じさせるのに役立つ」。生徒が『サイコ』と最近の人気ホラー映画の橋渡しのために意識して作っていたことが，テロップの言葉遣いで示されていた。このことは『エイリアン2 (Aliens)』(Cameron, 1986)の映画で，エイリアンを生む母親のエイリアンが数え切れないくらい何回も何回も現れたことを思い出させる。

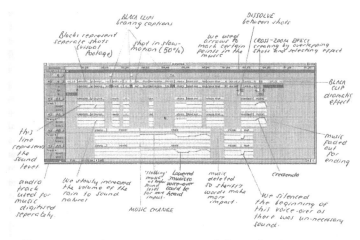

図 3.1　Abby が Media 100 のソフトを使って作ったタイムライン

　Media 100 のソフトを使って作ったタイムラインは，予告編を視覚的に見せている（図 3.1）。この図は，Abby の作ったタイムラインで，Abby のコメントが図に加えられている。コメントをみると，Abby はデジタル・

メディアについてとてもよく理解していたことがわかる。それは，グループが決定した記号論的な意図や構造や再生速度（50％のスローモーション）やトランジションの技法（タイトルをクロスズームで切り替える）や，そしてとくにオーディオトラックを重視したことからもうかがえた。

　そのタイムラインが視覚的に明らかにしたことはノンリニアのビデオ編集ソフトが，以前は難しかったりできなかったりした操作を可能にして，古い映画の編集に用いた映像素材をどのように復元したかということであった。とくに，オーディオトラックに映像のトラックを重ねることは，エイゼンシュテインの垂直のモンタージュを想定させる。この垂直のモンタージュとは，映像が時間と水平方向に流れる連続であるのに対して，映像と音をいわば垂直に対応させる（巧みにリンクさせる）ものである。このタイムラインの図が示しているものは，映画音楽のCDから2つの対照的な音楽トラックの使い方であった。これについてAbbyとHollyがインタビューで次のように答えている。

Abby： 違った2つの音楽をそれぞれ使ったのよ。1つの音楽は最初に使って，それから刺す場面で次の音楽に変えて，ジャジャジャ（刺すような弦楽の音を真似て）

Holly： そうね，サイコの「テーマ曲」を使ったわね。こんなふうに，ドゥ，ドゥ，ドゥ，ドゥ（テーマ曲のリズム），それから使ったのは…。

Abby： それから，そのテーマ曲を最後でまた使ったわね，それはその曲が壮大だと思ったからじゃない？

　そのタイムラインは，こうして決めたことをすべて示していて，デジタルビデオの編集過程を明らかに示すものとして，すべてのプロセスをより透明化していた。アナログ編集では，編集過程を視覚的には示せず，生徒は何が起こっていることかを想像するだけであった。たとえば，機械から機械にテープが送られているとか，外部電源からミキサーに音が送られていることを想像するだけであった。Media 100の画面では，こうしたすべ

第3章　デジタル・ネイティブが「サイコ」を復活させる

てのプロセスがはっきりと見える。しかし，プロセスが非常に透明であったにもかかわらず，生徒は，他の画像のリプレゼンテーションと同様に，もっと教えてもらうことを求めていた。このプロジェクトで，私たちが生徒に見せるために選んだことは，タイムラインがどのように働くかを，最初にホワイトボードで視覚的に見せることであった。そこで，細かい断片をボードに書き，編集で統合されるショットの「線」を視覚的に示した。マーカーと布を使うことで，生徒が一旦決めたことをどれだけ素早く変更することができるかを簡単に示した。それは1つのショットを取り去って他のショットに置き換えることによって示した。生徒はこれをすぐに理解した。もう1つのレイヤー（層）が映像のパーツの下でホワイトボード上にあり，それがオーディオの線を示していた。並行したパーツでも別々のパーツなので，パートを消去したり，そのパートをパーツに沿って移動させたりすることができた。しかもその上の映像のパーツを変えないままである。またも生徒はこのことを素早く把握した。生徒はこの決まりを覚えていたので，コンピュータのスクリーンを見て，その見えているものが既に学習したことと同じものであることを理解していた。ホワイトボードでものを消す代わりに，マウスを使って消していた。生徒が目に見えて興奮してやる気になったのは，このソフトウェアの動作が速く効率が良いからであった。

　ソフトウェアのデザイナーの意図が，ある意味では，頭の中での編集過程を画面で見せることであることは明らかだった。私たちはMedia 100をグループで使わせて，生徒が何を考えているかということと，プログラムのインターフェイスのデザインがどのようにうまくいっているかを見ることができた。

Abby： ああ，文字や矢印がどんな意味なのか全然わからなかったわ。でもタイトルを選んでいたことはよかったわ。
Holly： レイヤー［聞き取り不明］にいろんな物を置いたからね。
Abby： …完璧…
Lorraine： とてもはっきり見えるわ…

Holly： とっても簡単に使えるわ…
Abby： そしていろいろな色でね…
Holly： そう，その色が助かるわ。現に，色の上にタイトルを置いたりできるし，事実，実際に映像の上にある物を周囲に移動したりできるのね。
Abby： そしてものごとが [聞き取り不明] のようであっても，見ながらできるのは簡単だから，それが上がったり下がったりするかがわかるのね。そんなふうにはしたことないけど
著者： なに？それはボリュームのタイムラインだよ。
Abby： 数字や何かのようだけど，ちょっとしたタイムラインの使い方ね，使いやすいわ。
Lorraine： とても簡単に始められるのね…それ見えるわ…見えなくても，「何それ」と思ったときでも，初めて考えられればいいんだわ，見たとおりに。
著者： 頭の中でやっているように，やればいいの？
全員： そう，やっているわ，確かに
Gwen： そう，ブロック，いくつかのブロック，それは私たちが理解するために教えてもらったものであり，音楽であり，予告編であり，ほかのものの上にあるものであり，音楽であり，通常は，見えるものとして一緒に現れることはないものよ。

あるデザインはあまり透明にはなっていない（これらは，Abbyの言う矢印のことで，実際は「ロック解除」できるより複雑な編集機能で，初期の表示は隠れたままである）。しかし，多くの視覚的なリプレゼンテーションは，生徒にクリアに見えている。スクリーンがある方法で機能するのは，編集過程のメタファーとしてであり，頭の中で並び替える行為にアイコンの形式を与えることであり，Hollyの言葉で言うと「重ねる」ことである。

　Gwenが最後に指摘したのは，「音楽と視覚は共存しないことを実感させるように教えられた」という教育方法に疑問を感じたことであった。

第3章　デジタル・ネイティブが「サイコ」を復活させる

　バッキンガムとグラハムとセフトングリーン（Buckingham, Grahame & Softon-Green, 1995）による次の重要な指摘がある。メディア・スタディズにおける歴史的な問題は，理論と実践をしばしば分けてきたことだという。それが「教師のディスコースを複製して，評価するために，巧みに集められた学問的な用語」となった点である。「理論と実践を確実に等しく弁証法的な関係にするための方法」を発見することが重要であり，制作の実践が社会的な空間を広げることができることである。その空間では，メディア・テクストについて主観的で楽しく探索することを認めるものであって，試験のシラバスでしばしば要求されるようなメディア・テクストの形式的分析ではない，ということである。

　受け売りのアイデアを使いまわす巧みなディスコースは使わないほうがよく，バッキンガムたちが示した姿勢を発展させることは可能であろう。この研究は4つのことを明らかにした。1つ目は，彼女たちが作業したことが，ジャンルやナラティブやオーディエンスのような重要な概念をデジタルな制作過程で結びつけ，こうした抽象的な概念を通して，映像素材を作っていたことである。それと同時に，自分たちがテクストを決める条件に，その概念を認知して内面化して制作したことである。これはたぶん，バッキンガムらが重要視した，理論と実践を統合させる方向への動きである。

　2つ目に，「理論」の性質について，私たちの思考を広げるのに役立ったことである。バッキンガムたちが述べたように，理論にダメージを与えるのは，理論がメディア・テクストの分析にだけ結びつけられて，メディア・テクストの制作と結びつかないことである。結局のところ，この活動は，読みと書きの慣習的な境界を生産的に消滅したことである。──『サイコ』の予告編を「書く」ことは，『サイコ』を「読む」ことと同じことなのである。重要な点は，確実に次のことを行ったことであろう。制作と分析を統合したことと同様に，授業において広くさまざまなディスコースを促進して包括したことであり，それで，適切なタイミングで，生徒が十分に理解している映画としての楽しみにおける主観的な言語と，分析のためのより抽象的な言語のあいだに橋を架けることができたことである。こ

のことが柔軟性が高く，微妙にハイブリッドなディスコースを認めることで，言語による形式が優先されるというヒエラルキーを超えたのである。これが，実際の授業の状況であった。教師がこうした柔軟性を容易にこなせるならば，生徒は他の生徒の周りを動き回って，手近な目的のために仲間を選んだり一緒に活動したりできる。それはこの生徒たちが，編集を行ったり，作業をしながら話したり反省したり，より公的なペーパーテストを行ったときにも起こるのである。

　3つ目のポイントは，作業の分化である。能力あるグループだから洗練された抽象的分析ができたのである。他の生徒であるならば理論と実践を混合したものについて形式的な分析を減らす必要があるだろう。また，他のグループでは，理解することが難しく，さらにその理解の程度にも問題があることがわかった。それは，視聴覚的な様式や，自分たちの意図を表現したり，何かを決めるために一緒に話し合ったりするときに起きた問題であった。まだそこには，言語の形式を使うときにはっきりとさせることの利点が存在していた。それは，ジェローム・ブルーナー（Jerome Bruner）の次の言葉に示される。「天賦のメタ言語という才能，自分の言語を「振り返り」，その限界を吟味し，それを越えてゆく能力はどの人間にとっても実現可能な範囲内にあるのである」（Bruner, 1996：19）。そして，デジタル・メディアの新しい語彙は，この生徒たちの作業でも見られ，この振り返りの作業のためのメタ言語のハシゴの最初の段を提供するだろうし，それは編集の意識的で重要な行為から得られたものである。その語彙は，デジタイズ，フェード，タイムライン，編集，オーディオトラック，つながり，クロスズーム，シークエンス，クリップ，ドラッグ，コピー，ペースト，レンダリング，エクスポートである。

　4つ目は，理論と実践，分析と制作を区別することが，デジタル・メディアのコンテクストでは決められないことである。たとえば，生徒が「書いた」コメントには，デジタル・メディアの制作のこともあった。そのコメントは，ワードとマイクロソフトのパブリッシャーを用いてデスクトップに出力されたものであり，映画からのデジタルの静止画と，インターネットからダウンロードした『サイコ』のポスターのアーカイブと，

予告編のタイムラインのスクリーンをキャプチャーしたものであった。これは，テクストベースの作品であるが，デジタル・メディアの多くの形態も，テクストを用いた製品仕様になっている。

この制作の最終面で，私たちが考えたいことは，その社会的な性質であり，とくに 10 代の生徒が編集によって自己意識を持ったことである。ブルーナーは，それについて 3 点を挙げていて，人間の自己性(selfhood)は行動主体(agentive)として経験されるとした。そして，「この行動主体の感覚が生じるのは，過去に出会ったものと予想する未来の出会いの両方を構成する世界に出会うことによる――自己は歴史を持つとともに可能性を持つ。そして，自己のナラティブは文化的背景の中だけで構成することができる」[岡本他訳 2004: 47]とした。

生徒たちが過去の人気映画との出会いを経験したことは，自分たちのメディア・スタディーズの制作の重要な部分であった。Holly と Gwen の週末のホラービデオ視聴の記録には，切り裂き魔が出現して叫び声を上げる映画があり，それが『サイコ』の感覚をどのように生かして作品を作るかということの重要な背景となっていた。実際に Gwen がはっきりと説明することができたのは，子どもや無垢な人のように社会的に力のない人に対してホラー映画がどのようにつけこんでいるかであり，それが 10 歳の子どもが 2 歳児のバルガーを誘拐して殺したというバルガー事件(the Bulger)と結びついていた。そして Holly は，映画の『スクリーム』と『サイコ』をつなげることで，自分のような視聴者にアピールすることができたと考えていた。「若くて弱々しい女性なら，これならきっと怖がるだろうと思われているのだわ。なぜなら，それが私たちの文化の一部であって，女性は男性よりも弱々しいと思われているからなのね」。そして現在のオーディエンスへの再リリースを提示する中で，教師はここで生徒のさまざまな社会的アイデンティティを遊びに持ち込むことを認めた。彼女たちは，新しいオーディエンスとして映画監督のウェス・クレイブン(Wes Craven)や Tobe Hooper を直接話題にできる一方で，親に代表される旧世代のオーディエンスも想定できた。また生徒たちの役割として大きかったものは，「メディア専門家」としてであり，それは生徒が自己意識

として，自分たちが科学者や数学者であるかのように，特別な知識とスキルの意識を持っていたと考えていた．

  Lorraine：　もう映画はどう作られているかを考えないでは見られないわ．「ああ，それが映画の中でやりたかった理由なんだわ」と．
  Abby：　その通り．なぜ雨が降っているかね，なぜ彼女は黒い服を着ていて，彼は白い服を着ているかね．そして，そして，

 生徒たちがしばしば不平をもらしたのは，数ヶ月に及ぶメディアの授業が終わってからであった．それは，テレビを必ず分析的でクリティカルな目で見てしまうということであった．もはや単に「楽しむ」ことはできなくなったということであった．しかし，よく聞いてみると，実は，この「目」を持てたことを誇っており，そのことに興奮していた．この生徒たちは，他の生徒の誰もが知らない秘密を持っているかのように話した．生徒の顔を見ていると，音声と画像と映像をどのように組み合わせて意味を作っているかを考えていることがわかる．たとえば，『ターミネーター2 (*Terminator 2*)』のオープニングの画面を見ているときには，すばらしい顔をしていた．生徒はさらにレイヤーを剥がし始めた――それは，カメラの動きやショットの意味を理解するためにであり，またボイスオーバーと音楽が一緒になってオーディエンスに作用する方法を理解するためであった．生徒は『ターミネーター2』を見て，画面全体が青い理由を考えていた．その生徒たちは皆，映画制作の決まりごとと，決まりごとのすべての要素がどのように作用して，今まで当然と思っていた意味を作っているのかを理解し始めた．

 生徒たちへのインタビューでわかったことは，デジタル編集を行うことは，自分たちにとって強い感情的な体験であり，自己意識を変えて，溢れるほどの興奮を提供しているということであった．

  Abby：　ほら，大体6時まで学校に残っていて，ちょうど悪夢の時間にね，でも，実際に昨夜それに入り込んでね，ヘ，ヘ，ヘ！（大

　　　　　　げさな意気揚々とした笑い声で）。そして，外を歩き始めて，
　　　　　　ほら，笑いを浮かべてね，作品を仕上げたのでとても満足した
　　　　　　のよね。
　　Holly： そうね。道端でそのことを話したわね。とても満足したからだ
　　　　　　わね。

　この自己意識と達成感によって変わったことは，Lorraine が自分の将来
の可能性を広げたことであった。

　　Lorraine： これを作る前，私は「映画」の科目と「メディア」（A レベ
　　　　　　　ルの最上級の難しさ）の科目のあいだくらいのレベルだった
　　　　　　　わ。でも，この予告編を制作した今，私は確かに「メディ
　　　　　　　ア」の授業の課題をやっているわ。すごい達成感よ。今まで
　　　　　　　は書く課題だけが得意だったんだけど，編集を終えた今，私
　　　　　　　はできるようになっている。私たちはこれをやり終えたんだ
　　　　　　　から，まだ編集に右往左往している他の人たちとはもう違う
　　　　　　　わ。それで私たちはメディアの授業の課題をやったんだと
　　　　　　　思ったのよ。

　この興奮と達成感は，デジタル・メディアのスピードと能力がまぎれも
なく制作を助けたことからくるものであるが，ノンリニアのビデオ編集ソ
フトで行った私たちの初期の研究に対する共通の筋道となっている。そし
て，不平を抱いている生徒や，学校の成績がいい生徒，あるいはローカル
な FE（Father Education: 継続教育）の学校や私たちの学校の編集室やコミュ
ニティビデオ編集室と一緒に運営するローカルなケーブルテレビ局で行う
職業教育としての 11 学年の小グループに，実践的で楽しい経験を与える
からである。
　この学習では，今後の研究と実践には課題も残った。それは，コミュニ
ケーションにおける会話のモードと視聴覚の様式の関係であった。そして
若者が，以前の世代では使えなかった記号的な制作のモードとリソースへ

のアクセスを手に入れたときに何が起こるかであった。
　この課題は，ブルデューが描いたことであり，それは，生徒の文化的資本がどのように統合され，どのように生産的であるかであり，ときに，不調和であり，家庭，町，教室からの経験をどのように満たすかであった。家庭，町，教室は，文化的出会いの場所ではあるものの，過去にはすぐ否定したり，すぐ不適切に表現されてしまった。デジタル革命は，ある意味，過去を呼び起こすものである。確かに，視覚的な豊かさは，印刷リテラシーが広がる以前にもあった。それは映画における映像と音声を映像と音声を映画の中で結びつけていた。そして，社会文化的な変遷はコミュニケーションにおいて，初期の技術革命を伴っていた。しかし，以前には知られていない新しい可能性ももたらされた。そのもっとも重要なものは，学校や家庭におけるアクセスの急激な増加であろう。今世紀の長い期間，ポップカルチャーの巨大企業だけに，テクストを生み出すテクノロジーが与えられていただけであった。作り手とオーディエンスの距離は，デジタルの情報収集と提供と移行によって少なくとも部分的には解消された。このオーディエンスは，もはや存在しない。

第4章

デジタル・インスクリプションと新たな視覚記号論

小学生が作るアニメーション

■ はじめに

　120名の小学生が映画館で椅子に座り，アニメーション映画を鑑賞している。このアニメーション映画は，映画館の教育担当者が紹介したものだ。彼らは，この後ベクタ形式の描画ソフトで描く自分たちのスケッチを，コンピュータのアニメーションソフトを使って動画にしようとしている。本章では，こういったデジタル・ツールの特徴がどのようなものなのか，またこの子どもたちが動画テクストを制作するにあたり，そういったデジタル・ツールを使う過程にはどのような特徴があるかを明らかにしようと試みるつもりだ。

　これは，動画の社会記号論的文法を構築する大きな試みの一部であり，ギュンター・クレスとセオ・ヴァン・ルーヴェン(Gunther Kress & Theo van Leeuwen, 1996)が提案する静止画の文法を参考にしている。一部は視覚記号論の伝統に由来し，また一部は，とりわけマイケル・アレクサンダー・カークウッド・ハリデー (Michael Alexander Kirkwood Halliday, とくに 1978; 1985)が構築した機能言語学の文法に由来する。本章のこの新しい次元は，映画理論にも由来するが，とくに動きと時間について扱う。とりわけカットの長さ，動き，リズム，そして音といった構成要素を発展させることになるだろう(リズムや音についてのさらなる議論は van Leeuwen, 1985 と 1999 を参照)。

　どうして今，動画に関する新しい文法が必要とされるのだろうか。もち

ろん映画の文法は目新しいものではない。映画の文法はロシア人による初期の映画理論や実践，とくにセルゲイ・ミハイロヴィッチ・エイゼンシュテインのモンタージュ理論(Sergei Mikhailovich Eisenstein, 1968)から，古典ハリウッドの継続的編集〔コンティニュイティ・エディティング〕訳註1 (Bordwell *et al.*, 1985 を参照)を経て，たとえばクリスチャン・メッツ(Christian Metz, 1974)の初期の研究に見られる映画文法の構造主義的なモデルに至るまでの，一連の歴史的な発展として捉えられる。社会記号論のコンテクストの中で映画の文法を再考するために，以下の4つの論点を挙げることができる。

　1つ目に，これまで映画「文法」は，以下に挙げる2つの行為のどちらかに偏る傾向があった。1つは，ハリウッドのコンティニュイティ・システムに見られるような映画を制作するという行為(正当性を規定すること)である。もう1つは，ショットの脱構築や**デコパージュ**の実践であったり，メッツ(Metz, 1974)のいう「大連辞」訳註2 という概念によってもっともよく表されているような観客であること〔スペクテーターシップ〕の行為である。例外は，おそらくエイゼンシュテインであろう。彼にとってモンタージュとは，映画制作者の革命的な実践と，複数の画像の並置〔ジャクスタポジション〕によって意味を作り出す観客の行為との両方を意味していた。しかし，一般的に映画の言語理論は，今では学校やより広いコミュニティにおいて現実となっている，動画を見たり制作したりするという実践を扱うには十分でない。本章で取り上げる子どもたちは，観客であること〔スペクテーターシップ〕と制作者であること〔オーサーシップ〕という2つの行為を行ったり来たりするデジタル・テクノロジーを使用している。いわゆる**スクリーン理論**訳註3 が提唱されていた時期に提案された，テクストを介したモデルは，この歴史的な発展を予測できていなかった。

　2つ目に，近年における動画への若者の関与について，もっとも有用な

訳註1　登場人物同士をつなぐ軸の片側にカメラを固定し，登場人物の位置や，登場人物と空間との関係を安定させ，観客が映画に没頭する状態を妨げないようにするテクニックのこと。

訳註2　大連辞(Grand Sytagmatique)とは，言語学の記号論的な視点を映画に転用した考え方である。

訳註3　スクリーン理論は，イギリスの学術誌『スクリーン(*Screen*)』(1969年発刊)を発行する団体により提唱された映画理論である。

第 4 章　デジタル・インスクリプションと新たな視覚記号論

洞察のいくつかは，カルチュラル・スタディーズの伝統から生じてきた（Willis, 1990; Bazalette & Buckingham, 1995; Buckingham, 1996）。しかし，こういった研究は，若者による動画の社会的で文化的な使用についての価値ある説明を提供しているものの，概して，そういった説明はこれらの研究を補完するための意味作用の理論を提案していない。

　3つ目に，クレスとヴァン・ルーヴェンによって展開された視覚記号論は，美術科[訳註4]のカリキュラムにおいてであれ，小学校で使用される絵本のコンテクストにおいてであれ，子どもたちによる静止画への関与についての記号論的な過程を分析する人たちによって，熱心に受け入れられてきた。この理論が成功している理由の1つは，それができる限りわかりやすく，したがって実践者に，できる限り使いやすい視覚記号論の説明を提供しようとする試みにおいて，意味作用への言語学的アプローチを比較的明確に使用していると考えられるからである。しかし，これまでに要約してきたさまざまなアプローチの価値を実現するために，映画理論において特定される動画の具体的な特徴と，カルチュラル・スタディーズの分野が強調する文化的コンテクスト，そして社会記号論が提案する記号論的原則をより効果的に統合する必要がある。本章では，これらの1つの側面，つまりデジタル動画のテクストが，どのように**インスクライブされる**かに焦点を当てる。

　今回のリサーチ・モデルは，実験モデルや介入モデルではないし，このプロジェクトは，私たちの研究のために設定されたわけでもない。このリサーチ・モデルでは，2つの方法論が使用されているが，1つ目は社会記号論による方法論である。そこでは，子どもたちによって制作された作品を，分析のために利用可能なテクストとして見なしている。2つ目は，カルチュラル・スタディーズの伝統において典型的に見られるエスノグラ

[訳註4] 本書では，教科名としてのArtを「美術科」と訳すとともに，教育用語としてのartを「美術」と訳している（例：art education）。英国の教科としてのArtには，絵画や彫刻のみならず，音楽やドラマなども含まれるため，日本の「美術科」とは異なる部分もある。しかしその教科内容の類似性を鑑み，また，日本の読者を想定して「美術科」「美術」の語を訳語に用いることとした。

フックなアプローチである。こういった方法論を採用する目的は，13名の児童に行った半構造化インタビューを通して，これから説明するテクストと文法を産出する過程と文化的／社会的コンテクストとの両方を捉えようとすることである。

　本章で説明するスクール・プロジェクトは4週間続き，1つの中等学校と4つの小学校が参加した。それぞれの小学校から6年生(11歳)の児童が，この研究の提携先である映画館でいくつかのアニメーション映画を鑑賞し，その後，自分たちの学校で『小さな赤ずきん(Little Red Riding Hood)』というアニメーションを制作した。ストーリーをいくつかのパートに分け，中等学校のコンピュータ・ネットワークに読み込まれることになる絵コンテを作成し，背景を描いた。次に，児童は2日間に渡って中等学校を訪れ，ベクタ形式の描画ソフト(エイコーン・ドロー)で登場人物を描き，アニメーションソフト「エデュテインメント」のコンプリート・アニメーター（このソフトウェアを使用した研究については，Sefton-Green & Parker, 2000 を参照）で描いた登場人物を動画にし，アニメーションを制作した。子どもたちは自分たちが通う小学校の教師や，中等学校の教師，ケンブリッジにある提携先の映画館アーツピクチャーハウス(Arts Picturehouse)の映画教育担当者，そして英国映画協会(the British Film Institute)に所属するプロのアニメーション制作者と一緒に作業した。3日目に，自分たちが制作したアニメーションを他の子どもたちと一緒に編集するため，それぞれの小学校から6名のグループが集まった。プロフェッショナル版のビデオ編集ソフトMedia 100 を使用し，サウンドトラックを編集する場面もあった。最終的に今回のプログラムに関わった学校の児童たちすべてが，自分たちの制作した映画の上映会に参加した。この上映会は，サマー・フェスティバルの期間中に開催された中等学校が主催する上映会の一部であった。本章では制作されたアニメーションのうち，2つを詳細に見ていく。1つは聖マシュー小学校(St. Matthews' Primary School)の6年生が制作したアニメーション，もう1つはパークストリート小学校(Park Street Primary School)の6年生が制作したアニメーションである。

　3つのコンピュータ・ソフト1つひとつに専門の機能があり，これらの

第4章　デジタル・インスクリプションと新たな視覚記号論

ソフトは子どもたちが短編映画をデザインし，組み立て，動画にし，編集し，上映することのできるツールであった。子どもたちが操作する具体的な形やサーフェスであるこれらのツールは，インスクリプションのリソースであり，これらのリソースを使って，子どもたちはこの大昔の物語をリメイクした。子どもたちが動画を制作するためにどのような文法構造を採用したか，そして，どのようにインスクリプション・テクノロジーがこれらの構造に関連するかを簡潔に見ていく。

■ インスクリプションのシステムと新しいコミュニカティブ・ランドスケープ

　動画の社会記号論的アプローチについて，より一般的な概要は既に説明されている(Burn & Parker, 2003)。本章では，クレスとヴァン・ルーヴェンが**インスクリプション**として述べるテキスト生成の側面にのみ焦点を当てる。彼らの見解は，記号が作られる具体的なメディアを強調する。たとえば，何かを書く際に使用される具体的なメディアは，ペンやインク，タイプライター，あるいはワードプロセッサーかもしれないし，透かし模様の便箋，練習帳，掲示板のポスター，あるいはコンピュータのスクリーンかもしれない。クレスとヴァン・ルーヴェンの論点は，言語学や記号論が伝統的にこういったメディアを見過ごしてきている，もしくは意味作りに付随するだけのものと仮定してきているということである。しかし，実際にそういったメディアは**つねに**記号論的に重要であり，つねにテクストに意味を与えているのである。さらに，インスクリプションの形式がアナログからデジタルへ移行するということは，印刷機が発明されたことによる変化と同じくらい大きなもので，インスクリプションの形式を通して，意味が書きことばで表される方法の変化でもある。こういった移行において，テクストは紙媒体の印刷に捉われないデジタル・コードになるかもしれないし，手にとることができるさまざまな形で表されることができるようになるかもしれない。こういった変化による影響は，リチャード・ランハム(Richard Lanham, 1993)によって広く研究されている。

　次に，似たような点で，動画は空間と時間において記号を作り出す複数のシステムを持っている。こういったシステムは，さまざまなモード(イ

メージ，音，音楽，ドラマチックなジェスチャー，照明)を結びつけたり，これらのモードを取り巻く物理的なメディアを結びつける。これを表現する用語はまだないので，ギリシャ語の**動き**と**イメージ**の組み合わせから**キネイコニック**という用語を提案したい。キネイコニック・モードにおいて生み出されるテクストは，インスクリプションの物理的な形で具現されることしかできない。映画の場合，これはデザインの始めの過程に一部関係している。一方アニメーションの場合，この過程はテクストの「素材」（16ミリフィルム，ビデオテープ，クイックタイム・ファイル）かもしれないし，色鉛筆やコンピュータの描画ソフトかもしれない。さらに，こういった過程は，投影する際のサーフェス（テレビや映画，プロジェクターのスクリーン，手のひらサイズのコンピュータなど）にも関係している。このインスクリプションの概念が，今回のプロジェクトにおいて児童の作品にどのように当てはまるかを考えていく。まず，クレスとヴァン・ルーヴェンによるインスクリプションの概念をまとめることが役立つだろう。

　どのような種類のテクストを制作するとしても，テクストはインスクライブされる素材に物理的に落とし込まれ，ときには，オーディエンスに提示するため別のサーフェスに再びインスクライブされる。つまり制作の二次的な形である。科学技術が発展するにつれて，視覚記号論は，画像を読んだり，新しい制作方法を生み出したりもしている。クレスとヴァン・ルーヴェンは，これまでに発展してきたインスクリプションの3種類の技術を次のように説明している。(1)手の技術——インスクリプションの過程はノミやブラシ，鉛筆といった手法のように，人の手と道具によって念入りに作り出される。(2)視覚や聴覚の技術——世の中のさまざまな様相をアナログで表現できる。たとえば，オーディオテープ，写真，映画がある。(3)合成技術——視覚や聴覚の技術に関する原則を用い，デジタルで合成された表現が創造される。しかし，それはまた，キーボードやマウスなどさまざまな種類の「インターフェイス」を経由し，手の技術という職人的な要素を再び必要とすることにもなる。近年デジタル文化は，多くの芸術家による創造的な実践と，家庭や学校での創意工夫に富んだ作品の創造的な実践を変容させてきた(Sefton-Green, 1999)。ここで，このアイデアを次の

第4章　デジタル・インスクリプションと新たな視覚記号論

2つの点から探求しよう。まずストーリーの空間に関する文法，つまり赤ずきんの物語に出てくる登場人物や場所，森やおばあさんの家をデザインするために，どうやって子どもたちがデジタル描画ソフトを使用したのかということである。次に，時間に関する文法，つまり森の中でゆっくり歩いたり，木こりによって狼があっという間に退治されたりすることをデザインするために，どうやって子どもたちがデジタル・アニメーションソフトを使用したかということである。子どもたちの作品を詳細に見るためには，クレスとヴァン・ルーヴェンによって考案されたモデルを発展させることが重要となるだろう。その理由は2つある。まず1つ目の理由は，視覚的なインスクリプションの概念を簡潔に述べるとき，彼らのモデルはインスクリプションの**過程**を説明することができないからである。2つ目の理由は，私たちのモデルが，とくに動画のインスクリプションに言及する必要があるからである。

　クレスとヴァン・ルーヴェンは，インスクリプションとその技術を説明する際，リプレゼンテーションの実践に関わる素材に強く焦点を当て，インスクリプションは，「インスクリプションのサーフェスや素材，ツールといった相互に関連する記号論的なリソース」を構成していると要約した（Kress & van Leeuwen, 1996: 241）。それはインスクリプションのこの名詞体系を保ちながら，動詞，つまりデジタル・アニメーションを制作する際に必要なインスクリプションの複数に渡る過程を肉付けすることができる。インスクリプションに関わるこういった行為の動的な性質をここで強調したい。コンピュータのツールやアニメーションを映し出すスクリーンのようなインスクリプションの素材を考慮しながら，これらの素材を展開させる**アクション**を分類し説明する。科学技術はツールや素材に関わり，それはまた，その技術を使用する社会的な行為に関わることでもある。

　小学生がアニメーション映画を制作した際，インスクリプションの過程に特徴的な3つの段階が明らかになった。デジタル動画を制作するとき，これら3つの段階すべてが文化的及び物質的な**暫定性**の質によって左右される（たとえば Buckingham et al., 1999 を参照）。私たちが提案する3つの分類とは以下である。

共時性のインスクリプション

（動画のシークエンスを制作するために，後に組み合わされることになる個別の画像を創作すること）

通時性のインスクリプション

（個々の画像をつなげることで，カットの長さ，速度，動きといったような動画の時間的な側面を創作すること）

上映のインスクリプション

（たとえば，モニター，テレビや映画のスクリーンといったような異なるサーフェスで完成したテクストを上映すること）

これらの大きなカテゴリーの下位過程にも名前を付ける必要があるだろう。これらの下位過程は，**変容，（再）統合，（非）固定化，双方向性**である。この下位過程を上述の3つのコンテクストに沿って説明する。

■ 共時性のインスクリプション

共時性のインスクリプションとは，アニメーション用の描画がどのように制作されたか，とくにどのようなツールや内容が，どのような過程において採用されたかに関連する。静止画と動画は，映画が発明されて以来，密接だが矛盾する関係にある。つまり静止画と動画は，ある意味反対のものであるが，ある意味互いの存在がなければ両者は存在することができないものである。アニメーションは，いわゆる実写映画とは異なり，動画は静止画のデザインを基に作られる。動画で使用される静止画は，通常の静止画とは異なり，特別な静止画を用いてアニメーションが制作されると予想する読者がいるかもしれない。ここで問題となるのは，デジタル・インスクリプションのツールや素材によって児童がどのように制作することができるのか，あるいは，そういったツールや素材がどのように形づくられていくのかということである。ここでは，動画の要素に言及するため，共時性という用語を使用する。こういった要素はそれ自体，時間的な価値を持たないが，まるで即座に起こるかのように知覚される。どのようにそれぞれのフレームが，視覚的な文法を持つかということに言及するため，**共**

第 4 章　デジタル・インスクリプションと新たな視覚記号論

時的統語関係という用語も使用する（Hodge & Tripp, 1986; Hodge & Kress, 1988 を参照）。それは，視覚的な「文」のように相互に関連する記号（サインの組み合わせを意味する統語関係）から成るが，明らかに時間とは関係がない。これは，通時的統語関係，つまり次から次へと起こる画像の時間的な流れによって生み出される意味のシークエンスとは関連しているものの，違った意味を生み出している。

　表現に関するさまざまな種類のリソースを使用することが，このプロジェクトにおいて出発点であったと記しておく。背景のデザインは上述のように伝統的な素材で描かれ，登場人物の中には図 4.1 が示す赤ずきんのデザインのように，コンピュータ・アニメーションを使わず手で描かれたものもあった。

　こういったオリジナルのデザインを見る 1 つの方法は，提案されていることもあるようだが，デジタルで描く未来が SF 映画のより素朴でユートピア的な未来の風景のように，最新技術を用いて制作される一様に明るく無傷のサーフェスばかりではないということである。それは，リドリー・スコット（Ridley Scott）監督による『ブレードランナー（Blade Runner）』に近いかもしれない。この映画でアンビバレントなレプリカント（人造人間）を演じたルトガー・ハウアー（Rutger Hauer）が，スコットの世界観について述べたように，この映画における未来のテクノロジーのイメージは昔の都会の風景，ロケーション，そしてスタイル，つまり「既に昔の」未来と共存している（Channel 4, 2000）。今回このプロジェクトに参加した子どもたちは，デジタルな技術，つまりデジタル画像処理，バーチャルサウンドスタジオ，そしてコンピュータを使用したノンリニアのビデオ編集とともに，絵画，音響装置，そして身体という「旧式の」テクノロジーを使って，画像や音楽，ドラマを制作し続けるだろう。レベッカ・シンカー（Rebecca Sinker, 2008: 188）は，デジタル・メディアは旧来のメディアを単に置き換えたというよりも，旧来のメディアを統合していることが多いと指摘している。このことを表現するため，マルチメディアに相対するものとして，彼女はメタ・メディアという用語を造り出した。また，今回のプロジェクトでデジタルの時代へ慎重に移行するために使用したコンピュー

タ（発売から 15 年が経ったエイコーン・アルキメデス）は，既に旧式で，使い古され，持て余されていた。

図 4.1　女子児童が描いた赤ずきん

　ここでデジタル・インスクリプションの過程に注目する。ベクタ形式で描く行為について何が言えるのか，とくにそれがどのようにアニメーションを生み出すのか，さらにデジタル・インスクリプションの形式として，どのようにその本質が異なるのか，これらの過程は，**変容，（再）統合，（非）固定化，双方向性**として理解されるだろう。

■ 変容

　なぜ変容なのか？　児童により制作された描画は，このプロジェクトを指導する先生が児童たちに提案したモデルに倣ったものである。ベクタ形式の描画ソフトを使用する際，線書きツールを使用してフリーハンドで画像を描くよりも，既存の円や四角を使用し，それからベクタ・ポイントで線を引き，形を整えていくほうが効果的である。

第4章　デジタル・インスクリプションと新たな視覚記号論

図 4.2　赤ずきんと木こり

　赤ずきんの顔や目，ひとみ，青い瞼は円から，斧のようなあごをした木こりの顔は四角から息が吹き込まれた。

　子どもが選んだ柔らかな線と四角張った線は，明らかに記号的な選択であり，赤ずきんの優しさや木こりの強さを暗示している。青く塗られた瞼は，10代後半の女の子の化粧スタイルを表している。もちろん，このポップ・カルチャー的なイメージは，これまで多様なバージョンを持つ赤ずきんという民話の中心的なシンボルや物語（ナラティブ）とはまったく無関係である（Carter, 1991; Zipes, 1983 を参照）。現代的な特徴も見え隠れする。まつ毛は大げさに長いし，目もとりわけ大きく，子どもらしい目をしている。笑顔の口元は大きくて歯は白く，ブリトニー・スピアーズ（Britney Spears）やクリスティーナ・アギレラ（Christina Aguilera）のようなポップ・カルチャーのアイコンとして現在流行している，健康そうでキッチュな代表的なアメリカ文化を反映している。これは視覚的なモードにおいて，子どもたちが記号的にいかに自由であるかについての一例である。躊躇うことなくポップ・カルチャーを子どもたちの寓話に隣り合わせ，個人による表現の余地をより多く残している。デジタル・アニメーションにとってのコー

ドや決まりごとは新しすぎて，受け入れの境界をいまだ設定できていない。

　同様のケースは，登場人物の木こりにも見られた。この木こりは，ストーリーの終盤で赤ずきんを助ける男性である。木こりはサングラスをかけ，あごは細長く，アクション映画の主演俳優，アーノルド・シュワルツネッガー（Arnold Schwarzenegger）を連想させる強そうな帽子をかぶっている。登場人物に見られるこういった現代文化との関連性は，フリーハンドで絵を描くことから，変化するアウトラインに沿ってベクタ・ポイントの位置へゆるやかで繊細に線を引くことへと次第に取って代わられるにつれて，子どもたちが始めに選択した円や四角，その選択からの変容に暗示されている。

　この基本的な記号論的リソースは，手を使うことであり，潜在的な意味を孕んで変化する円や四角を描くことである。この行為は，制作者の心の中に既に存在するイメージにふさわしい画像を描くために，豊かな感性で画像を見たり，図形の変容についての可能性を理解したり，ベクタ形式の描画ツールを扱ったりすることである。こういったことは難しい過程だったということが，児童へのインタビューから明らかになった。ある女の子は，「そういったツールやすべての使い方を学ばなければならない」と言い，コンピュータ上で絵を描くには，その使い方を学ぶ必要があったと述べた。一方で彼女は，ペンやブラシを使って描くスケッチを「学ばなくてもできる」何かだと見なしていた。コンピュータを力強い開放的なツールと見ており，「もっとコントロールしている感じだ」と言った。一方，彼女の友だちが，コンピュータ上でのアニメーションを描くことは，どんなことと似ているかと聞かれたとき，「えっと，お話を書くことのよう。なんでかと言うと，気分を変えたりというか，戻ることができるから」と言った。このことは既に指摘したデジタル・メディアの暫定性を強調している。つまり，物質的に決して固定されることのないインスクリプションであり，つねに書き直される可能性があるということである。

第4章　デジタル・インスクリプションと新たな視覚記号論

■ (再)統合

　これまで提案してきたように，通常の静止画と，アニメーション用に描かれたベクタ形式の描画との重要な相違点は，登場人物が複数のパーツの寄せ集め，つまり逆解剖的な過程から組み立てられたということであった。ロマン主義による芸術の捉え方は，表現されたオブジェクトの有機的なまとまりを含意している。そして，そういった捉え方は芸術家のペンやブラシ，あるいはノミから創り出されると考えることである。ロマン主義のイデオロギーにおいて，この有機的なまとまりは，いくつかの部分の寄せ集めとして身体を科学的に見ることと反しており，とくに啓蒙主義が発展するにつれて，解剖学的な分化に影響を受けやすくなっていった。一方，ベクタ形式で描かれたパーツの組み合わせによって画像を協働的に構築することは，私たちが提案するように，芸術的なまとまりというロマン主義的なイデオロギーや個人が著作者であることと矛盾する。一人ひとりが芸術の分野で成果を収めるというより，協働的な作品はデジタル技術による審美的な習作であり，要素(文法)の統合による創造であり，社会的事業であることを示している。今回のプロジェクトにおいて，このインスクリプション・テクノロジーの興味深い特徴が多く観察された。まずはじめに，すべての参加者は，パーツをアニメーションの技術として見ていた。つまり，パーツは最終的に動画でどのように動くかということが，つねに考慮された。このことは子どもたちだけでなく，このソフトを使うにあたり短期間のトレーニングを受けた教師や，子どもたちに登場人物のパーツを別々のファイルとして保存するよう，特別に依頼された英国映画協会に所属するプロのアニメーション制作者にとっても同じだった。その一例は狼の腕である。その場面は2名の女子児童がアニメーション化し，狼がおばあさんの家のドアをノックする動画の一部だった。

　彼女たちは，狼の腕や爪の部分しか制作しなかった。このことは，このショットをクローズアップするために初めから計画されていた。このシークエンスのためにクローズアップを使用した理由について，彼女たちにインタビューした。そのとき女の子の1人は，はっきりと次のように答えた。

えっと,どうしてかと言うと,ノックをしている人全体を見るかどうかは重要じゃないように思えたから。だけど,狼がドアをノックして,中に入って,彼女を食べたから,そこはかなり重要な場面だったし,だから私たちは,まるで彼がとても力強いかのようにその場面を作ったの。狼は木こり以外の登場人物の誰よりも大きかった。知っていると思うけど,木こりは狼を殺すの。

　2つ目に,これらのばらばらの要素は浮動するアイテムとして,子どもたちが使用するネットワーク上だけでなく,彼らの頭の中でも存在し,児童たちは発想をより自由に行うようになった。その一例は狼を殺す木こりの持つ道具だった。このデザインを担当した男の子たちは,斧とチェーンソーという2つの持ち物を描いた。最終的な動画では木こりが手に持った道具は斧だった。美的な感覚によるものか先生の助言によるものかはわからないが,チェーンソーは最終的に消去された。
　しかし興味深いことに,上述の女子児童がインタビューで聞かれたとき,彼女はあたかも最終的な動画にチェーンソーが薄気味悪く,再び挿入されていたかのように語った。彼女は以下のように木こりを思い出している。

　えっと,木こりはとても現代風に描かれていた。木こりは筋骨隆々なポパイにちょっと似ていて,骸骨の刺青がありチェーンソーを持っていた。そう,木こりは斧ではなくてチェーンソーを持っていたの。

　彼女は,その場面を担当した男の子たちが見たホラー映画の影響により,この画像が描かれたと述べた。そしてクラスの男の子たちが見たことのあるホラー映画について,とても自慢していると述べた。とはいえ,彼女も幼い頃,『チャイルド・プレイ(Child's Play)』という「主人公のチャッキーが初めて登場する映画」を見たと言い,ホラー映画を見たことがあるとアピールした。ここでの主張にとってより重要なことは,彼女の記憶の中にある赤ずきんの動画の流動性である。ここで共時的統語関係(木こ

り＋斧・木こり＋チェーンソー)の不正確さは，インスクリプション・メディアの組み合わせの可能性，つまりこの女の子の記憶において，テクストを途切れることなく元の状態に戻したり，リメイクしたりする際に頭の中で相補う2つのものを持つ可能性の結果でもあると言えるだろう。

　もう1つのパーツ化されたアイテムは，お母さんが赤ずきんに渡したバスケットである。それはすべての画像が保存されるコンピュータ・ネットワークのバーチャル・スペースにおいて誰でも自由に使えるようになっていた。上述の女の子は，その画像が隣の教室で作業している別の小学校の児童によってネットワーク・スペースから「盗まれた」と言い，赤ずきんの画像もその子たちが「盗んだ」か，オリジナルの画像によって影響を受けたと言った。彼女は発言するときに，関わった人たちの名前を挙げることを拒み，「たまたま知った」というような語り口で話し始めた。そして，このことをハラハラする不正な出来事だと述べた。

　3つ目に，既に挙げた例によって示されているように，登場人物のデザインの要素が協働的に制作され，許可の有無にかかわらず協働的に(あるいは競争して！)使用されている。たとえば，図4.1に描かれている赤ずきんの画像は，ウィンクする登場人物を動画で制作するために，瞼，青いアイシャドー，まつ毛がパートナーによって補われた。

■ (非)固定化

　固定化という複数の物質的な行為は，インスクリプションの技術すべてに及んでいる。それらは一連のインスクリプションにおいて，作品を組み合わせたり保護したり完成させるために，最近応用されるようになった物質的な過程かもしれない。たとえば，ルネッサンス後期から現在に至る油絵の技法において，透明ワニスをドライ・ペインティングに応用することは固定化の行為であろう。そしてその行為は，物質をより耐久性があるものにし，展示により適合させ，光沢で表面を均一化する。同様に，この30年程度で芸術家たちは汚れや消去に影響されないよう，鉛筆画にエアロゾールを定着剤として使用するようになった。もちろん，写真を現像するときは，プリントを永久的に固定化させるため薬品を使用する。

固定化の過程は最終形(closure)という記号論的機能があり，記号論的行為を完成させるための目的をつねに伝えている。しかし，この最終形という性質はかなり変わりつつある。デジタル・インスクリプションのコンテクストにおいて，私たちの興味を捉えるものは固定化の永久性，あるいは不可逆性である。そしてこのことが社会において，何を象徴し，何を可能とさせるかということである。完成後や出版後，展示後に，ある方法で加工し直されるさまざまなメディアのテクストの例は，たくさんあるにもかかわらず，例外でしかない。さらに，こういった例外はインスクリプションに関わる，どんな素材においても可能である。最近の例は，ジョージ・オーソン・ウェルズ(George Orson Welles)の映画『黒い罠(*Touch of Evil*)』を再編集した，ウォルター・スコット・マーチ(Walter Scott Murch)を挙げることができる。彼はその映画の既存フィルムを使ってシークエンスを再編したが，そもそも映画が編集されたオリジナルの素材にアクセスすることができず，ある場面でサウンドトラックを変更することしかできなかった。もしオリジナルの映像すべてが，デジタル・フォーマットに変換されていれば，修正はずっと広範囲に及んでいただろう。この場合，リメイクするという行為に対して，テクストの物質的な最終形に手を加えさせないことは，映画の版権を所持するスタジオによるものであった。20世紀を通して大衆向けには封印されたサーフェスで上映される映像は，インスクリプションの最終形である。そこでは大衆はリメイクをする者としてではなく，観客としてのみ映画にアクセスすることを許されていた。デジタル・インスクリプションの登場により，家庭でデジタル技術を使用する者たちは，洗練されたインスクリプションのサーフェス全体に広がり始めている。言い換えれば，映画の封印を解き，再整理し，リメイクし，入れ替えることが可能になった。

　ここでの論点は，大規模な方法で固定化の過程を完全に覆すことができる最終形により，デジタル・インスクリプションの素材は修正が以前よりも全面的に可能となり，テクストの非固定化を積極的に促すようになったということである。最終形という行為は，これまでのように拘束するものではない。映像はいつでも修整が可能なので，最終的なものとはならな

第4章　デジタル・インスクリプションと新たな視覚記号論

い。

　このプロジェクトにおいてオブジェクトのグループ化は，ベクタ形式の描画ソフトで共時的統語関係を固定するものとして機能していた。4つの項目がこの固定化の行為に関して注目に値する。

　1つ目に，グループ化は完成の行為であり，均一化の行為である。つまり「これが赤ずきんだ」と言うために，腕や足，服装を一緒にまとめることである。

　2つ目に，デジタル・インスクリプションのすべての段階がそうにちがいないのだが，グループ化は暫定的なものである。この場合制作者は，必要であれば，別のペアの子どもたちがグループ化を解除する可能性があるということを知っているので，グループ化は非常に具体的な形で暫定的である。

　3つ目に，暫定性の結果でもあるが，それは**非固定化**の過程を包摂している。ペアの子どもたちは，仲間によって制作された画像のグループ化を解除し，自分たちのシークエンスのために再グループ化するかもしれない。わかりやすい例は，動画に登場するおばあさんの画像である。この画像は，赤ずきんを待つ狼のフレームを制作したペアの子どもたちによりグループ化が解除された。そのペアは，狼をおばあさんに変装させるため，他のペアの子どもたちが制作した画像から，おばあさんが被っているキャップを取り除き，そのキャップを狼の画像上に置いた。その後，その画像を再グループ化し，動画用のスタンプに変換した。

　4つ目に，グループ化や固定化は，全体の統語関係の目的に従い，影響力のあるキネイコニック文法に基づいて行われる。これまで動画における共時的統語関係の文法は，その場面の通時的統語関係によって決定されると論じてきた。動画のシークエンスにおいて共時的統語関係の文法は，さまざまな瞬間と関わりがある。それは視聴する際，動きにすぐに取り込まれる静止画であり，そのデザインの表現において，動画の文法を決定するリズム，カットの長さ，スピードの力学に強く関係している。こういった場合，グループ化は動画のシークエンスの構成を目的として決められる。もっとも明白なことは，子どもたちが四肢や目，オブジェクトを別々に動

かすため，あるいはその要素だけを必要とするクローズアップのショットを使うと知っていたため，登場人物のデザインに関わる要素はグループ化を解除されないままで存在することもあった。一例は，あるペアの子どもたちが動画化したシーンである。おばあさんの家のドアをノックしている狼の場面で，彼らが使用した唯一のオブジェクトは，クローズアップされた狼の腕だった。

■ 双方向性

　これらのデザインは，これまで示してきたように，双方向的である。つまり，デザインはグループ内の別の子どもたちによって作り変えられ，リメイクされ，改作され，再び編集される可能性がある。他の人が制作したデザインを賞賛したかと思えば，次の瞬間には他人のデザインを自分の画像の一部として取り入れるという受信と制作のモード間を素早く切り換える。こういった双方向性は，制作と受信を行き来するためのデジタル・スペースやデジタル・サーフェスを必要とする。映画館のスクリーンや（かなり最近までの）テレビのスクリーンとは異なり，コンピュータ・スクリーンは，読むこと/受信のサーフェスであり，書くこと/制作のサーフェスである。子どもたちの機器をつなげるネットワークは，完成されたデザインのための貯蔵庫や検索のためのデザイン・バンクであり，一時的なスペースや流動的なデザインの場所でもある。それは協働と競争という矛盾したモチベーションによって支配された場所，つまり，子どもたちが保存し，検索し，拝借し，盗用する場所である。こういったインスクリプションの双方向性は，多くの点において，とても簡単な過程であるにもかかわらず，イギリス政府の初期の教育政策(たとえばBuckingham, 2001におけるこのアプローチの批判を参照)における見解を支配したコンテンツ・デリバリー[訳註5]としてのICTの概念を超えている。

　双方向性という言葉は，マルチメディアのコンテクストにおける一般的な使用を想起させ，混乱をもたらす危険がある。敢えて混乱を招いてみる

[訳註5]　Webコンテンツをインターネット経由で配信すること。

が，もう少し詳細な説明が必要とされるだろう。双方向性は多くのメディア，とくにコンピュータゲームで使用される用語である。そこではプレイヤーが一時的であれ恒久的であれ，テクスト自体に貢献する。記号論的用語において，双方向性は，（つねに解釈と関係するにもかかわらず，解釈とは異なるので）さらに進んだ作品のための記号論的リソースの有用性を意味している。

　2つ目に，この主張のためにより重要なことなのだが，デジタル・メディアの非固定化は，テクストがデジタル・フォーマットである限り，永遠に双方向的であるということを意味している。つまり，それを受け取る人は誰でも鑑賞する側でありながら，リメイクをする側となる可能性がある。このことは営利を目的としたマルチメディアの制作業者が考えているよりも，さらに深い双方向性の視点である。

　3つ目に，双方向性という言葉は，これまで示してきたように，テクストとオーディエンスの変化しつつある関係を提案する。本章で採用するコミュニケーションに関する社会記号論的視点は，あらゆるコミュニケーション・システムの重要な3つの機能，つまり，アイデアを表現する機能，人と人とのあいだのコミュニケーションを司る機能，テクストを形成する機能を展開する。このうちコミュニケーションを司る機能は，**対人的メタ機能**と呼ばれ，双方向性の概念として位置づけることができる。実際に，クレスとヴァン・ルーヴェンは対人的メタ機能の見解について，双方向性という言葉を使用している。本章の目的に当てはめるなら，この関連性はデジタル・テクノロジーの発明や，デジタル・テクノロジーが普及した結果起こる，制作者とテクスト，そしてオーディエンスとの力配分の変化を示唆している。

■ 通時性のインスクリプション

　ここで，子どもたちが静止画から動画の制作に進むとき，通時的統語関係のインスクリプションや動画テクストの時間的な側面を記述するといったような，インスクリプションについての子どもたちによる実践が，どのように展開し得るかを考えたい。

登場人物やオブジェクトの空間や時間に関わる動きは，私たちが提案するキネイコニック文法とクレスとヴァン・ルーヴェンが提案するビジュアル・デザインの文法とのあいだの重要な違いである。子どもたちが描画を上達させるにつれ，彼らの描く静止画は，彼らがよく口に出して表現する一連の潜在的な動きを捉えていると見ることができる。動画を通して拡がっていく，動きや暫定性の重要な側面を記述する新しい方法を探す必要があるだろう。

■ 変容

　ネットワークに描かれ，(暫定的だが)固定化され，保存された共時的統語関係から変容の第二段階が始まり得る。エイコーンのソフトでは，主要な描画素材が，既存の円や四角であったのに対し，時間が経つにつれ，児童はより限られた図像（イコノグラフィー）を使用するようになった。それぞれの可動部分が登場人物の四肢やオブジェクトであれば，共有されたドライブ・スペースから引き出され，ドローソフトに戻すことによって編集することができる。確かに，最初にアニメーションソフトの既存の形を使った後に，それを手直しする児童もいた。継続的なフレームや動画のシークエンスにおいて組み立てられた構成要素の部分部分を見たあとになって始めて，色や線，全体的なスタイルの変更が，頻繁に提案された。このことは，これまでに強調してきた暫定性をさらに強調するものである。しかしこれにも増して，このことは，デジタル・メディアの使用により諸要素を自由に訂正したり，交換したり，再構築することが可能となり，表現の創造性が養われ得るという証拠にもなる。さらに，アニメーションソフトを用いて，動きや視点のシフト，暫定性といった新しい概念が加わることにより，ドローソフトにおけるインスクリプションのオリジナルの行為が，受信のモードを通して最終的に評価されるということを意味している。そして子どもたちは，自分が描いた画像と他の子どもが描いた画像との両方を，閲覧したり，変更したりしながら，受信と制作のモード間をスイッチ１つで行ったり来たりするのである。

第4章　デジタル・インスクリプションと新たな視覚記号論

■ (再)統合

　子どもたちの描いた画像が誰のオリジナルであるかということは，共有ネットワークを使うことで保護されなくなってしまう。この「イメージ・バンク」は，参加するすべてのグループにより自由に使用された。自分で描いたデザインだけを使用する児童もいたが，他の児童が描いたベクタ形式の描画を多く使用する児童もいた。こういった事実は，アニメーションの段階で画像を(再)統合する行為への示唆を含んでいた。本質的に美しさを重視した画像もあれば，実用性を重視した画像もあった。赤ずきんのストーリーにおいて，おばあさんの家で起こる場面の動画を制作することになったあるグループの例を挙げる。まずナイトガウンを着たおばあさんの画像を制作するために，既に描かれたさまざまな体の部位の組み合わせを使用することができた。その後，別のグループのファイルから画像をインポートすることで，狼を形づくるために集められた画像を，おばあさんの服装として再統合できた。この再統合は，主に実用的なステップであった。この行為は，時間をセーブして新しい登場人物を描くために採用されたのだろう。一方で，さまざまな狼の頭部の選択肢から慎重に選ぶという，見た目の美しさを重視した選択もあった。この美しさに関わる選択は，つねに社会的な選択でもあった。社会的な選択とは，ピアグループ内の仲間意識，グループ内で特定の描画に対する好みの話し合い，パーツに分けられたデザインの諸要素間と，全体との「釣り合い」などである。これは**参照**としてのリプレゼンテーションよりも，**デザイン**としてのリプレゼンテーションのほうに近く，クレスとヴァン・ルーヴェンが予測するシフトである。このシフトは，合成技術や，それに付随する概念体系が，以前のコミュニケーション技術に取って変わるにつれて勢いを増していくだろう。このことは，児童がデジタル・テクノロジーを通じて利用できる新しい記号論的リソースや道具を使用することによって，「参照性」より「意味作用」へ移行し，視覚的な画像と動きの組み合わせを通じて，新しいテクストを創作したということを示している。このコンテクストにおいて，一部の児童の創作性は，記号論的なパレットから描かれるさまざまな四肢やオブジェクト，その他の視覚的な「名詞」という点において評価さ

れることができる。これらの名詞的構造は，このプロジェクトにおいて共有して利用できたし，潜在的な既存の意味の諸要素，つまり，円と四角，森と小道，狼と木こり，赤ずきんとおばあさん，あるいはこれらの組み合わせによるアニメーションのさまざまな段階での統合から成り立っていた。変化する関係においてこれらの要素をまとめることは，同じ物語(ナラティブ)の異なる形を創作することになる。これらの違いは，基本的な構成要素による**潜在的な**意味に注意が向けられることである。

　異なる組み合わせの可能性が，動画内の動きとどのように関連するのかを考慮する必要もある。シークエンスにおけるデザインの組み合わせは，コンプリート・アニメーターソフトの「フレーム」によって区別され，多数の別々な要素から制作された。互いに並置された色や形の領域といったようなさまざまなスタイルの描画があり，3Dの空間や遠近法における動きの錯覚をもたらすために，尺度やサイズが変更された。もちろん，始めから終わりまで上映するために要した動画の時間の長さという決定的な要素があった。正確に言うと，どのようにこれらの時間的な過程が児童によって作業されるのか，そして，どのようにこれらの時間的な過程が物語(ナラティブ)の文法に貢献するのかということは，時間を「縫い合わせること」と関係づける多くの要素を説明する必要がある。これから，1つずつ順々に概要を説明する。図4.3に，アニメーター・スクリーンを示す。スクリーンの下には，プレイバーとフレームを制作するツール，左脇にはツールバーがある。

　「スタンピング」は，グループ化されたベクタ形式の描画のためにコンプリート・アニメーターで使用される用語である。それぞれの描画はアニメーターにインポートされ，「スタンプ」として保存された。このことによって，静止画を動画と見せかけるために，再び描いたり多くのソフトを開いたりする必要もなく，完成した形のオブジェクトや登場人物の位置，サイズの変更が可能になった。

第4章　デジタル・インスクリプションと新たな視覚記号論

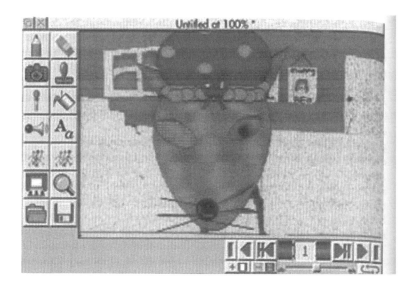

図4.3　アニメーター・スクリーン

■ 縮小・拡大

　画像を縮小したり拡大したりする際，インポートされたベクタ形式の描画を使用することにより，児童のデザインがピクセル化されなかったということは，好都合であった。ビットマップの画像であったならば，ピクセル化されたであろう。遠近感を出すために拡大や極端に長いショットを使用することは，いくつかの動画で登場人物を動かすための使いやすい手段であった。これらの動きは，動画の単純な要素であるだけでなく，物語(ナラティブ)の展開や登場人物の関心，視点，暗示される観客の位置をそれとなく教えてくれる。このことについてのわかりやすい例は，狼の口の中から赤ずきんが見える動画である。狼のあごが赤ずきんの上に不気味に迫るこのシークエンスは，一連のフレームを通じてクローズアップされたあごとロング・ショットの赤ずきんとを再スタンプ化することにより組み立てられた。そのシークエンスが映し出されたとき，あごがしっかり閉じるように，あごの位置は毎回少しずつ変更された。もう1つのわかりやすい例は，赤ずきんが森の小道を歩く動画である。中くらいの大きさの赤ずきんが，スク

リーンの左下の隅から出発し，その後右上に向かう小道に沿って動く。必要な遠近感を与えるため，児童はそれぞれのフレームにおいて約10%の割合で絵を縮小した。これは，登場人物が観客の位置から離れて動いてゆく錯覚を与え，森の中で不吉な運命をたどる赤ずきんの今後の展開をほのめかす効果を持っている。このように多くの段階において，この場面でサイズと位置，目的地への方角といった記号論的選択がなされた。これらの記号論的選択のすべてが，ストーリーを進め，全体のスキーマ内でデザインの可能性に関わる選択に根拠を与える体系的な文法を，動画に提供することになった。

■ フレーム内の動き

英国映画協会のアニメーションの担当者により，このプロジェクトで明らかになったことの1つはフレーム・レートとその形式であった。この形式とは，アニメーション化されたストーリーでの動きの流動率が，標準的な映画の速さとなる25フレーム/秒が適切であるというということであった。フレームにおけるそれぞれの動きがこの速さに近ければ近いほど，アニメーション化された映像は滑らかに動く。このことによりプロジェクトに参加する児童のほとんどは，（頻繁に立ち戻る必要があったが）フレーム・レートの概念を理解するようになった。そして，たとえ25:1の数値で表現される「リアルタイム」が達成されなくても，割合が高いままであれば，アニメーション化された動画は滑らかであった。カットの長さを理解したり，ストーリーの脚本を伝えたりするとき，カットの長さによる役割は，多くの動画を通じて明らかになった。目がくるくると動いたり，左右に移動したり，ウィンクをしたり，ドアをノックする腕といったような他のオブジェクトと関連するオブジェクトを制作するとき，ある児童は動画の比較的長いシークエンスを繰り返した後，他のすべてのオブジェクト（たとえば瞳）に関係するオブジェクトに立ち戻り，とても滑らかに流れるシークエンスを制作した。

モーション・スペクトラムの別の一端で，エスタブリッシング・ショ

第4章　デジタル・インスクリプションと新たな視覚記号論

ト[訳註6]の例がいくつかあった（たとえば赤ずきんの家やキッチン）。こういった映像において動きの必要性はまったくなかった。しかし，スクリーン上でのカットの長さは繰り返されるフレーム数とそのフレームが再生される速度に完全に依存しているという点において，フレーム・レートは依然として重要であった。この2つの例は，児童がフレーム・レートを自分たちの作品に取り入れたということを示している。しかし，もっと重要なことは，短い物語(ナラティブ)のコンテクストで，知識をもっとも効果的に使うということを児童が理解した点である。

■ トランジション

このプロジェクトの編集段階で，少人数の子どもたちのグループがアニメーションを制作する際にデザインした別々の映像を最終的に組み合わせるため，パークサイドに戻った。そのとき，より多くのトランジションに関する工夫が，アニメーターで構成されたカットに加えられた。ディゾルブやフェード[訳註7]が，一連の(再)構成を創作するために使用された。この(再)構成の過程において，効果的で，伝統的な映画の文法があった。その映画の文法とは，画像をモンタージュや並置(ジャクスタポジション)によって組み合わせることで，視覚的な効果や観客への効果が得られるということである。Media 100で利用可能なデジタル・インスクリプションのツールを使用することにより，エイゼンシュテインのモンタージュ理論が別の目的で用いられ得るということが，このことから説明された。ある女の子はクラスメイトと一緒になって編集するためMedia 100を使ったとき，狼と赤ずきんとのあいだの力関係について，ディゾルブの特徴が役に立ち，画像的なメタファーを提供してくれるということに気づいたと言った。

[訳註6]　映画用語の1つ。シーンの冒頭で登場人物の配置や場所など背景となる情報を観客に説明するショットのこと。

[訳註7]　ディゾルブ，フェードは，ともに場面転換法である。ディゾルブ（オーバーラップ）は，徐々に暗くなる画面に次の画面が徐々に明るくなりながら重なって現れることで場面が転換される。一方，フェードは画面が次第に暗くなり場面が転換される。

> 私たちはかなりたくさんディゾルブを使った…だから2つのシーンが一緒になって，そして，次のシーンが，えっと，前のシーンを消し去った．

彼女は1つ目のシーンから次のシーンへディゾルブを使い，狼と赤ずきんの画像を重ねることにより場面を転換することができた．赤ずきんのアウトラインは狼のよりシャープなラインによって置き換えられ，消えて無くなった．そのとき，赤ずきんと赤ずきんを襲う狼が互いに一瞬重なった．これは，行為者(アクター)とゴールの統合，あるいは伝統的な文法を用いるならば，主語と目的語の統合である．彼女が「消し去った」という動詞を使用したことは，このトランジションが登場人物間の衝突を際立たせるインスクリプションの選択であるということを示唆している．

■ (非)固定化

アニメーションの段階において(非)固定化の過程は，既に概説された(再)統合を通して，それぞれのグループが探し求めた組み合わせの可能性と関係していた．それぞれのビジュアル・デザインの固定化についてある種の決定がなされるのは，暫定性を**経験**した後であった．この暫定性の経験とはグループ化されたベクタ形式のフレームを並べることにより，リアルタイムでの動きを試すことである．「息を吹き込まれた」ばかりの物語(ナラティブ)を見た後にも修正できることが，デジタル・アニメーションソフトの重要な特徴であった．この特徴は，瞬時のフルスクリーン・プレイモードを含んでいる．以下に暫定性のケースにおけるディスプレイのインスクリプションとして，一例を挙げる．再び述べることになるが，制作と上映とのあいだを交互に切り替えるこのインスクリプションのデジタルモードの特徴は，メディアが持つ極端な暫定性や可塑性である．

これまで繰り返し主張してきたように，素材を訂正し，再加工する能力は，この種のデジタルの創造的な経験を特徴づける側面である．プロジェクトに参加した児童にとって，選択することができるものの決して完全には閉ざされることのない一連の可能性があった．作品にはつねに代替物があり，暫定性はつねに存在していた．とはいえ上述の児童が，動詞で表さ

第4章 デジタル・インスクリプションと新たな視覚記号論

れるような過程を経験し先に進むにつれて，彼らのビジュアル・デザインはますます確定するようになった(最終段階近くになると，アイテムごとにバラバラに分解して作業するのではなく，つねにワンクリックのみで確定した)。アニメーションのフレーム数が増えるにつれて，イメージ・バンクに保存されている分離したアイテムが，ますます訂正されないようになった。変更は，アニメーターソフト内でより頻繁に行われた。それは，児童が画像のグループ化を解除せず，ミクロレベルでカラーパレットや消しゴム機能，スナップショットを使用し，変更したということを意味している。

次の制作段階では，さまざまな種類の固定化や非固定化が利用できるようになった。4人の子どもたちはMedia 100を使って，自分たちのクラスのアニメーションを編集し，アニメーターで編集されたアニメーション全体をインポートし，それをタイムラインに置き，再びセグメントに分けることができた。それから彼らは(自分たちがしたことと)同じ順番でこれらを保存し，上述のようにトランジションを変更するかどうか，そして，すべての映像素材を保存するかどうかを決めることができた。彼らは，ある時点でもっとも思い切った形の非固定化，「長すぎる」という理由でクラスメイトによって制作されたシーンをカットすること，つまり削除を決めた。

■ 双方向性

デジタル・メディアのコンテクストにおける「双方向性」の理解は，構成や編集の過程を通じて明らかになる。制作された動画は，上映のためのVHSやデジタルビデオテープの最終的なインスクリプション至るまで，視覚的な単位の暫定的な寄せ集めとして，あるグループの子どもたちによって別のグループの子どもたちに提供された。これらの寄せ集めは，新しいテクストのための生の素材としてコンピュータに入力され，再整理され，リメイクされ，誰かに使われることが可能となる。上述のように，このことは受信と生産のモード間，つまり読み書きのモード間を子どもたちが往来していたことを暗示している。

■ **ディスプレイのインスクリプション**

　インスクリプションの過程のこの段階は，クレスとヴァン・ルーヴェンが「サーフェス」と分類するインスクリプションの側面にもっとも関心が向けられる段階である。この過程の重要な目的は，最終形に向かい，映画産業が伝統的に上映と呼ぶものにおいて，(暫定的に)完成したテクストに向かっているということである。しかしながら，このプロジェクトにおいて最終形と完成された上映の形とのあいだには程度の差があった。

　1つ目に，エイコーンのコンピュータ・スクリーンで，完成したアニメーションを上映した。ディスプレイのこの暫定的な形は，ソフトによるものである。このソフトにはフルスクリーンで上映するツールがあり，オープニングの段階でカーテンのアイコンにより表示される。この機能は完成したシークエンスや部分的に完成したシークエンスを視聴するため，そして友だちに自分たちのシークエンスを見せるために頻繁に使用された。多くの場合，友だちが隣に座っているので，ディスプレイのこの形により，先行するシークエンスや次に続くシークエンスについて作業している際に，近くにいるグループの作業状況を知ることができた。この場合，制作と受信のモード間の往来は，速く，流動的であり，作業のサーフェスとディスプレイのサーフェスの両方としてスクリーンの曖昧な性質を示すことになる。なお，ペアになった子どもたちはこのツール，つまり暫定的なディスプレイモードを，本来役立つような場面で頻繁に使用しなかった。その結果，本来は避けられたかもしれない場所でシークエンス間に切れ目が生じることになった。

　2つ目に，第2段階として代表グループが，動画を編集した。そして，スペックの良いアップル・コンピュータのスクリーンと，プロフェッショナル版の編集ソフトを使用し，さまざまな方法で部分的に完成したシークエンスを視聴した。彼らは最終的なディスプレイのコンテクスト，つまりテレビのスクリーンや映画館のスクリーン上に移行させるという動画の最終的な過程に向かった。これらの段階で，最終形の程度は，より完成に近いものとなった。そして諸々の過程や選択肢がこのプロジェクトの大人たちと同じ程度か，それ以上に子どもたちによって管理されるにつれて，メ

第4章　デジタル・インスクリプションと新たな視覚記号論

ディアの問題はますます複雑になった。

　アニメーションが放映されるさまざまなスクリーンのサーフェスは，特定の文化価値が付加された。エイコーンのスクリーンは，古さとみすぼらしさのせいで，ディスプレイのメディアとしての価値は低かったし，制作ツールとしての役割においても価値が低かった。編集段階でマックに移行したとき，マックと自宅にあるスペックの良いPCを比べた子どももいた。ある児童は，「わぁ，この学校はいいコンピュータがあるね」と言った。このように，ディスプレイ・サーフェスとしての価値の違いは明らかであった。その価値の違いは，子どもたちが現代の技術の一例として，コンピュータをいかに良いものと見なしたかによって決められた。

　対照的に，映画館のスクリーンは高いレベルの文化的な価値を備え，投資されていると考えられる。この場合，映画館のスクリーンを使用することは，このプロジェクトを管理するパートナーシップを持つフィルム・コンソーシアムの価値を反映することになる。地元の映画館，アーツピクチャーハウスや大学とともに，学校もフィルム・コンソーシアムのメンバーである。上映の目的は，子どもたちの作品を上映し再び価値づけるために，映画館のスクリーンやコンテクストの文化的価値を利用することである。子どもたちにより制作された動画テクストが上映されるディスプレイのサーフェスは，教室や図書館，公共施設にある質の悪いVHSビデオを映す安物のテレビスクリーンのように大抵は状態が悪い。クレスとヴァン・ルーヴェンは，インスクリプションのサーフェスは，それ自体の記号を伝えると主張している。光沢のある印画紙というものは，あるレベルでは高級さ象徴するものとなり，別のレベルでは安っぽさ象徴するものにもなるということである。このプロジェクトでは，映画館のスクリーンや物理的環境を通じ，子どもたちの制作した動画が，映画の世界の一部として発表されるだろう。今回の映画の制作者たちは，これまで消費者や観覧者（スペクテーター），あるいはお金を払う客としてしか映画の世界に属することができなかった人たちである。もっとも価値あるサーフェスにデジタルの形で投影することができるということは，文化的なつながりの世紀において，教育上の作品がよく陥ってしまう「現実世界」のシミュレーションや偽り

の見劣りする物真似を超えて，この作品を高めている。次に，これは歴史的なループを作るインスクリプション・ディスプレイの形でもある。オーディエンスの役割に限定されていた人々がデジタル・テクノロジーへアクセスできるようになった。その結果，デジタル・テクノロジーで制作された動画の文法は，これまで経済やイデオロギー，そして科学技術という3つの同盟関係によって保護されてきた制作者としての役割を担う人々により，アナログというひと昔前のテクノロジーで制作された映画と同じスクリーン上に刻まれた。

■ 結論

　デジタル・インスクリプションは，クレスとヴァン・ルーヴェンが述べるツールや内容，サーフェスを展開する一連の過程として理解される必要がある。動画を制作する目的は，デザインに本質的な方法で描画ツールを使用する共時的統語関係のデザインと，動きとカットの長さというツールの効果を刻む通時的統語関係のデザインとを区別してきた。私たちが強調してきたことは，デジタル・インスクリプションというツールの有効性は非常に可塑性があり，流動的で，可逆的なテクスト・メイキングを提供するということである。さらに若い芸術家の発展に極めて重要で，動画テクストの制作を記録するという構成に関わる協働的な組み合わせの過程において，不可欠な修正を受ける可能性が大きい。

　こういった種類のインスクリプション技術の急増により，20世紀の大衆による動画への関与は，観客（スペクテーターシップ）であることという状況に制限されていた。その状況から簡単に制作のモードへ移行し，そのモードによって活気づけられるシフトを伴うということも強く主張してきた。1980年代の初頭，レイモンド・ウィリアムズ（Raymond Willams）が自身の先見性ある論文で主張したことは，メディア制作の科学技術が広く一般に流通し始めているので，メディア・プロデューサーと消費者とのあいだの力関係においてシフトが生じるだろうということであった（Williams, 1981: 191）。5年前でさえ，子どもたちが独自のデジタル・アニメーションを制作し，地元のケーブルテレビや映画館でそのアニメーションを放映することが可能となった

協働的なデジタル・インスクリプションの複雑さを，私たちは簡単に計画できなかったであろう。デジタルやインスクリプションの合成的なモードと，今回の教育目的のプロジェクトが象徴する社会的アクションとのあいだの相互作用は，通常の生産と消費という関係を部分的になくすことになった。リテラシーとコミュニケーションの文化的で幅広い歴史という点において，この発展はおそらくミハイル・バフチンの対話的言表(Mikhail Bakhtin, 1981)という視点により，一番わかりやすくイメージされ得るだろう。そこでは話すことや返答の行為，つまり返答を期待する最初の発話や，冒頭の発話を作り変える返答が弁証的に関係している。

　赤ずきんは，17世紀のフランスのブルジョワジーによる特別な要求から創作された，中世における民話の口頭で大げさに語られるモードから，21世紀の小学生によるデジタル作品のブリコラージュに至るまで，長い道のりを旅してきた。デジタル作品の若い書き手は，自分たち自身，デジタル作品の初めての読み手となる。デジタル作品の読み手と書き手との新しい世代が動画に向かい，動画を制作し，新しくもあり古くもあるインスクリプションのサーフェスに足跡を残している。

第5章

バイリンガルな生徒たちの動画を使った自己表現

詩, パフォーマンス, 動画

■ はじめに:「国語科」における動画

　動画は, 英国におけるいわゆる「国語科」のカリキュラムの中で, やっかいな位置を占めている。それはいつも, 言語という困惑している花嫁に手を差しのべる新郎のようだ。活動家や熱心な人たちによって, 何年にもわたって多くの議論が展開されてきた。中でも英国映画協会(BFI)は, 必修のカリキュラムの中に動画がよりしっかりと取り入れられるよう, ロビー活動を行ってきた。

　この章では, ケンブリッジにあるパークサイド・コミュニティ・カレッジで私自身が行っている教育[1]を例にしながら,「国語科」で動画により力を入れることに関する4つの論点について考えたい。

　1つ目の論点は, コミュニケーションの形態としての動画の性質に関することである。いろいろな意味で,「国語科」は, 言語が優先される科目だということは明らかである。国語としての言語, 文学, それに関連したリテラシーは,「国語科」の歴史における理論的根拠の根本である。しかし, (教科の危機に関する, よくある失望の中でまったく身動きできなくなることなく), このモデルは, 多くの人にとって有用なものであり続けてきた。そうでなければ, 少なくともいくつかの相当な拡張が必要となっただろう。私にとっては,「国語科」で言語が優先されてきたことが, つねに制約となってきた。私は, 1970年代半ば, 大学生の時, 既に「国語科」の方向性にかなり不満をもっていた。そこでは, 活字としての言語のゆらぎ

ない特権によって，叙情詩ベーオウルフ（Beowulf）の写本の挿絵，英国系バラッド音楽，ウィリアム・シェイクスピア（William Shakespeare）の戯曲，ウィリアム・ブレーク（William Blake）の絵画，ヴィクトリア朝時代の小説を映画化したもの，風刺画家ラルフ・ステッドマン（Ralph Steadman）と漫画家レオナルド・バスキン（Leonard Baskin）による詩人テッド・ヒューズ（Ted Hughes）のイラストなどが活字に置き換えられてきた。近年，マルチモダリティ理論によって，私たちが生活の中で実践的に接するテクストの多くでは統合されているコミュニケーション・モードが，どのように異なっているかを理解できる方法が提案された（これは，「国語科」のテストで求められるテクストに対する関わり方とは対照的なものである）。このマルチモダリティ理論をもっとも明確に提唱したのは，ギュンター・クレスとセオ・ヴァン・ルーヴェン（Gunther Kress & Theo van Leuwen, 2000）である。彼らの理論によれば，徐々にマルチモーダルになっているこの世界で，言語は特権的な地位を失いつつあるという。良い例が携帯電話である。携帯電話は以前，初期のデザインの頃は，主に言語の伝達に使われる道具だったが，今では徐々に，音楽，写真，ウェブサイト，モバイルゲームに使われるものになっている。興味深いことに，電気通信業界も，クレスとヴァン・ルーヴェンの理論とは関係なしに，この現象に対して「マルチモーダル」という言葉を徐々に使うようになってきた。

　このようなマルチモーダルという捉え方が，「国語科」において動画を扱うことが不可避な動きとなるよう強調しているのかもしれない。また，生徒の表現やリプレゼンテーションのレパートリーを増やすことを可能にするかもしれない。あるいは，20世紀末から21世紀初頭にかけて教室に入ってきた視聴覚文化との共振をもたらすかもしれない。このような「国語科」の拡張に関する議論は，近年，リテラシーの概念として集約されている。それがどのリテラシーか，具体的には，メディア・リテラシーか，デジタル・リテラシーか，シリコン・リテラシー[訳註1]か，映像リテラシー

[訳註1]　今の時代のコミュニケーションの形式は，インターネットやウェブサイトを通してアクセス可能なマルチモーダルなハイパーテクスト・システムに統合されるようになったとしたうえで，これらの新しいシステムで作られる意味に対するリテラシーのこ

第 5 章　バイリンガルな生徒たちの動画を使った自己表現

か，映画リテラシーか，その他のリテラシーかは，比喩としての「言語」によって規定される。この議論には，賛否両論がある。たとえば，ギュンター・クレスは，リテラシーをこれほど一般的に用いることは，この言葉が持つ特別な価値を失うことになると述べている（Kress, 2003）。その通りなのだが，これは同時に生産的な議論でもあり，最終的には，「国語科」がどのようにしたら真に記号論的でありうるのかという議論に行きつく。すなわち，生徒が，異なる記号システムのそれぞれの特徴だけでなく，一般的な原理やパターン（物語におけるそれのようなもの）がそれらのシステムのあいだを横断してどのように作用しているのかを理解しながら，テクストを作ったり読み解いたりすることをどのように学べるかという議論である。

　2つ目の論点は，メディア教育に関することである。長年メディア教育は，とくに映画，テレビ，ビデオなどの動画に関して，言語とはまったく異なるリプレゼンテーションやコミュニケーションの形を探求してきた。さらにメディア教育は，これらの実践を普通の人々の日常生活の中のものとして位置づけてきた。同時に，文化的に継承されたものによって支配されてきた伝統的なカリキュラムの中に，ポピュラー・カルチャーの分野を切り拓くことに焦点を当ててきた。「国語科」における動画に関する議論は，カリキュラムにおけるポピュラー・カルチャーの議論とは異なる（動画は他とは異なる実践の形式とテクストに関する規則をもっている）。しかしそれは，メディア教育の歴史におけるポピュラー・カルチャーの議論と密接に関連している。

　3つ目の論点は，ICT（情報通信技術）に関するものである。ICT に関する議論では，情報の伝達に関して，コンピュータを意味を作り出すものとしてではなく，透明な乗り物と見なす傾向がある。この観点でみると，私たちは詩を**言語**を通して作ることになり，私たちが詩をデスクトップ・パブリッシングのパッケージ（DTP）で書いたりデザインをしても，CD-ROM や映像に記録しても，たいして違いがないことになる。それらのメディア

と。参照：*Ilana Snyder, ed. Silicon Literacies: Communication, Innovation and. Education in the Electronic Age*. London: Routledge, 2002, p. 3

の選択は，単に運搬のメカニズムの選択ということになる。反対にマルチモーダルの議論では，モードやメディアの選択は意味の違いを作ると考える。些細で，二次的で，装飾的な違いとは考えない。とくに，デジタルビデオの登場により，動画は，編集されることによって，単なる技術的なものへと矮小化される傾向になっている。すなわち動画は，単なるもう1つのコンピュータ・アプリケーションとなり，先ほど述べた見方でいうと，もう1つの「伝達する乗り物」になっている（郵便物を運ぶ車のように）。その結果，英国教育工学通信協会（BECTa）のデジタルビデオの実験における評価で議論されている通り（Reid *et al*., 2002），記号システムとしての動画は，無視される危機にある。

　4つ目の論点は，創造性の理論に関することである。「国語科」は，伝統的に，創作活動に関しては新ロマン主義のレトリックに基づいている。この技法は，本質的で生まれながらにしてもっているものに関するメタファーによって組み立てられる。その背景には，ブレークの詩『愛の園（*Garden of Love*）』から，ウィリアム・ワーズワース（William Wordsworth）の詩「湖水地方（Lake District）」に至る，また，チャールズ・ディケンズ（Charles Dickens）の小説に出てくるシシー・ジューブ（Sissy Jupe）から，ウィリアム・バトラー・イェイツ（William Butler Yeats）の詩「野生の白鳥（wild swans）」に至る，文学におけるロマン主義の細やかな感覚がある。私たちはこの伝統を疑うこと，創造性というまやかしを見抜くことを身につけている。それにより学習者は，創造性を，わずかな人だけが持って生まれ，それ以外の人には永遠にチャンスのない「生まれつきの才能」と見なすようになる。この点で，メディア教育は伝統的に創造性をすべての人が理解し，学ぶことができる，技巧的で明白で民主的な過程と見なす視点を提供する。創造性のまやかしは，リプレゼンテーションによって透明化されるのである。それは，生徒が見ているテクストでも，生徒が作っているテクストでも分析が可能である。

　奇妙な一連の政治的な変動によって，ロマン主義の急進的な創造性は，産業革命によってもたらされた人間味のないテクノロジーと対立し，生まれながらにして選ばれた人だけに与えられるものであるという保守的な力

第 5 章　バイリンガルな生徒たちの動画を使った自己表現

になった。一方テクノロジーは，民主的で包括的でありたいという教育における欲求を助けるものになった。しかし，多くの二項対立と同様，この対立図式は間違ったものである。これらの心地いいレトリックは，マルチモーダルな「国語科」のカリキュラムにはふさわしくない。詩を教える教師は，新しいテクノロジーの記号の力と，それらによって表現活動が可能になる制作過程を理解する必要がある。一方メディアを教える者は，伝統的に，体，声，感情などによって行われる会話に心地悪さを感じている。メディアを教える者は，創造性のモデルの中に，創作活動におけるデジタル編集やクリップ式の 3 種類のレンズのついたカメラのヒューズなどのような「ハード」なテクノロジーと，声，表情，ジェスチャーなどのような「ソフト」な技術とを結びつけて認識する方法を作り上げなければならない。記号論的な観点においては，これらはすべてリプレゼンテーションのリソースであり，ひとまとまりで考えられるべきものである。

　これらの議論の表面下にはもう 1 つテーマがあると私は明言したい。それは，パフォーマンスとアイデンティティに関するテーマ，すなわち，自分に関するパフォーマンスというテーマである。子どもがテクストを作るときには必ず，彼らは自分自身について何かを伝えている。動画テクストではとくに，彼らがフレームで切り取ったもの，モデルにしたもの，編集したものが彼ら自身の声や顔であるとき，それらのリプレゼンテーションはなおさら強くなる。ここで検討する例では，これらの断片の明らかなテーマが「アイデンティティ」と「バイリンガルであること」なので，これはなおさら当てはまる。

■ 映像を作る：詩とキネイコニック・モード

　ここで述べるプロジェクトには，私が 11 歳の生徒たちとともに行った，インドの詩人 Sujata Bhatt の「私の言語を探せ（Search for My Tongue）」という詩に関するプロジェクトが含まれている。この詩は，GCSE（義務教育修了試験）の「国語科」のテクストの詩集の一部である。この詩は，バ

イリンガル，ディアスポラ^{訳註2}，母語を失い再発見した人などの語りを再現したものであり，アイデンティティが単に言語で表現されるというだけでなく，とりわけ言語の本質から構成される語り方を再現したものである。それはまた，身体，とくに話をすることに関わる器官に関する詩である。話し手の口，文字通り，比喩的に言うなら彼女の口の中のグジャラート語の衰退と再生を表すために，植物の有機体的な喩えを使っている。その詩をそのクラスで扱うのは難しいことがわかった。多くの生徒の経験からかけ離れたものであったためである。そこで私たちは，5人のバイリンガルの生徒をその年齢の集団に入れた。そして彼女らに，Sujata Bhatt に倣って詩を書いたり，パフォーマンスをしたり，撮影したりするよう頼んだ。この文章で検討される映像は，マンダリン語と英語を話す Ayi，ベンガル語と英語を話す Fatima と Nayana，フランス語と英語を話す Sophie のものである。

　私たちは生徒らに，詩に関する短い映像を作るための休日のタイムテーブルを渡した。2つのかなり重要なリプレゼンテーションのシステムがドラマ^{訳註3}の中に取り入れられた。生徒らはまず，カメラに向かって詩をパフォーマンスする必要があった。次に，カメラと編集ソフトによって可能な撮影と編集をする必要があった(Media100 というデジタル編集システムを使って)②。生徒の詩に関する短い映像は，クレスとヴァン・ルーヴェンが「マルチモーダル・アンサンブル」と呼んだものである(Kress & van Leeuwen, 2001)。生徒らは，話し言葉，表情，姿勢やジェスチャー，作られた環境，音楽などさまざまな意味あるモードと動画のモードを共に作り

---

^{訳註2}　本来は〈離散〉を意味するギリシア語。パレスティナを去って世界各地に居住する〈離散ユダヤ人〉とそのコミュニティを指す。参照:『世界大百科事典』平凡社(2007)

^{訳註3}　この章における「ドラマ」とは，欧米で広まりを見せる「ドラマ教育」のことである。「ドラマ教育」は，観客に見せることを目的とした演劇活動ではなく，ドラマをすること自体に何らかの学びの機会があることを見出した，過程中心の活動を行う教育のことである。イギリスでは「ドラマ科」が，1960年代から学校教育の一科目として位置づけられていたが，1980年代からは，「国語科」の中に組み込まれている。参照：小林由利子他(2010)『ドラマ教育入門』図書文化社，武田富美子(2013)『実践ドラマ教育―創造と表現の参加型学習』晩成書房

第 5 章　バイリンガルな生徒たちの動画を使った自己表現

上げる撮影と編集という 2 つのリプレゼンテーションのシステムを組み合わせる。

　マルチモダリティに関するものを作るときの 1 つ目のポイントは，話し言葉として語られた詩は，生徒らが撮影日に持ってきた書かれた詩とどのように変わったかに注意を向けることである。ここにいる若い詩人たちが使った話し言葉は，実際の話し言葉の組み立てとは異なる。そこには，即興的要素，お決まりの組み立て，その他，伝統的な話し言葉による技巧の要素がない。それらは暗唱された詩である。実際，友だちがカメラの横に掲げた即席のプロンプターの文字を読み上げたものもあった。生徒らはいまだに，さまざまな方法で言葉というモードを特権的に扱っており，書かれた詩は，いくつかの点で補助的なもの，すなわちパフォーマンスや撮影の準備に使われるものになる。どの話し言葉にも，音の輪郭，テンポ，音量，声の音質など，即興的要素がある。それらはすべて，言語が意味するものにとって，単に物理的な付属物というだけではなく，意味を与えるものである。たとえば，Nayana の英語とベンガル語で書かれた詩「兄弟と花（Brothers and Flowers）」には，以下のような文章がある。

I imagine my two tongues, each budding out of my mouth.
My physical tongue, the stem of two flowers, each flower
A marked presence in my personality,
Colouring my thoughts, scenting my dreams, shaping my life,
Shaping me.
私の 2 つの言語を想像する　それらは私の口から芽吹く
私の身体としての舌　2 つの花の茎　それぞれの花
私のパーソナリティの特徴的なもの
私の考えに色をつける　私の夢に香りをつける　私の人生を形づくる
私を形づくる

　この書かれた形式において，最後の 2 行を構成する 4 つの節が，繰り返しの構成になっている。この構成は，目的語が後に続く現在分詞である。

話される言葉では，2つ目が異なっている。「夢」という言葉のトーンが上がっていき，強調されている。それは，疑問を示唆しているのかもしれないし，不完全さを示唆しているのかもしれない。あるいは聞いている人に同意を求めていることを示唆しているのかもしれない。

　Fatima の英語とベンガル語の詩では，彼女自身の2つの言語を，異なる振舞いをする「異なる双子」と表現している。そのため，1人はいうことを聞かなくなり，静かにさせる必要が出てくる。静かにさせるための命令は，英語の「Quiet!（静かに!）」でも，ベンガル語の「Chup thako!（静かに!）」でも，音量や明白に下がっていくトーンなどにより強調している。威厳を添えるために渋い顔をするという，Fatima のいわゆるパラ言語学的なサインの使用と同様である。

　言語を単一の意味システムと見なす単一モードの視点は，ここでは既に崩れ始めている。渋い顔は，書くことと話すことという2つのシステムと異なるだけではない。単なる渋い顔1つでも，動画に集約される人間の表情の複雑な意味のシステムにまでレパートリーが広がる。それはクローズアップの人間の顔のリプレゼンテーションにおいて独自の歴史をもったモードである。

　私たちが，単語，話し言葉，ジェスチャー，顔の表情を積み重ねていくと，統合された何かになる。そこでは，別々のモードが意味のつながりを作り出している。簡潔にいえば，それは「パフォーマンス」である。生徒も私もそのときは気づかなかったかもしれないが，それらはささやかなドラマのテクストである。しかし，彼女らは特別な何か，すなわち若い詩人のバイリンガルというアイデンティティを演じている。それは，言語，文化，国，社会を横断するアイデンティティであり，それらは，Sujata Bhatt の詩や，それに対する十代の若者たちの反応の主要なメタファーの中にリプレゼントされている。すなわち，これらのパフォーマンスは，社会学者であるアーヴィング・ゴッフマンが，彼の古典的な研究で「日常生活における自己呈示(the presentation of self in everyday life)」(Erving Goffman, 1959)と呼んだものである。しかしそれらは，単に家庭や学校における日常的な二カ国語の併用ということではなく，彼女ら自身に関する意識的で

芸術的な表現である。だから，自我のパフォーマンスは，バイリンガルな誰かというだけでなく，詩人であり，映像制作者であり，試験の志願者であり，学校の生徒である誰かである。生徒のすべてと，各生徒の社会的なモチベーションが，これらの作品の構成，パフォーマンス，再加工に反映される。

　構成の働きはまた，動画が意味するものの特徴を決める。David Parkerと私は，動画のモード（文字通り，動き＋画像）に対して，「キネイコニック（kineikonic）」という造語を作った。このモードを表す中立的な言葉がなかったためである。「シネマティック（cinematic）」や「フィルミック（filmic）」という言葉は，映画に特化したものであり，私たちはこれらを使いたくなかった（Burn & Parker, 2003）。にもかかわらず，私たちにとって「キネイコニック」というモードには2つの意味がある。それは，単に撮影と編集だけでは存在しえないものである。それはつねに，話し言葉，衣装，視覚的なデザイン，音楽，ジェスチャー，原稿，演技のような，他のモードに依存するものである。重要なのは，それらすべてが，どのように共に機能しているかを考えることである。

　ここで，これらの詩の中心となる考えを取り上げ，モードがどのように組み合わされて働いているかを見てみよう。これらの詩が表現している中心的なパラドックスは，バイリンガルであることの分断と統合である。すなわち，2つの言語を操る人，調和的に統合されていると同時に文化の違いによって生まれた人の全体性がどのように作り上げられるのかということである。Fatima はいう。

> *My life is split into two pieces*
> *Like a fruit that has been cut into two halves.*
> 私の人生は2つに分断されている
> 半分ずつ2つにカットされた果物のように

　彼女にとって，ベンガル語と英語の違いは重要である。バイリンガルであることによって起こる世界と文化のあいだの分断が強調され，その声

は，いうことをきかない子どものように制御できないとしている。彼女はまた，2つの言葉を持つことによる混乱や難しさ，すなわち2つのアイデンティティを勇気を持ってリプレゼントすることと同じように，それらがどのように彼女の邪魔をするかということにあらかじめ気づいている。

Voices can make a fool out of you.
声は　あなたを笑い者にする

彼女は，硬いレンガの壁に向かってパフォーマンスをすることを選んだ。その壁が硬い素材だということ自体が，メッセージを伝えている。彼女は2つの異なるアングルからパフォーマンスを撮影することを決めた。彼女の横顔が，全体の4分の3だけ映し出された。1つは英語のための横顔，もう1つはベンガル語のための横顔である。この力強い表現方法は，彼女の詩の1行目を視覚的に表現したものである。ただし果物の喩えではなかった。これにより，「私は2つの方向を向いている話し手である」ということ以上のことを表現していた。2つの言語の区別は，映像を交互に見せることによってはっきりと伝えられた。映像はつねにカットつなぎ[訳註4]であった。

彼女はまた，画角(フレーミング)を変えることで，元になった文章のニュアンスを変えている。先ほどの「静かに」という命令の言葉は，良い例だ。英語のバージョン「Quiet!（静かに！）」は，左向きの頭と肩のクローズアップで表している。ベンガル語のバージョン「Chup thako!（静かに！）」は，彼女の口の極度のクローズアップである。2つ目のショットは，話されるベンガル語を，「口」という話すための器官と強く結びつけたものである。それによって，この言語をさらに深くリプレゼントしている。

Nayanaの詩「兄弟と花(Brothers and Flowers)」（ベンガル語と英語によるもの）は，2つの言語の違いを強調する編集技術を使っている。英語の部分をモノクロに，ベンガル語の部分をセピア色にしているのだ。それ

[訳註4] 映像と映像のあいだにディゾルブなど特殊効果を入れない編集技法のこと。

第5章　バイリンガルな生徒たちの動画を使った自己表現

は，詩の全体を通して，ある種の極度な欠落を暗に示している。しかし，ベンガル語のショットにはノスタルジーが感じられる。彼女は深刻な表情をし，考え込むような声で語る。ここでのパラドックスは，彼女にとってバイリンガルであることは，日々の出来事に対処する方法以上のものであるが，同時に興味深い謎であるように見えるということである。

Everybody says that it is amazing.
I never saw anything great about it.
It's just me, a part of me, the way that I always have been.
...
Two tongues —— a strange thought.
I look in the mirror —— I open my mouth.
Go cross-eyed in the attempt to focus
On the pink muscle that is the source of this mystery,
The solution to which remains
Forever elusive.

みな　それは魅力的だという
私はそれについて　すばらしいと感じることは決してない
それは単に私であり　私の一部であり　私がつねにしてきた方法である
…
2つの言語――奇妙な思考
私は鏡をのぞきこむ――私は口をあけている
集中すると　寄り目になってしまう
謎の根源であるピンクの筋肉の上で
解決されないままである
永遠に理解できない

Fatimaがカメラからの距離や画角（頭と肩のクローズアップ）を変えなかった部分で，Nayanaは，最初の3ショットでゆっくりとクローズアップしていく長いショットを使っている。彼女の話し言葉の存在を強調する

前に，彼女自身を，木，家，道などのより広い外の景色の中に置いているのである。彼女はその他にも，木の前，広い背景からの歩き，公園のベンチに座る様子など，異なる場面に置かれている。その効果は，言葉と組み合わされることによって，つねに自分探しをし続けていることを暗に示すと同時に，彼女の自信を暗に示している。その自信は，立ち位置が穏やかにコントロールされ，カメラアングルがしばしばローアングルになっていることから伝わってくる。

　Ayi の英語とマンダリン語の詩は，ドラマチックなクローズアップ，シャープな水平アングル（正面，横顔，後ろ姿，彼女の周りを回る動きのある画角）など，かなり異なる撮影技術を使っている。これらの技術は，ポピュラー・カルチャー，とくにミュージックビデオの音と映像の形式を連想させる。さらに，彼女が着ている革のジャケットや，プライドに満ちた動き，自信のある声，そして，最後から2番目のショットに全体を明るくする笑顔が加わることで，言語を通してよりも，これら1つ1つによって特有の個性の一面がリプレゼントされている。言葉は，Nayana や Fatima のものとは異なり，型にはまった構成になっている。その構成によって，各行において，行為者としての彼女の読み上げ方がリプレゼントされているし，移民の経験の語り手としての読み上げ方がリプレゼントされている。

> *My tongue tells the story of my life*
> *My tongue tells that I am leaving*
> *My tongue knows when I am sad*
> 私の言語は　私の人生を語る
> 私の言語は　私が出発しようとしていることを語る
> 私の言語は　私が悲しいときを知っている

　この詩は，多くの点で，バイリンガルの2つの言語に関するものではない。彼女にとって，英語は最近学んだ言語であり，流暢に使える言語ではない。そのため，彼女の文章は英語で始まり，マンダリン語で終わって

いる。それは，彼女自身に関する詩であり，彼女が香港を出発した詩であり，彼女が過去に経験した波乱の人生に対する悲しみや興奮が入り混じった気持ちをつづった詩である。そして，言葉と同様に彼女の映像におけるカットのつながりも，バイリンガルであることの二重性を構成してはいない。NayanaやFatimaの詩のような並列的な構成ではなく，Ayi自身のリプレゼンテーションをつなぎ合わせたモンタージュ技法による単一の構成になっている。

　Ayiが使ったもう1つの形式は「音楽」である。これはFatimaやNayanaは使わなかったものである。彼女は，GCSEの音楽の生徒が以前作曲した一節を選んだ。それは，伝統的な中国の様式に基づいた音楽で，五音音階（ペンタトニックスケール）で作られており，中国の箏（そう）や揚琴（ようきん）などの弦楽器を電子音で表現したものだった。カメラワークや，それが暗に示す現代風の人気の形式とは異なり，中国の伝統を暗に示し，言葉の中に見られるわずかな郷愁を強調している。Sophieの詩はフランス語と英語でつづられ，Sujata Bhattによってモデル化された生物の喩えを使っている。Nayanaが，彼女の2つの言語について，「生きる」「息づく」「双子のようだ」と表現したのと同様である。しかし，Ayiが音楽で表現するイメージは，彼女がビデオで演じる言葉の遂行的な側面を表している。すなわち，その双子の言葉は両方とも話すものだが，「異なって聞こえる。女優がある部分をさまざまなキャラクターで演じるのと同様だ」というのである。

　彼女のビデオは，ミディアムロングサイズで撮影した彼女のショットで始まる。彼女は，足を組んでスタジオの舞台のブロックに座っている。赤と青の光に照らされ，もの思いにふけるように下を見ている。ドラマのスタジオに舞台装置が置かれ光が当たっているという空間の選択は，女優としての彼女のイメージを視覚的に補うものである。カメラは彼女の顔にゆっくりズームインをする。次に，彼女が話している顔のショットにディゾルブでつながる。彼女が英語で詩の1行目を読んでいるあいだ，彼女の顔には青いフィルターがかかっている。

Two tongues occupy my mouth

Both living and breathing inside
２つの言語が私の口を占領している
両方ともその中で生き　息をしている

　そして，さらに大きいクローズアップのショットにディゾルブでつながる。それはフランス語の行(くだり)を話すショットであり，モノクロの画面が次第にカラーの画面に変わる。そのディゾルブは２つのアイデンティティと２つの言語，それぞれの連続を暗に示している。次の行(くだり)のメッセージはまさにそれである。

I start a sentence in English, et je finis en Français
私は文章を英語で始め　フランス語で終える

　そのビデオでは，英語のミディアムクローズアップのショットとフランス語のクローズアップのショットが交互に続く。カットのつなぎ方は，つねにディゾルブで，２つ目のカットは色あせた画面から始まり，徐々に色がついていく。カメラワークは，１つ極度なクローズアップがある以外は，だいたいミディアムロングのサイズで彼女を捉えている。それは，暗に親密さを示し，再度その行のメッセージ，つまり，彼女が夢を見たり考えたりするときの彼女自身と言語のアイデンティティのもっとも強い気持ちを表している。

Et quand je rêve ou je pense
Je sais que ma langue est à moi,
Et ma langue, c'est ce que je veux dire.
　そして　私が夢を見たり考えたりするとき
　私の言葉が私自身のものであることを知る
　そして　私の言語　それは私が言いたいものである

第5章　バイリンガルな生徒たちの動画を使った自己表現

■ **マルチモダリティと動画の場合**

　私たちは，これらの短い映像について，この章の最初に述べた「国語科」における動画の位置づけに関する4つの論点と関連して，どのようなことが言えるだろうか。このような実践は，マルチモーダルの事例を非常にわかりやすく表している。これらは，広範な意味のシステムが複雑に統合されたものである。そして，単にこれらを言語の問題として捉えることは正しい認識とは言えない。創造性という点において，これは3つの事柄に依拠していると見ることができる。

　1つ目は，何か重要なことを言いたいという動機への依拠である。この場合，文化のアイデンティティを宣言することは，バイリンガルであることに関してもっとも明示的なものだが，同時に，10代の少女の重要な手がかりにもなる。

　2つ目は，リプレゼンテーションの技術またはリソースの使用への依拠である。ここには，詩的な比喩や構成の技術だけでなく，デジタルビデオに関する理解しやすい技術も含まれる。あまり自覚なしに展開される演技的なパフォーマンスというリソースも含まれる。それはまた，これらの技術がどのように働くかについての明確な理解に依拠する。ここでのデジタル・テクノロジーの価値は，デジタル編集という手段の可能性である。それは，編集する学生たちがその詩に再び手を加え，修正し，編集するときに，書かれた言葉と同じような柔軟さや素早いフィードバックを可能にする。

　3つ目は，芸術的な意図への依拠である。意味が作り出されるすべての行為は，自覚的に芸術的にしたものであっても，平凡な言葉であっても，創作的である。それらの断片は，それら自身が芸術であることを示している。それは，英国創造的教育・文化教育諮問委員会(NACCCE)の創造性の定義では，オリジナリティを意味するかもしれない(NACCCE, 1999)。しかし同様に，それは，モデル化，模倣，見習いも意味する。ポストロマン主義の創造性の概念では，オリジナリティは崇拝の対象となる。しかしそれよりも重要なのは，オリジナリティが，芸術の分野において，芸術であるという様式を示すものと混同されているのではないかということであ

る。子どもは，新聞記事においても科学実験の報告書においても，考える内容も表現方法もオリジナルであり得るし，私たちはそれを彼らに望んでいるだろう。同じように，彼女らの詩と映像においても，オリジナルであることを望んでいるだろう。それならば，ここにおける創造性は，どんなジャンルにおいても，何か新しいものを作ることに関するものだということになる。しかしそれとは反対に，新しい何かを作ることは，そのジャンルにおけるしきたりや技術的な能力を必要とする。新しい何かはつねに，古い何かでもある。そうでなければこの世に新しい物語は存在しないと，詩人であり小説家であるジェイムズ・ジョイス(James Joyce)はかつて述べている。メディア制作の文脈においては，デビッド・バッキンガム(David Buckingham)が，創作物が社会的な動機やプロセスによってどのように形づくられるかだけでなく，実際には模倣や見習いにどれほど依拠しているかについて，広範な例をあげて示している(Buckingham, 2003)。

　ただし，メディア教育において，映像は慣習にはとらわれないものである。メディア教育では動画の「人気ある」メディアが利用されるが，教育者らは，映画やテレビなどマスメディアの見覚えのあるジャンルの模倣ではないことを強調する。しかし，それらは明らかに創造的なメディア制作の一種である。動画の特性や，デジタルビデオならではの可能性を持っており，さまざまな方法で流通し見られる状態になるテクストを作り出している。実際にそれらは，Sujata Bhatt が出席するイベントが開催される映画館で上映されたり，Jenny Leach らによるオープン・ユニバーシティのウェブサイトの一角にアップされている(www.open.ac.uk/movingwords^{訳註5})。

　これは覚えておく価値のあることだが，実は，パークサイド・コミュニティ・カレッジはメディア**芸術**のプロ養成のカレッジであり，メディア・**スタディーズ**のカレッジではない。これは，メディア・スタディーズを軽視しているわけではない。メディア・スタディーズは，この学校において極めて重要な部分である。しかしメディア制作は，「国語科」でもデザイ

訳註5　翻訳者が確認した時点(2017.1.8)では，動画は視聴できなくなっている。

第 5 章　バイリンガルな生徒たちの動画を使った自己表現

ン技術科でも美術科[訳註6]でも音楽科でも，メディア教育のモデルの中と同じく，芸術教育のモデルの中に位置づけられているだろう。それは教育学に基づくものであり，文化的な前提や評価の形式はメディア・スタディーズとは大きく異なる。

　そのため，メディア・スタディーズの慣習的なモデルでメディア教育を行う挑戦がいくつか見られる。「国語科」のモデルでの挑戦があるのと同様である。評判は悪いが，私たちの「国語科」の考え方は，書かれた文字やこれらの詩は，主として書かれたテクストであるというものである。しかし，私たちが見てきたように，それらのテクストは，声や，ときに顔の表情，また，レンガの壁，公園のベンチ，人間の顔，音楽のメロディーなど物理的な意味するもの(シニフィアン)，そして，撮影と編集という，意味を与える道具によって作り上げられる。「国語科」の主なねらいは，そのような意味を伝える実践の複雑性を認識することに過ぎない。英国では，カリキュラムにおいては，ドラマ教育はスピーキングとリスニングに付随するものとしか捉えられておらず，身体に関するものだということは触れられていない。動画に関する課題は，「読解」に付随するものとしか考えられていない。ところが，ここでは動画は明らかに「作文」に近い。どのような場合でも，これらの映像は GCSE における「国語科」とメディア・スタディーズ科の評価体系では捉えられない。それらは，両者の評価規準に簡単には適合しないかもしれない。しかし興味深いことに，それらは，GCSE の美術科とデザイン科の国の評価規準で評価することが可能なのだ。

■ 結論：パフォーマンスの技術

　先ほど私たちは，生徒たちがメディア・テクストの中で演じたある種のパフォーマンスを，メディア・テクノロジーを通して見た。
　それらは，この若者たちが，詩人や映像制作者やゲーム・プレイヤーとして，文化の作り手としての機能を引き受けているという文化的な役割を

[訳註6]　第4章訳註4を参照。

表している。一方でそれらは，メディアのジャンルやテクノロジーによって可能になる役割によって，文化的な情熱，ファッション，演技，自分についての語り，家族，友だちなどアイデンティティと密接に関わった世界の一面をどのようにドラマに再加工することが可能かについても示している。同時に，私たちはこれらのリプレゼンテーションが，印刷物のリテラシーという狭い範囲のものであったとしても，映像，アニメーション，双方向メディアなど広い範囲のものであったとしても，その人から分離させて考えることができないことも理解できる。それらをテクノロジーへと矮小化することもできない。テクノロジーは，これらのメディアのリプレゼンテーションのリソースの一部を提供するものである。私たちは，物理的なもの，たとえば，声，顔，指，体，木々，レンガ，ギターの弦のようなものから意味がどのように作られるかということを認識する必要がある。また，身体の意味を構成する道具が，私たちが「テクスト」と呼ぶ捉えどころのないものを作るために，ビデオ，アニメーション，ゲームというデジタル・メディアの意味とどのように統合したかを私たちは認識する必要がある。ウォルター・オング(Walter Ong, 2002)やその他の人が，ラテン語の動詞であるtexereからweave（織る）という動詞が生まれたことを引用し，テクスト(text)とは織られたものであることを指摘している。

現実的な問題としては，ドラマ科，メディア科，「国語科」の先生がもっとお互いに対話をし，教科の分離を唱えた人たちが作り上げた歴史を克服する必要があるということをはっきりと言いたい。ドラマ科は，媒介されたものではないドラマの価値を重視している。メディア科は，その膨大なテクストの法則の中で，顔，声，ジェスチャーなどの身体の記号的なものを無視している。「国語科」は，言語の外にあるものを無視している。ひとことで言えば，テクストがどんどんマルチモーダルな形式になっているこの世界で，「国語科」の体制を曖昧にし，より役に立つものにするためには，メディア科とドラマ科は悪いものではない。少なくとも可能性としては，「国語科」のすべてのテクストはパフォーマンスに関するものであり，パフォーマンスの多くが（すべてという人もいるかもしれないが），言語以外のモードに依拠している。ほとんどのメディア・テクストは，ド

第5章　バイリンガルな生徒たちの動画を使った自己表現

ラマに関するものである。そしてレイモンド・ウィリアムズ(Raymond Williams)によれば，人々が見ているドラマの多くは，テレビによって媒介されたものであり，それは，彼が「演劇化された社会(Dramatized society)」(Raymond Williams, 1974/1983)とみなしたものの根拠となる。具体的ではっきりとさせなければならないものは，幻影に過ぎない教科の境界やそれらを支える歴史ではなく，それらの下にある一般的な記号の原理である。これらを，できるだけ広い範囲で，多くのリソースでどのように実践するか。そして，生徒たちが言葉以上のものでそれらに反応することをどのように支援するか。私たちがやらなければならないのはこうしたことである。

「国語科」にとって，とくにメディア教育は，現代の文化において動画がどれだけ重要かに気づかせてくれるものである。それはまた私たちに，動画に完璧に取り組むには，分析だけでなく制作も必要だということに気づかせてくれる。Nayana, Ayi, Fatima, Sophie は，単にデジタルビデオを使っているだけではない。彼女らは，どのようにセッティングし，撮影し，編集するかについて，彼女らが詩の編集を通して行ったプロセスとよく似た方法で学んでいる。そのような過程によって，彼女らは，彼女ら自身と言語に関するパフォーマンスを作り上げる。そのパフォーマンスは，一方では詩の言葉に関する試験の方を向いているが，もう一方では，多くの場合そのようなパフォーマンスが本来的に文化的価値がある世界，学校では表面的にしかシミュレートできない世界の方を向いているのである。

第6章

ポッター・リテラシー

文学，映画，ゲームとクロス・メディア・リテラシー

　　小説『ハリー・ポッター（*Harry Potter*）』シリーズには二面性がある。ニコラス・タッカー（Nicholas Tucker, 1999）が述べたように，このシリーズは民話や児童文学を下敷きにしている。おとぎ話やフランシス・ホジソン・バーネット（Frances Hodgson Burnett）の作品に見られる，親をなくした取り替え子の物語はそのひとつである。『お姫様とゴブリンの物語（*The Princess and the Goblin*）』から『火の鳥と魔法のじゅうたん（*The Phoenix and the Carpet*）』まで，ヴィクトリア朝やエドワード朝時代の児童文学に出てくる魔法使いや擬人化された動物たちも登場する。また『ナルニア国物語（*The Chronicles of Narnia*）』のパラレルワールドとその入り口の話，『トム・ブラウンの学校生活（*Tom Brown's School Days*）』や『ジェニングス学校へ行く（*Jennings Goes to School*）』のような寄宿学校の物語，おいしそうなお菓子の出てくるエニド・ブライトン（Enid Blyton）の戦後の作品が詰め込まれている。一方でこれもタッカーが指摘するように，『ハリー・ポッター』は現代にも根差している。このシリーズは，何よりテレビゲームのイメージと実践に影響された構造を持つとタッカーは主張する。彼はとくにアーケードゲームのようなクィディッチ[訳註1]や，リストやマップその他の謎解きの方法，生き残りをかけた勝負などをシリーズの特徴として引き合いに出している。

[訳註1] 『ハリー・ポッター』シリーズに登場する架空の球技。

ゲームが本に影響しているのか、あるいはその逆なのかは、この場合議論の余地があるだろう。J・R・R・トールキン(J.R.R Tolkien)の物語にもやはりマップやリスト、謎解き等が登場する。『指輪物語(The Lord of the Rings)』訳註2 は現在もっともポピュラーなゲームジャンルのひとつである、RPG (ロール・プレイング・ゲーム)を生み出した。またマリー・ロール・ライアン(Marie-Laure Ryan)が述べるように、いくつかの物語はゲームの基礎として完璧に取り込まれている(Ryan, 2001)。同様にポッター物語は、冒険の旅、魔法のアイテム、助っ人、おそるべき敵、境界のあるファンタジー世界、ダイナミックな謎解きといった、良いゲームを作るのに必要な骨組みを用いて構築されているといえる。とはいえ、タッカーの理論には説得力があり、ハリー・ポッター関連の権利を獲得した AOL タイム・ワーナー社が映画とコンピュータゲームへの翻案を行う中で、リテラシーと文学を教えるうえでの差し迫った問題を提起する。ゲームと文学作品との関係についての初期の研究に見られるように、文学を独自のリテラシーを持った、完全に他と区別できるモードや文化であるとみることはもはやできない(Beavis, 2001; McClay, 2002; Mackereth & Anderson, 2000)。ポッター本はメディア横断的な熱狂に到達し、子どもの関わりは小説、映画、コンピュータゲーム、インターネット、そして『スター・ウォーズ(Star Wars)』のような一連の商品に拡大している。私たちは異なるリテラシーがどのような働きをもっているか、どのように関連しているか、何が共通しているかを考えざるを得ない。また、それらがいかにゲームや映画、テレビ番組、マンガといった子どもの現代メディア文化の文脈に位置づけられているか、考慮する必要がある。しかし、こういったクロス・メディア文化は決して新しい現象ではないということは覚えておく価値がある。マーガレット・マッケイ(Margaret Mackey, 2001)は 100 年前のフランク・L・ボーム(L. Frank Baum)のオズの魔法使いシリーズにみる演劇や連載漫画、トレーディングカードといった広範囲の(かつ利益を生む)翻案

訳註2　ここでは小説を指しており、『指輪物語』としている。以降本章で言及される際は映画、または複数のメディアのバージョンを指しているため、統一して『ロード・オブ・ザ・リング』と表記する。

第6章　ポッター・リテラシー

と，ポッター・シリーズを比較している。

　これはマルチ・リテラシーとメディア・リテラシーのレトリックについて真剣に考える機会となる。これらはリテラシーを「ミクロ・レベル」（Buckingham, 2003）で詳細にみたときに，正確には何を意味するのだろうか。特定のイメージや物語(ナラティブ)の一場面は，異なるメディア間でどのように「翻訳」されるのか。子どもに文学や映画の「キャラクター」概念を学んでほしいとして，それはゲームの文脈では何を意味するのだろうか。言語における「動詞」のカテゴリーについて学ぶと，映画におけるこのカテゴリーについてどのようなことが言えるのか。「動詞」は，双方向メディアであるコンピュータゲームではどのように異なるのか。そしてこれらのプロセスはマクロ・リテラシーとどのように関連し，このような意味が位置づけられる場所としての本や映画，ゲームでの幅広い文化的な経験とどのように関連するのか。

　そしてこれらさまざまな形式面の構造は，何をリプレゼントしているのだろうか。この問題の核心として，子どもを対象とするハリー・ポッターの社会的な意味についての問題と，登場人物がリプレゼントする行為主体性の形式の問題を提示したい。この問題はポッター・シリーズを貫いている。大人たちが動かす世界の中で，ハリー・ポッターは少なくとも力のファンタジーを提供するため，子どもたちはそれを楽しむのである。彼の姿は子どもにとって，おとぎ話の代わりとして不可欠なものなのか（Black, 2003）。あるいは彼は，日本のマンガやアニメに出てくる子どものヒーローに似ているのだろうか。その魅力は，「荒廃した世界を受け継ぎながらも，そこで拾い集めた」テクノ・マジックを回復していく姿を通して，「人間性への信頼がロマンチックに描かれる」ところにある（Appelbaum, 2003）。これらのヒーローとハリーの姿は，実際にはお互いの別バージョンなのだろうか。最後に，ヴィクトリア朝やエドワード朝時代の民話に始まり，戦後の児童文学に至る，親をなくした取り替え子の痛切な訴えはどうだろうか（Tucker, 1999）。こういったよくあるテーマは子どもたちに，親の死や後見人の裏切り，理想化された親，単純に親の姿がないときの楽しさ，といったものを空想させる（あるいは消し去る）ものな

のか。さらにシリーズに現れてこない問いを付け加えるとすれば，なぜハリー・ポッターを好きでない子どももいるのか。彼の魅力は万人受けするものではない。ここで報告する男の子を対象とした調査では，そういった証言が見られる。とくにある世代を越えると，登場人物がリプレゼントするものに明確に不満を持つようになっている。

　本章では，『ハリー・ポッターと秘密の部屋(*Harry Potter and the Chamber of Secrets*)』(Rowling, 1998; Columbus, 2002; Electronic Arts, 2002)のある一場面を本，ゲーム，映画を横断するかたちで検討する。またその分析を，2003年と2004年にケンブリッジとロンドンにある2つの学校で行った，生徒たちの観察調査と，インタビュー調査とを合わせて考察する①。この研究はロンドン大学教育研究所「子ども・若者たちとメディア研究センター」(the Centre for the Study of Children, Youth and Media)のコンピュータゲームについての2つの研究プロジェクトの一部である。1つ目はロール・プレイング・ゲームを研究したプロジェクト「テレビゲームのテクスト性」(2001〜2003)で，芸術人文研究委員会(the Arts and Humanities Research Board)の助成を受けている。2つ目は「ゲームを作る」(2003〜2007)で，経済社会研究協議会(the Economic and Social Research Council)と貿易産業省(the Department for Trade and Industry)の助成を受けている。この研究開発プロジェクトでは，イマーシブ・エデュケーション社とのパートナーシップの下，ゲーム作成ソフトの開発に取り組んだ。本章は概ねこれらのプロジェクトから引用するが，もっとも詳細に触れるのは，とくに本章で分析したエピソードに焦点を合わせ，2004年ケンブリッジで行った，12歳から13歳の子どもたち10人(男の子5人，女の子5人)に対するインタビューと，2004年ロンドンでの1人の女の子へのインタビューである。

　分析には，社会記号論とマルチモーダル理論を利用する。細かなテクストのレベルと幅広い文化のレベル両方において，いくつかの点で，現在進行中の複数のリテラシーについての疑問に答えることになるだろう。しかしこのことはまた，問題も生み出す。このメディア横断的な関わりに対応するためには，どのようなリテラシーの教授が必要なのだろうか。これら

の教授法は，児童文学の伝統や子どもの現代メディア文化，メディア教育やリテラシー教育の形態をどのように参照できるのか。本章の最後には，これらの問いに立ち戻ることにする。

■ クモのアラゴグ──メディアを横断したナラティブの変容

『ハリー・ポッターと秘密の部屋』の終盤，ハリーとロンは森の奥深くに巨大なクモ，アラゴグの秘密の巣を発見する。彼らは，学校で生徒たちが麻痺するという不吉な出来事はクモのせいかもしれないと疑う。さらに恐ろしい結果につながる脅威が，謎めいた秘密の部屋におぼろげながら結びついてくる。ハリーと話す中で，クモは自分が無実であることを示し，本当の犯人の正体についてヒントを与える。ハリーは感謝し帰ろうとするが，クモは自分の子どもたちにハリーとロンを襲わせる。本と映画では，彼らはここで，物語の序盤で登場している空飛ぶ車，フォード・アングリアに救出される。一方ゲームでは，かなり違ったことが起こる。

このエピソードの3つの機能を，3つのメディアを通して検討したい。これら3つの重要な機能は社会記号論の理論を基にしている（Kress & van Leeuwen, 1996; 2001; Lemke, 2002）。最初に，**リプレゼンテーション**機能である。とくに，言語によって何をどのように伝えるかが，一連の過程構成[訳註3]のシークエンスとなる。過程構成は，誰が何を誰に対して行うのか，誰が行動しているのか，誰あるいは何が目的なのか，といった文法的なリプレゼンテーションであるナラティブの中心となる。ヒーローには，たとえばナラティブとしての過程構成の構造において大きな役割を果たすことが期待される。ヒーローは悪役と戦って，打ち勝つというのが暗黙の全体的な構造である。そしてそれはもちろん，ハリー・ポッター小説すべての基本的な構造となっている。この点で，過程構成は一般的なナラティブのカテゴリーとして用いられる。しかしまたこの全体構造は，後に示すように本や映画，ゲームの中でセンテンスレベルの同等物に反映される。

第2に，**組織的**機能がある。とくにこれらのテクストはどのように多様

[訳註3] M・A・K・ハリデー（M.A.K. Halliday）による，機能文法の用語。

に組織され，読者，観客，プレイヤーが道筋を通ることを可能にしているのか。

第3の機能は**対峙的**機能(Lemke, 2002)，または**双方向的**機能(Kress & van Leeuwen, 2000)，**対人的**機能(Kress & van Leeuwen, 1996)である。テクストがどのようにオーディエンスに向かっているか，社会的エージェントとのあいだのコミュニケーションとしてどのような機能を果たしているか，ということである。とくにこの場合，3つの興味深い論点がある。まず，どのようにして私たちは，自分自身をハリーと「一体に」位置づけるよう仕向けられているのか。ジェラール・ジュネット(Gérard Genette)はこれを焦点化と呼んでいる(Genette, 1980)。次に，どのように私たちはテクストとの感情的な関係に引き込まれているのか。その関係は重要な見せ場で読者を興奮させるうえで，どう機能しているのか。3つ目に，テクストはその真正性，信頼性をどのようにして私たちに納得させているのか。真理主張を行う言語や他の記号のモードといった側面から，高いモダリティの主張はどのように作り出されるのか。これはこの種のファンタジーのナラティブにおいてどのようにはたらくのか。多様な読者，観客，プレイヤーに対してどのように異なる働きをするのか。

最後に，インタビュー資料の使用について述べる。ここではテクスト(本，ゲーム，映画)と子どもたちの会話を，同じ枠組みを用いて分析可能なひとつの記号論的，文化的な連続体として捉えたい。子どもたちの関与，反応，解釈は文化的，社会的プロセスとしてみることになる。しかしそれらはテクストの記号論的な変容としても，また教育的介入の可能性を暗示する変容としてもみることができる。

■ リプレゼンテーション

小説では，このシークエンスはページ半分以下と非常に短い。以下がその全文である。

「帰る？」アラゴグがゆっくりと言った。「それはなるまい……」
「でも――でも――」

第6章　ポッター・リテラシー

「わしの命令で，娘や息子たちはハグリッドを傷つけはしない。しかし，わしらのまっただ中に進んでノコノコ迷い込んで来た新鮮な肉を，おあずけにはできまい。さらば，ハグリッドの友人よ。」

ハリーは，体を回転させて上を見た。ほんの数十センチ上に聳え立つ蜘蛛の壁が，鋏をガチャつかせ，醜い黒い頭にたくさんの目をギラつかせている……。

杖に手をかけながらも，ハリーには無駄な抵抗とわかっていた。多勢に無勢だ。それでも戦って死ぬ覚悟で立ち上がろうとしたそのとき，高らかな長い音とともに，窪地に眩い光が射し込んだ。

ウィーズリー氏の車が，荒々しく斜面を走り降りてくる。ヘッドライトを輝かせ，クラクションを高々と鳴らし，蜘蛛をなぎ倒し——何匹かは仰向けにひっくり返され，何本もの長い脚を空に泳がせていた。車はハリーとロンの前でキキーッと停まり，ドアがパッと開いた。

「ファングを！」

ハリーは，前の座席に飛び込みながら叫んだ。ロンは，ボアハウンドの胴のあたりをむんずと抱きかかえ，キャンキャン鳴いているのを，後ろの座席に放り込んだ。ドアがバタンと閉まり，ロンがアクセルに触りもしないのに，車はロンの助けも借りず，エンジンを唸らせ，またまた蜘蛛を引き倒しながら発進した。車は坂を猛スピードで駆け上がり，窪地を抜け出し，間もなく森の中へと突っ込んだ。車は勝手に走った。太い木の枝が窓を叩きはしたが，車はどうやら自分の知っている道らしく，巧みに空間の広く空いているところを通った。

ハリーは隣のロンを見た。まだ口は開きっぱなしで，声にならない叫びの形のままだったが，目はもう飛び出してはいなかった。

「大丈夫かい？」

ロンはまっすぐ前を見つめたまま，口がきけない。

森の下生えをなぎ倒しながら車は突進した。ファングは後ろの席で大声で吼えている。大きな樫の木の脇を無理やりすり抜けるとき，ハリーの目の前で，サイドミラーがポッキリ折れた。ガタガタと騒々しい凸凹の十分間が過ぎたころ，木立がややまばらになり，茂みの間からハリー

は，再び空を垣間見ることができた。
(J・K・ローリング著，松岡佑子訳『ハリー・ポッターと秘密の部屋』静山社，2000年，pp.412-414)

リプレゼンテーションの観点からいえば，私たちはハリーのヒーローとしての行動を期待する。冒険ファンタジー物語というジャンルは，行為の大部分をハリーが行うであろうことを示唆する。筆者はポピュラー・カルチャーの物語(ナラティブ)における主人公がどの程度外的な行動の形式をとっているか，調査したことがある(Burn & Schott, 2004)。ウォルター・オング(Walter Ong)の言葉では，彼らは「重い英雄」であり，「闘技的なトーン」(Ong, 1982)を帯びている。彼らはホメロス的な口承型の物語(ナラティブ)に見られる戦士のように，冒険の中でもちあがる問題に対して，内面的な心理的プロセスよりも，外的な行動でアプローチする。

したがって，このシークエンスで注目すべきは，ハリーが厳密には4つの行動しかとっていないことである。

「ハリーは，体を回転させて」
「…杖に手をかけた…」
「…立ち上がろうとした…」
「…前のシートに飛び込み…」

これらの行動のどれも，ヒーローの機能を果たすものではない。武器を持ち敵に立ち向かうという，ヒーローの闘技的な役割としては極めて不完全である――杖に手をかけた，立ち上がろうとした。どちらも生存に関わる。――これらはアラゴグの脅威に対する受動的な動作であるため，ナラティブという点では，ここには対象[訳註4]がない。このシークエンスではハリーは過程構成的なナラティブの対象として位置づけられている(言語学的に厳密な対象ということでなければ，杖が当てはまる)。

[訳註4] 機能文法の用語で，行為者による動作によって影響を受けるものをさす。

第6章 ポッター・リテラシー

　ケンブリッジでのインタビューで，1人の少女が本の中のこの節の特徴を非常に明瞭に思い出している。

> Iona：彼は本で(杖を)使うでしょ，ルーモスの呪文のときに。彼らが「戦って死ぬ覚悟ができた」って言ってたと思うけど，囲まれたから「彼は杖を取って，戦って死ぬ覚悟をした，たとえ，たとえ杖を取っても数が多すぎる」みたいな。それで私は，えーと，彼が本当に呪文を唱えるとは思わないけど，杖は取り出してた(想像上の杖を握った手を振って)。

　ここでは語彙・文法的かつ動作的に，本のリプレゼンテーション構造をわずかな変更で明確に再現している。これはまた解釈的な変換でもある。「私は彼が実際に呪文を唱えたとは思わない」という一節は，ここでは行動が驚くほど不足していることに，彼女が鋭く気づいていることを示唆している。

　このテクストの文法は，エピソードの本当のヒーローは，「高らかな長い音」を鳴らし，「眩い光」を輝かせた機械仕掛けの神(deus ex machina)，フォード・アングリアであることを示している。車は，斜面を荒々しく走り降り(thunders down)，蜘蛛をなぎ倒し(knocks spiders out of the way)，自分のドアをバタンと(slams)閉め，完全な自主性をもって加速し(accelerates)走り去り，「巧みに」森を通り抜けた。ここでは副詞がうまく車を擬人化している。

　実際，この自動車はその行動が非常にヒロイックで果断であるため，完全にクモを凌いでいる。クモたちは，脅威の形式としてガチャガチャ音を立てたり目をギラつかせたりする以上のことはせず，フォード・アングリアに圧倒される。

　3人の子どもたちが，これを非常に明確に思い起こしている。

> Ogedei：たしか，えーと，車が出てきて，クラクションを鳴らすかなにかして，で，クモがライトで追い払われて，それで──

Iona: ——それで彼がすごく大きなクモをやっつけて——突っ込むみたいに，毛むくじゃらの脚なんかがたくさんあって，長い毛むくじゃらのクモの脚…

Ali: たしか車が，えーと，止めようとしたクモを何匹か吹っ飛ばして。ジャンプする感じで，クモたちを飛び退かせて。

　ここでも彼らの解釈は，自動車をシークエンスのヒロイックな主体として提示するリプレゼンテーションの構造を強調している。

　おそらくこの行動分析は，それほど驚くべきものではないだろう。アラゴグとクモたちは，ある意味で真の敵ではなく脇道だ。もっとも重要な冒険とそれに伴う悪役，自然界の力の集合であるバジリスク，悪の魔力ヴォルデモートへの道筋にある小さな障害である。この点で，この構造はコンピュータのアクションアドベンチャー・ゲームにおける敵のヒエラルキーと似ている。しばらくは末端のボスモンスターが妨害するかもしれないが，重要な戦いは最終レベルのボスのために残されているものだ。しかし，このようなヒエラルキーはほぼ間違いなく，昔ながらの物語(ナラティブ)の形式から受け継がれている。トールキンの物語も同じように，『ホビット(The Hobbit)』ではドラゴン，『ロード・オブ・ザ・リング』ではサウロンとの最後の対決に向けて次第にエスカレートしていく，いくつかの争いのエピソードでできている。実際，アラゴグはトールキンの「下級ボス」のひとつ，クモのシェロブに不思議なほど似ている。

　子どもたちは，こういったキャラクターについての特別な知識をもっている。たとえば『秘密の部屋』と他の本や映画と比べるよう求められたとき，3人はアラゴグと似た種類のキャラクターとしてシェロブを挙げている。

　ハリーが比較的活発でないのは，少なくとも最初の2作品においては行動力と脆弱性が入り交じっているからであると説明することもできる。彼は確実に，勇敢で優しく自己犠牲的で，強力な魔法も持っているものとして構築されている。しかしハリーは，屋敷しもべ妖精のドビーや不死鳥のフォークスといった魔法の助力者，勇敢なロンや賢いハーマイオニーと

第 6 章　ポッター・リテラシー

いった友人，ダンブルドアのような良い大人に大きく頼っている。もし彼が子ども向けのおとぎ話の典型や代表，巨大な脅威に立ち向かう勇ましい小さい人であれば，この構図で勝利をもたらす構成要素は，彼の脆弱性である。子どもにとっての彼の魅力は，ヨーロッパの民話の主人公との類似性に根差しているとする批評家もいる（Black, 2003; Tucker, 1999）。私たちは民話の主人公のナラティブ機能は，構造的に何らかの助力者の機能に関連していることを付け加えるだろう。ウラジミール・プロップ（Vladimir Propp）が昔話の形態学で明らかにしたように（Propp, 1970），主人公は相互依存的な登場人物の集団に属しているのである。

　ハリーを他の本や映画，ゲームの登場人物と比較するように言われたとき，3 人の子どもたちはフロドを似た登場人物として挙げた。これは，ヒーロー役への認識が，脆弱性と助力者の必要性と彼の勇気によって示されることを意味している。男の子の 1 人，Stephen はハリーがフロドに似ているなら，ロンはサムワイズ・ギャムジーだと言う。ロンドンの学校の Josie もフロドを比較対象としている。それは彼女にとっては明白で，なぜかと聞かれるとハリーとフロドが「いつもひどい目に遭う」という特徴を挙げている。

　しかし，ハリーの脆弱性をすべての子どもたちが肯定的にみているわけではない。男の子の 1 人 Ogedei は明らかに，ハリーのことをいらいらするほど弱いと思っている。彼はハリーと『ロード・オブ・ザ・リング』のオークを「いらいらする」という理由で同等とみなしている。これは男の子たちが暴力とたくましさを求めることでハリーの「善良さ」を覆し，距離を置く傾向の一部であろう。前の年に行った 11 歳の子どもたちの観察では，30 人クラスの多くの男の子たちが，皮肉を込めてハリーを覆す表現をしていた。Iona は本の中でハリーがクモを殺せないことを，このキャラクターが維持しなければならない「善良さ」の根拠として説明する。それに対して Ogedei は，ハリーの弱さについて異なる否定的な意見を述べている。

　　Iona：　もし映画で彼がクモを殺してしまったら，みんなが彼のことを

残酷な殺し屋だと嫌いになるかもしれない。ハリー・ポッターはできるだけ立派である必要があるんだよ。

Ogedei： うん，でもハリー・ポッターは残念というか，まるでちっぽけな，うーん，先生のお気に入りみたいな，こんなふうに逃げ回ってるだけで…ぼくは彼がもっとましな呪文を出せたらと——

Iona： アブラカダブラみたいな，死の呪文？

Ogedei： いや，炎というか，火炎放射器みたいな（笑い）。

善良さがこのキャラクターにとって不可欠な要素であることを，2人とも認識しているように思われるが，その評価は異なる。もしハリー・ポッターが子どもの空想上のごっこ遊びの題材になるとしたら，それは一部の子どもたちにとっては，無難すぎ，管理されすぎた（「先生のお気に入り」）遊戯のようなものになるかもしれない。ロジェ・カイヨワ（Roger Caillois）が「ルドゥス」と呼び（Caillois, 2001），ブライアン・サットン＝スミス（Brian Sutton-Smith, 2001）が遊戯の「進歩的レトリック」と呼んだ，道徳的で，社会化する教育の枠組みに容易に組み込む，規律正しい遊戯の形式に近いものである。Ogedei は同年代の多くの男の子と同様，破壊的で無秩序なものを期待している。彼がうれしそうに提案した火炎放射器は，カイヨワの「パイディア」や無秩序な遊戯として表現される，混沌として危うい形態の遊戯に近く，サットン＝スミスの「運命」としての遊戯のレトリック，より古くからの成熟した遊戯の理解，啓蒙的形式化の理性的な秩序に遡る訳註5。

映画でのアラゴグのシークエンスでは，ハリーのリプレゼンテーションは微妙に異なっている。アラゴグとの会話のあいだ，彼の脆弱性とクモの巨大さを強調するハイアングルが使われているが，続くショットではアングルはかなり低くなり，彼は非常に力強い姿で映っている。しかし子ども

訳註5　ルドゥスとパイディアは，カイヨワが遊びを分類する際に用いた概念。ルドゥスはたとえばスポーツのように，ルールや規律などの縛りが設けられた遊び，パイディアは子どもの戯れのように，自由奔放で無秩序な遊びの性格を表している。

第6章　ポッター・リテラシー

たちのインタビューの中では，映画がハリーをより強力にリプレゼントしていたことに気づいたという証言はない。カメラのことに触れているのはSamだけである。彼は大量のクモがハリーとロンに向かってゆっくり降りてくるのを「カメラが動いて」映し出した，彼をもっとも跳び上がらせた瞬間について言及している。映画の構造についての彼の語り直しは，ヒーローとしてのハリーよりも被害者としてのハリーと結びつく。

　映画では，ハリーの行動は果断で力強い。彼は杖を使って多くのクモを圧倒し，ロンにさまざまな指示を出し，車から転落するロンを救う。しかし子どもはこれらの行動を覚えてはいない。映画の中でハリーが杖を使ったかどうか，何度か尋ねても，彼らは使っていないと主張する。ここでもこのキャラクターは被害者として記憶されているのだ。

　さらに，先に見たように本では半ページ程度しか割かれていなかったが，このシークエンスは映画では拡大されている。本ではこの一場面のナラティブは，詳細な説明(「大きな樫の木の脇を無理やりすり抜けるとき，ハリーの目の前で，サイドミラーがポッキリ折れた」)と，物語論の研究者であるジェラール・ジュネットが省略と呼んだ，はるかに短いナラティブの一節への時間の圧縮(「ガタガタと騒々しい凸凹の十分間が過ぎたころ」)が混じり合っている。映画では逆のことが起こる——この十分間は完全に使い切られ，時間がさらに延長され，クモたちはさらにすごみのある敵となり，ハリーはさらに力強いヒーローとなっている。実際，彼とロンはこのシークエンスでは，最後まで戦う他の映画のヒーローと同等に構成されている。クモに対する一連の一時的な勝利ののち，曖昧な静寂が訪れ，それからより大規模な敵が山の向こうからこちらへやって来る，という恐怖の兆しが現れる。これは多くのアクション映画で見られる，サスペンスと解決の典型的なサイクルである。ハリー・ポッター世代はこのような映画の約束事を『ロード・オブ・ザ・リング』三部作のフロドやオーク，『スター・ウォーズ エピソード2／クローンの攻撃(*Star Wars: Episode II Attack of the Clones*)』でクローン兵と戦うアナキン・スカイウォーカーやアミダラ女王，『ジュラシック・パーク(*Jurassic Park*)』シリーズで増え続ける恐竜に立ち向かうサム・ニールから学んできたのだろう。

Penny（ケンブリッジ）は，明らかにこういった物語の起伏を認識している。

Penny： 車に乗ったら，ちょっとは逃げられたと思うよね，だってアラゴグがひるんだ感じになって，それで，それで小さいクモが何匹か逃げ回って。そしたら急に大きなクモが<u>とびかかってきて</u>（勢いよく右手を前に突き出す），車の後ろに（その右手をひたいに）。もし，もしクモ自体がそんなに怖くなかったとしても，ちょっと，ちょっとそうなるよね（顔と手でビクッとした様子を真似る）。だって脱出できたと思うでしょ。

映画が用いる別の記号のモードは，話し言葉である。本と同様，話しているのはほとんどハリーで，ロンが話すのはわずかである。その代わり，この俳優のトレードマークのようになったコミカルなおびえた表情をし，ハリーの指示のもと行動し，精神的なサポートをする。しかし映画の中では，彼は特別なセリフを与えられている。意味深なためにこれを Iona が覚えていて，「パニックってもいい？」とロンのコミカルな表現をそっくりに真似る。こういったことから，彼は誠実だがそれほど賢いわけではない助手として，通常構成されている。先にみたように Sam は，ハリーがフロドに似ているなら「ロンはサムワイズ・ギャムジーみたい」だと指摘している。ロンドンの Josie もロンとサムワイズを並べ，さらに比較を拡大して，フロドが旅の仲間に支えられているように，ハリーは友人たちに支えられているという。また同様に，ガンダルフに似たダンブルドアのような大人にも支えられていると指摘する。

一般的に，本と映画の話し言葉は子どもによってかなり異なる理解がされる。Iona にとってこのテキストの魅力の一部は，登場人物たちが自分の世界と同じように話すことである。登場する教師は，自分の先生たちと同じような話し方をする。Josie にとってはまったく正反対で，登場人物と学校は自分の世界のものとは違い，夢に描く理想のようであるところが魅力なのである。

第6章　ポッター・リテラシー

　ゲームでは，明らかな路線変更が見られる。リプレゼンテーションという点では，ハリーの行動は本や映画とはかなり異なる。シーンの最後(アラゴグとの会話を描いたアニメーション)でハリーはクモと戦う必要があり，アラゴグを空中に留まらせている大量のクモの巣を切断し，降りてくる彼女と戦う。彼はクモの巣を切断し，リクタスセンプラの呪文を唱えて(左マウスボタン)クモを攻撃する。アラゴグと彼女の子どもたちの攻撃を，走り(矢印キー)，ジャンプ(コントロールキー)して避ける。これらの行動は事実上，ゲームの文法における動詞のレパートリーである。私たちはハリーがとることができる6つのアクション(四方向への移動と呪文，ジャンプ)をコントロールする。ナラティブの点では，これはかなり貧弱なように思われるかもしれない。しかしゲームでは「限定された言語」(Halliday, 1989)で動くのは，まったく普通のことである。楽しさはゲームの課題に合わせてこれらのリソースをうまく使うスキルから生まれる。その上，私たちと主人公のアバターは6つの行動しかとることができないものの，行為主体としての感覚は大きく拡大される(アバターはゲーム世界でのプレイヤーの分身で，地上への神の降下を表すサンスクリット語である)。これまでみてきたように，小説でのこの部分に相当する節にはより多くの(とても多いというわけではないが)動詞がある一方で，ここではハリーをこのシーンの対象として効果的にリプレゼントしている。ゲームでは私たちは巨大なクモを倒すために，走って呪文を唱えることができればよい。結果としてこのナラティブはまったく異なる種類のものになっている。本や映画での過程構成的なシークエンスは効果的に反転されるか，少なくともバランスの再調整がされている。そのためハリーは行為者，アラゴグが対象となり，あるいはその逆もあり，そのバランスはプレイヤーのスキルによる。

　しかし注目すべきなのは，ここではスキルだけでなく，ゲームがプレイされる社会的文脈の側面が問題になっているということである。Annieはアラゴグに二度倒されてしまったため，姉にこのレベルをクリアしてもらったことを打ち明ける。ゲームのナラティブにおけるキャラクターの行為主体性は，プレイヤーのスキルだけでなく，呼び出すことができる支援

にも影響されるのである。筆者がプレイしたときは，途中で魔法の薬を十分に集めていなかったため，このシークエンスにたどり着いたときには体力が不足していた。アラゴグに何度も倒されたあと，筆者は体力を全回復させるようプログラム・ファイルを書き換えるチート^{訳註6}をインターネットで探し，このレベルをクリアした。しかし，敵のボスとアバターとの力のバランスをとる理想的な方法は，Ogedei が指摘したような，戦術的なものだろう。ボスと戦うときの戦術の必要性を主張したのは，グループの中で彼だけだった。このことは，彼のゲーム・リテラシーのレベルが筆者や Annie よりも高いことを意味する。私たちは二人とも，仲間やチートという，ゲーム文化においては一般的な，まっとうな支援の方法にたどりついてはいるのだが。

　一方グループの他の子どもたちはゲームの行為主体性の違いに気づいており，これがナラティブと同様に，どのようにゲームの遊びとしての側面に関連しているかもわかっている。Annie はゲームにおける行動と，本や映画での行動の違いについて明確に理解している。

　　Annie： 本と映画ではアラゴグと話したりして，それで車に飛び乗って，できるだけ早く逃げ出さなきゃいけなかったけど，このゲームでは実際に何かしなきゃいけない。

　Iona は，ゲームには特定の目的があるという。

　　Iona： ゲームでは，実際にプレイもしなきゃいけない，かなり変えられているよね。というか難しいよ，目標をクリアしなきゃいけないし。Annie がいったみたいに，クモの巣を実際に撃たなきゃいけないし，えーと，だいぶ違う，だってつまり，ハリーとロンが杖でアラゴグの目やなんかを突こうとするとか，想像できないでしょ。

訳註6 「ズル」「裏技」といった意味で，ここではゲームの製作者の意図しないかたちでのデータの改変などをさす。

このゲームの文法——プレイヤーによって操作される，限られたアクションのレパートリー——はゲームの入った箱に書かれた言葉に反映されている。箱の裏側には，「恐れずにホグワーツに帰還せよ！ハリー・ポッターを秘密の部屋に導け！」とある。ある意味で，これらの命令法は事実上プレイヤーを主人公にするものである。正確に何を意味するかは考慮に値する——私たちプレイヤーは自分で戦ううえで，ヒーローの「闘技的な」役割(Ong, 1982)を確実に選ぶ。見てきたように，この役割は本や映画よりも，ゲームにおいてより強力に現れている。別の面からいえば，二面性を持ったヒーローが心理的に解放され外部の勢力と戦うという，より明確で単純な民話ナラティブの構造への回帰ともとれる。一方，このゲームが含んでいる総称的要素を，三人称シューティング[訳註7]のような戦闘ゲームとの文化的(技術的)なつながりとみることもできる。

　口承型物語(ナラティブ)の「重い英雄」はまた，映画やテレビ，アニメのポピュラーな物語(ナラティブ)の主人公ともつながりがある。ハリー・ポッターの場合，この展開は非常に明確な方法で設計されている。ゲームキャラクターのハリーは，彼の力を文字通り学ぶ。彼は後の課題に必要な呪文を，ゲーム版のホグワーツの授業に出席することで獲得する。一方同時に私たちプレイヤーは，呪文をうまく使うスキルを獲得する。ゲームの文化とテクノロジーでは，これはごく当たり前のことであり，他のゲームでいう「トレーニング・レベル」という様式に沿っている。たとえば『トゥームレイダー4 (Tomb Raider 4)』(Eidos, 1999)では，16歳のララ・クロフトとプレイヤーは，墓泥棒のスキルをフォン・クロイ教授から同時に教わる(このシークエンスでの学習プロセスの分析は，Gee, 2003を参照)。一方でこの種の学びはまた，ポピュラーな映画のヒーローたちがどのように彼らの力を獲得しその使い方を学ぶか，私たちに思い出させる。『スター・ウォーズ(Star Wars)』で，若きルーク・スカイウォーカーにヨーダやオビ＝ワン・ケ

[訳註7]　シューティングゲームの形式。「一人称シューティング」では，画面に主人公から見た視界が表示され，主人公と一体化したような視点でプレイするのに対し，「三人称シューティング」では主人公の姿を第三者の視点(たとえば主人公の後方)から見てプレイする。

ノービがジェダイの騎士道を教育していた例は，ポッター世代に馴染みがあるだろう。

同時に，この比喩に相当するものは児童ファンタジー文学にも見られる——『王様の剣(*The Sword in the Stone*)』ではマーリンがワートを教えているし，(よりハリー・ポッターに似ている)アーシュラ・ル=グウィンの『ゲド戦記(*Earthsea*)』では，ローク島にある魔法学院で，見習い魔法使いのゲドが学んでいる。

■ 組織

ここで問題となる重要な原則は，「読みの道筋」(Kress & van Leeuwen, 1996)という概念だ。これは読み手がテクストを読むときのルートで，ルートは作用している伝達のモードに特有のテクストの組織によって，ある程度規定される。読書が時間ベースの活動であり，活字が直線的に進行するのであれば，ハリー・ポッターの本は順を追って読まれることになる。しかし，本は実際空間的なメディアでもあり，読者が本の時間的，空間的な側面をコントロールしていれば，物語は飛ばし読みされたり，順番をはずれたり(冒頭より先に結末を読むなど)することがありえる。映画はDVDを見る場合は本に似て，早送りし，一時停止し，「チャプター」を選択することができる。しかし少なくとも映画館においてはよりかたくなに時間ベースであり，観客は逸脱することができない。ゲームを読む道筋は，まったく別の問題となる。ジェイ・L・レムケ(Jay L. Lemke, 2002)はハイパーテクストの**軌道**(テクストによって事実上強く示されるルート)と**横断**(読み手によって実際に選択されるルート)とを区別した。このゲームの場合は，ナラティブとゲームプレイの主要なまとまりのあいだに強固な軌道が存在する。プレイヤーによる別の横断が可能な余地は極めて限られている。ナラティブの主要なイベントと課題のあいだに，プレイヤーにはフリータイムのようなものがある。ホグワーツを歩き回ったり，探検したり，おまけの資源を拾ったり(城や敷地内には多くのごほうびが隠されている)できるし，クィディッチをプレイしたり，キャラクターに挑戦して対決することができる。

第6章　ポッター・リテラシー

Penny は読者とプレイヤーの視点から，いくつかの構造の違いを説明する。

> Penny：えっと，時々ハリーは，えー，本ではそれをただ読んだら，読むだけで，全部うまくいくよね。でもゲームではすごくたくさん歩き回らなきゃいけないし，何をしたらいいか，次のステップは何かを確かめたりしなきゃいけない。キャラクターに話しかけて，次にどこに行くことになってるのか調べることもあるかも。でも次から次に，ただ自動的に次の場面に運ばれているという感じじゃないんだ。

理想的な言い方をすれば，プレイヤーには物語を「書く」力があるように見えるかもしれない。しかしもちろんそこには限界がある。本や映画の物語を再現する，比較的固定されたナラティブ構造を維持する必要と，連続するイベントをプレイヤーにコントロールさせる必要との一連の矛盾もある。このゲームでは，物語を表現するうえでもっとも固定的な要素は，カットシーン^{訳註8}である。各レベルの背景の説明や会話シーン，結末はすべてカットシーンで，非常に頻繁に挿入される。新たなレベルアップがイベントへの入場券となる。各レベルは4つの挑戦的な課題で構成され，そこで，物語(ナラティブ)の中で必須の動きを達成するのに必要な呪文を獲得する。これらの課題の順番は，ハリーが登場するべき物語(ナラティブ)イベントの順序のままで固定されている。たとえばクラッブとゴイルに変身しスリザリンの談話室へ侵入したり，マルフォイとの対決，アラゴグとの戦い，最後のバジリスクとの戦いなどである。

選択の問題は，子どもたちのあいだで議論を呼び起こす。Ogedei はこのゲームに対してかなり否定的であり，プレイヤーの選択肢はごくわずかで，ゲームの大部分があらかじめ決まっていると主張する。一方 Iona は現実味のある選択ができるというものの，具体的な例はあげない。これは

訳註8　ゲームの合間に，ストーリーの説明やイベントの再現などのために挿入される映像。

いくつかの点で，経験豊富なプレイヤーとそうでないプレイヤーとで認知が異なることを示しているのだろう。Iona と Annie は二人とも選択肢があると主張しているが，比較的ゲームに不慣れで，ハリー・ポッターシリーズに関連するゲームに魅了されている。Ogedei は熱心なゲーマーで，ここまでの調査からもわかるように，このゲームでの経験を，他の幅広いゲームでのものと比較することができる（たとえば彼はアラゴグとの戦闘を，『ロード・オブ・ザ・リング』の最初のゲームに登場するモンスター相手の戦法と比較する）。別のゲームシステムで遊んだことがあり，選択が意味するものについてのより確かな経験を持つ人と比べると，経験の浅いプレイヤーはより選択肢の外観に好印象を受けやすい。

　したがって読みの道筋，あるいは横断は，リテラシーの中心をなすものだが，それらはそれぞれのモードとメディアに固有のものである。ゲームの場合，示された選択肢を Ogedei のように戦術的に読むためには，ゲームがどのように展開されやすいか理解することが必要だ。理由は異なるが，印刷メディアを読むときの予測のスキルと似たかたちで，予測的に読むのである。ロンドンの学校に通う Myrtle は，ハリー・ポッターのゲームは自分が何を探しているかわかっていれば，非常に明確な方法で探検できると指摘する。彼女の挙げる例はゲーム内に埋め込まれている魔法使いカードで，これを十分に集めておくと，あとで見返りを受けることができるのである。この場合もやはり，ゲームの物語（ナラティブ）の進行とはまったく異なる戦術的な挑戦であり，ゲーム・リテラシーのあるプレイヤーが不慣れなプレイヤーと違った形で，どのようにゲーム世界を探索するのかを，示す事例である。

■ 対峙性

　さまざまな点で，本でのこのシークエンスの対峙的機能については驚くにあたらない。ハリーは効果的に焦点化されている (Genette, 1980)。彼はロンよりも多くの節で主語として登場している。引用の最初の部分ではロンについてはまったく言及されていないが，ハリーは前面に出ている。ロンが一言も発していないのに対して，ハリーは会話のセリフを 3 つ発して

第6章　ポッター・リテラシー

いる。私たちは彼の思考にも関与する（「ハリーには無駄な抵抗とわかっていた」）。最後には彼の目を通して見る（「茂みのあいだからハリーは，再び空を垣間見ることができた」）。これらの焦点化の装置はこの本の他の部分どころか，ポッター・シリーズ全体で一貫しており，主人公に近い立場を私たちに提供している。

引用部の感情的な性質は，激しく強力な感覚的経験を表現する動詞によって，ある程度作り出されている：flamed (through)「射し込んだ」, thundering (down)「荒々しく走り」, screeching「高々と鳴らし」, knocking (aside)「なぎ倒し」, yelled「叫んだ」, seized（round）「むんずと抱きかかえ」, slammed (shut)「バタンと閉まり」, crashed (through)「突っ込んだ」, howling「吼えて」。それはまたナラティブのペースによって，とくにこれら強い動詞の周りに構築された，一連の短い節によっても作られる。この引用部で重要なところを選ぶとき，子どもたちが思い出すのはこれらの動詞である。その際 Iona と Annie は「なぎ倒し」を「倒し」に，Ogedei はクラクションを「高々と鳴らし」を「鳴らし」と変えている。

しかしこの感情的な要素は，ハリーの苦境や明白な死の脅威についての知識によってもまた作られている。これはゲームではかなり違った形で扱われており，そしておそらく，映画ではまったく明白になっていない。このことは全巻を通した死についてのリプレゼンテーションと，2つの点で関連している。一方では，死はつねに脅威であり，ハリーがヴォルデモートから危機一髪で逃れることや，大いに宣伝されていたある登場人物の『ハリー・ポッターと不死鳥の騎士団（Harry Potter and the Order of the Phoenix）』での死が挙げられる。死亡するのはシリウス・ブラックであることが最後にわかったが，シリウスを父親代わりとしていたハリーにとっては二度孤児になったようなものだった。他方でハリーの両親の死は，本の中で繰り返されるテーマである。彼らは悲しげで霊的な存在として一定の間隔で登場する。子どもたちは本を通して死について何らかの気づきをみせる。Iona は前に見たように，ハリーの「戦って死ぬ」覚悟を思い起こしている。Annie は一連の本が死によって終わるであろうことを予測し，Iona はハリーか友人のどちらかが死に，そのため悲嘆が訪れるかもしれ

ないが，やがて回復するのだろうという。ロンドンの Josie も，最終巻で「ハリーがみんなを助けるために死ぬ」と予想する。子どもたちがこのますます繊細となる領域にどのようにして関心をひかれるのかは，今後の興味深い研究課題である。

　最後に，作品のモダリティについてである。この場合，「モダリティ」は，機能文法におけるモダリティの他の側面ではなく，テクストによる「真理主張」を明確に指している。これはより広い世界の中でこのシークエンスが占める位置に，ある程度依存している。この世界ではそのリアリティが，過去から現在に至るまでのテクストやジャンル，ファンタジーとおとぎ話の伝統，その読者，とのあいだで共有される一連の信念として作られてきている。ここではモダリティが下がる，言い換えればテクストの真理主張を弱めるのは巨大なクモの存在ではない。むしろこのようなファンタジーの構成物がどれほどうまく描かれるかで，モダリティが上がる。この点で，クモのガチャガチャいう音や目のギラつき，あるいは空飛ぶフォード・アングリアの動きを表現する動詞の強力な効果といった，ファンタジー要素の中の感覚的な細部は重要である。この意味で，魔法が持つ子どもたちにとっての強い魅力は重要である。このファンタジーのテクノロジーが子どもをエンパワーする。ここにピーター・アッペルバウム（Peter Appelbaum）の指摘するガンダムの魅力があるし[訳註9]，ロンドンの Josie は，「子どもは魔法が好きなはずだよ」と言い，魔法は子ども向けの本の魅力だと強調する。

　対峙性という点では，映画は似たような意味を視覚の言葉で現実化する。ここでもハリーが焦点化されている。私たちはシークエンスのあいだ，ずっと視覚的に彼のそばにいるし，また彼の行動の割合もロンより高い。頻繁なクローズアップと肩越しのショットで，背中を向けたハリーが前景，クモが背景として映されることで，私たちはハリーと結びつけられる。そしておそらくもっとも重要なのは，登場人物の視聴覚的なリプレゼ

[訳註9]　アッペルバウムは『ガンダム』に登場する少年たちが荒廃した世界で使うテクノロジーの役割と，『ハリー・ポッター』においてハリーが使う魔法の役割が，子どもたちにとっては共通していることを指摘している（Appelbaum, 2003）。

ンテーションから覚える親しみによって，そして前作も含めた，映画のここまでの流れにおける彼の活躍の記憶によって，私たちは結びつけられているということである。

　このシークエンスの感情的な構造もまた，本とは異なる。前述のように，偽の解決と，ショックを与えることによって構成されている。したがってクモとの戦いの感情的な側面は，一定したレベルのスリルではなく，物語の一連の起伏で構成されている。この構造は一般に現代のスリラー映画やホラー映画において典型的で，争いのクライマックスをジェットコースターのように効果的に構成する。既に見たように，Penny はこのシークエンスを鮮明に思い出し，テクスト内のクモのイメージを激しく手を突き出すジェスチャーで，ショックを受けた観客の反応を手で殴るようにして，表現した。Annie はこの瞬間自分が飛び上がったことを認めるが，重要な修飾語句も付け加えている。彼女をもっと驚かせたのは，映画館で後ろに座っていた子どもが悲鳴をあげたことだった。このことは視聴体験の共有が，感情的な状況を作り出す面があるということを思い起こさせる。

　モダリティの観点からは，本と映画にはいくらか類似点がある。先と同様に，ファンタジー要素による真理主張は，強い感覚的なモダリティにもとづいている（Kress & van Leeuwen, 1996）。クモや空飛ぶフォード・アングリアの視覚的，聴覚的な細部の表現は，強力に増幅される。説得力を保つため，ファンタジーは現実以上に現実的である必要がある。ギュンター・クレス（Gunther Kress）とセオ・ヴァン・ルーヴェン（Theo van Leeuwen）が主張したハイパーリアリティを達成することが，感覚的モダリティの特徴である。しかしそこにも違いがある。映画はリプレゼンテーションの要素をより十分に現実化しなければならないが，言葉であれば概要でよい。ここでの顕著な例は，ダニエル・ラドクリフとして現実化されたハリーの顔と身体の存在である。この記号論的統語関係あるいは一連の記号が，ある部分では本に由来するシニフィエ（黒い髪や緑の目，傷跡）を通して，またある部分では俳優が第一作で既に確立に成功した特徴の複製によって，その真理主張を行う。

子どもたちは他の細部についても言及している。Iona は映画の中の木について述べる。

  Iona：　木がほんとに本物っぽく見えたし，幽霊とか出そうでいいと思った（笑）。表現するとしたらそんな感じかな，すごく背が高くて大きくて，回転して，小さいやばいのに追いかけられて，すごく大きいのにも追いかけられて！（笑いながら）

　ここでは木について表現した 2 つの形容詞が，視聴者によるモダリティ判断の複雑さを強調している。一方では，テクストの細部の説得力は，迫真性（「本物」）をもって判断されている。他方でファンタジーというジャンルにとっての真実味によって判断される（「幽霊が出そう」）。
　高いモダリティが，民話の主人公としてのハリーの機能に左右されることは明らかなようだ。勇敢さと脆弱さが混じり合っていることによって，ハリーは一部の子どもたちにとっては信頼でき説得力を持つ。しかしまたそこには，現代の映画やテレビにおけるポピュラーな物語（ナラティブ）への，文化的な参照の連続も見られる。その参照には一般に，主人公の行為主体性と映画のモダリティを高める効果がある。子どもたちによる『ロード・オブ・ザ・リング』への頻繁な言及には，これらの参照の一部を認識していることが現れている。Iona はハリーとフロドが「二人とも名声に苦しめられている」と言い，二人の類似性がいかに独特な一連の特性を中心に展開しているか，明確にしている。しかし子どもたちのモダリティの判断は，その映画がとくにどのジャンルに属すると判断されるかによる。とくに女の子たちはハリー・ポッターをファンタジー映画になぞらえるが，Ogedei はこの映画に欠けているものを考える中で，ホラー映画を思い浮かべる。

  Ogedei：全然怖くなかったよ！ただの PG[訳註10] だし！

[訳註10]　保護者の同伴指定。

第6章　ポッター・リテラシー

Iona：　「18」訳註11 だったら怖いかもってこと？
Ogedei：ぼくほんとに怖い映画が好きなんだ。たとえば，えー，なんとかの金曜日，いや，あれは見てないんだ。『ジェイソンX (*Jason X*)』は見たけど，全然怖くなかった。でもすごい血だらけで，かなり気持ち悪かった。
Iona：　『スリーピー・ホロウ (*Sleepy Hollow*)』は？
Ogedei：えっと，あれは——いや，怖くない！あれは小さい子向けだよ！

　映画のモダリティは本への忠実度に左右される部分がある。しかし別の意味で，そのジャンルにとっての真実味，あるいは「直覚的」モダリティにも左右される (van Leeuwen, 1999)。
　ゲームでは，ここでも劇的な違いが見られる。もし本や映画の中よりも，ハリーの行動のレパートリーがはるかに大きな力を持っているなら，私たちはもはや行動が展開するのを座って見ているだけの観客と呼ばれることはない。むしろ，二人称で呼ばれる人物と，遊戯的に一体化したかたちで呼びかけられる。おまえはクモと戦わなければならない，きみはハリー・ポッターであるはずだ，というわけである。
　ゲームに焦点化に相当するものがあるとすれば，それはハリーの人物像を中心により強力に形成されているはずだ。彼だけがプレイヤーのアバターとして構成されているため，私たちはゲーム内でハリーであるかのように呼びかけられる。これは，プレイヤーと，ロンやハーマイオニーの従属の行為主体性とのあいだには距離があることを意味する。本や映画では，彼らの行為主体性は基本的にハリーのものと同じだ——それは私たちが外から行動を観察するシークエンスなのである。ゲームでは，私たちはハリーでプレイするのであって，ロンやハーマイオニーではプレイできない——絶対的な区別がある。3作目のゲーム『アズカバンの囚人 (*the Prisoner of Azkaban*)』では，この構造は異なっている。私たちはハリーとロン，ハーマイオニーを順番に使う。ゲームと物語（ナラティブ）に想像を働かせて没頭

訳註11　18歳未満の鑑賞禁止。

するための一連のリソースは，まったく異なっている。

　子どもたちは，ゲームでの自分たちの位置について，非常に明確にみている。ハリー・ポッターになったように感じるかを尋ねると，3人の子どもはそう感じないという。彼らはハリーを外から観察し，操作するのである。うち2人は，このゲームが一人称ゲームであれば「彼の目で見る」(Jake)ことができるようになり，よりハリーになった気持ちになっただろうと言う。しかしJosie（ロンドン）はまったく違うように感じている。

　　Josie：操作してると，そうだね，本当にゲームの中にいて，動いているみたいで，自分がハリー・ポッターみたいに。

　本と映画での争いの中には，ハリーの感情のリプレゼンテーションは見られない。もしそれらを感じるとすれば，それはゲームのプレイヤーである。クモの攻撃に遭い，巨大なアラゴグが不気味に現れ，こちらを圧倒しようと脅し，シークエンスのあいだひっきりなしに「子どもたち，かみついておやり！」と繰り返すため，プレイヤーは相当な不安を感じる。

　子どもたちは，ゲームをする際の感情的な経験がまったく異なるものであることを，明確に理解している。ハリー・ポッターになったように感じるか聞くと，彼らは否定する。Ionaは，ゲームの「アドレナリンが出るスリル」の中では，ハリーの感情を気にしている暇はないという。もちろんこの発言は，このゲームで得られる興奮への，別種の感情的な関与を示しているのである。

　ゲームのモダリティは，映画と同じように，2つの側面に左右される。オリジナル（ただこれは現在では，本と映画の両方を意味するだろう）への忠実度，そしてジャンルへの忠実度である。この場合は，アクションアドベンチャーゲームというジャンルになる。Josieは特有のエキサイティングな方法でハリー・ポッターになれることから，このゲームが本物だと感じている。彼女は呪文を唱え，ジャンプし，クィディッチをプレイし，ほうきにまたがって飛べるといった能力を挙げる。彼女がゲームボーイアドバンス版『秘密の部屋』のグラフィックの質に言及しているように，たと

第 6 章　ポッター・リテラシー

えその外観が失望させるようなものであっても，これらの能力はゲームを魅力的にしている。

■ メディア・リテラシー：マルチモーダルか，モード固有のものか？

　3バージョンの『ハリー・ポッターと秘密の部屋』は，関連するというより，異なる方法で，読者，観客，プレイヤーが感情移入できる子どものヒーローを構成している。彼は多様なモンスター，大人，闇の恐怖のメタファーに対抗する，脆弱だが勇敢な人物として構成される。ある子どもたちにとっては彼は「名声に苦しむ」立派な人物であり，別の子どもたちにとっては善良すぎて面白くない「教師のお気に入り」となる。これらは子どもが構成する意味のようなもので，世界の中での子どもの立場についての変化する理解と関連している。大人の力に対抗し，一方でその保護を頼みにする可能性や，友情の重要性と彼らの年齢層特有の文化への理解ともつながりを持つ。

　ハリー・ポッターが児童文学や民話の伝統的なテーマと常套句に遡るとしても，そうではなく現代（あるいはジョアン・K・ローリング（Joanne K. Rowling）の若き日）のイメージからその内容をいくらか引き出しているとしても，子どもは何らかの明白でない方法でこれに気づいているようである。Ionaの「名声に苦しむ」というフレーズは，文学の伝統と慣用語法についての気づきをはっきりと意味している。Josieは，ハリー・ポッターで重要なのは魔法で，「子どもは魔法が好きなはず」と主張する。これは魔法の文化を経験しなければ，出てこない発想である。魔法は子どもの物語(ナラティブ)の構成要素であり，実生活の問題を解決する方法であり，またJosieにとって楽しい，ある種の魅力的な別世界を提供するのである。

　しかし，批評家の仕事は物語(ナラティブ)の由来を探ることかもしれないが，読者，観客，プレイヤーのするべきことは，本と映画，ゲームの変化に関与することである。子どもたちの間テクスト的な気づきの中でもっとも際立ったものは，当然のことながら，ハリー・ポッターと，たとえば『ロード・オブ・ザ・リング』のような，彼らのポピュラー・カルチャーの中で人気のある他のテクストとの関係についてのものである。何人かにとっては，こ

れは主に本と映画のリテラシーであり，登場人物の類型と，物語(ナラティブ)のテーマが比較される．別の子ども，とくに Ogedei にとっては，これはゲームを中心としたリテラシーであり，プレイの戦術とボスモンスターが主要な比較対象である．

しかしリテラシーの問題は，子どもがメディアを越えて関わる別の意味作用システムについての説明も必要とする．またどのように各メディアの内部で，また異なるメディアを越えて，意味が作られるのかの説明も求められる．あるレベルでは，これらの異なるテクストがミクロレベルでどのように作用するのか，細部にわたる理解と解釈がある．それは本の中でどの単語やフレーズが意味を持つのか，映画でどのイメージや音声が意味を持つのか，ゲームではどの行動が意味を持つのか，といったことである．テクスト全体のレベルでは，ナラティブや登場人物，テーマ，ゲーム構造についての解釈と理解がある．広い文化のレベルでは，全体的な類似性，ナラティブの類似性，形式の類似性，テーマの類似性を基に比較，評価，関連づけがなされる．

しかしさらに，これらの理解と解釈は異なるモードとメディアのあいだを横断するものである．「国語科」の教師は長いあいだ，映画と本の比較には親しんできた．だがここでは言語や映画の文法を，通常よく注目される登場人物やプロットと同じように，細部に至るまで真に掘り下げるのである．この種の作業はどう見てもあまり一般的ではない．しかし，生徒たちの議論が強調していたように，ゲームは多くの問題を提起する．これら3つのメディアにおいて，視点，ロケーション，物語(ナラティブ)行為，物語(ナラティブ)の時間性，物語(ナラティブ)空間，人称のシステム，感情，読者／観客／プレイヤーの関与，といった機能は，どのように「国語科」の授業で理解され，介在されるのだろうか．

ただ，リプレゼンテーションの構造や，そこに付随する，メディアを越えた複数のリテラシーを単純に均質化するリスクを冒すべきではない．ボスモンスターと戦うときの戦術の必要性についての Ogedei の主張や，ゲームの目的についての Iona の指摘は，ある程度リプレゼンテーションの構造を共有しているにもかかわらず，ゲーム・リテラシーが活字メディ

第 6 章　ポッター・リテラシー

アや映像メディアのリテラシーとは異なることを明確にしている。同様に，映画の経時的な構造についての Penny の観察は，それが本のものとはかなり異なる機能を果たすことを明らかにする。もしこれら複数のリテラシーを認識しそれを基礎にするのであれば，メディアとモードを越えて，またそれらのあいだで機能する特徴と同様，メディア固有の特徴も考慮に入れなければならない。またユーザーがテクストを変換する働きについても認識する必要がある。それは日常生活にテクストをどう結びつけるかによって，劇的に変わってくるだろう。そのことをホグワーツと自分の学校との類似点についての Iona と Josie の正反対の感じ方が示している。ゲームの双方向性の経験もまたさまざまだ。Josie は自分がゲームの中にいるように感じ，ハリーに「なりきった」一方で，ケンブリッジの子どもたちにとっては，ハリーのアバターはあやつり人形のようなものだった。「直覚的モダリティ」についての判断も，彼らが身を置く嗜好と価値観の構造に依存し，多様になる。そのことは，映画に対する Ogedei の低評価が，彼のホラー・ジャンルの経験と比較したものであったことが示している。

　メディア・リテラシーの「文法」は，これらのメディア文化と同時に検討される必要がある。児童文学には，つねに「国語」の科目の中で関心が向けられてきた。それが彼らの文化の生きている部分であり，おとぎ話以来の説得力あるフィクションとの関わりのパターンの一環であるからだ。それにより彼らを，世界を道徳，感情，想像力に基づき理解するための枠組みへと導くのである。活字リテラシーと文化の伝統的な価値判断は，新しいメディア，とくにゲームに対して懐疑的になりやすい。一方で子どものデジタル文化に熱中する人は，かなりこの価値判断を反転しがちだ。サイバーキッズの文化を，古いテクノロジーやコミュニケーション実践と断絶したものとして説明するのである。現在の研究が示唆するのは，私たちもまたこれらの連続性を探究していく必要があるということだ。ポッター現象は，一般的な原則とメディア固有の特徴の双方に気を配った，クロス・メディア・リテラシーを必要とする。しかしまた，歴史的な奥行きと連続性も要求される。ポッター小説と同様に，リテラシーには二面性があるのだ。

第7章
コンピュータ・ゲームで「書く」物語(ナラティブ)
ゲーム・リテラシーと古くて新しい物語

　「国語科」や文学のカリキュラム，授業や研究において，書くことの理念は，リテラシーというコインの片面であると当然のように見なされてきた。そしてどういうわけか，同じ金属から作られたコインの裏側が，読むことである。しかし，メディア教育において，物事はこのように単純ではない。歴史的な経緯により「メディア・リテラシー」では，「読むこと」に重点がおかれてきた。「読むこと」は，消費活動，解釈，分析，批判，（極めて稀であるが）鑑賞するための実践など，さまざまなものとして構成される。教室において，このような意味でメディアを読むことが重視されるきっかけになったのはリーヴィスとトンプソン(Leavis & Thompson, 1933)が「国語科」教師に向けて行った，クリティカルな分析を武器に子どもたちをマスメディアの弊害から守ろうという提言である。

　メディア教育の展開は，かつてのこのような子どもを有害から守るための「予防策」としての時代から，各地域によってさまざまな違いはあるにせよ，英語圏の世界(また，異なるかたちで再度ヨーロッパ地域を横断して)へと広まっていった。この地域でのカルチュラル・スタディーズの台頭により，ポピュラー・メディアをクリティカルに分析するとともにその文化的価値を発見しよう(Buckingham & Domaille, 2003)とする，より前向きなモデルとして広まっていったのだ。それに伴って学習者が多様なメディア制度やテクスト，オーディエンスの関係について理解するための概念ツールに関する重要な研究資料も出現した。

しかし，この章の中心的テーマに戻ることになるが，若者がメディア・テクストを制作することの重要性を訴える流れも大きくなってきた。簡単に言うと，この流れはメディア・リテラシーの理念を完成させるための当然のステップであると言える。つまり，メディア・テクストを「読む」ことはメディア・テクストを「書く」ことによって補完される必要があるというのだ。言うまでもなく実践と研究においては，この補完的関係がもっと複雑なものになってくる。メディア制作の理論的根拠の中には，制作は学習者が鍵概念を習得するためのもうひとつの方法であるというものが含まれるが，その他にも自己表現手段，芸術的作品としてのメディア制作，アイデンティティを表す手段としてのメディア制作，既存のイデオロギーへの挑戦，ひとつの職業訓練の形式としてのメディア制作(Buckingham et. al., 1995)などが挙げられる。同時に，子どもたちが自分でメディア・テクストを書くとき，鍵となる概念の性質が変化したり，あるいは性質が異なるものとなり独特のものになることがある。生徒たちは，実際のスタジオで制作するシミュレーションを通じて，メディア産業について学んでいるのか。連載マンガ，映画，またコンピュータ・ゲームのテクストを書く作業を通じてどのような「文法」を学ぶのか。実際の，または仮想のオーディエンスを想定することで，「オーディエンス」の違いというものをどのように理解していくのか。

　この複雑かつ大きな発展をとげている分野にとって，もう1つの大切な要素は，言うまでもなく参加型の新たなメディアの登場である。そのため，長年のメディア・リテラシーに関する課題は，マルチ・リテラシーズ，マルチモーダル・リテラシー，デジタル・リテラシーと共有するものだと言える。

　本章では，以上のような複雑さを整理するために，英国の公立中学校の生徒3人のテクストを分析する。しかし，その上で，新しい課題も提示する。1つ目の課題は，メディア・リテラシーに関する議論にいつも付随する問題なのだが，特定のメディアに関する「サブ」リテラシーズをどの範囲まで想定し広げるのが有益か，という問題である。たとえばテレビ・リテラシー（Buckingham, 1993），映画リテラシー（FEWG, 1999），動画リテ

ラシー (Burn & Leach, 2004) などが提案されている。このような細分化によって，全体像が見えなくなる危険があるのは確かだが，特定のメディアの特性，構造の表出，記号によってできることや文化的環境を見極めることができるという面もある。また同時にメディア全般に共通する実践的要素，理解，テクノロジーに注意を払う必要がある (Burn, 2005; Mackey, 2002)。

このような考え方に基づいて，本章では生徒がコンピュータ・ゲームを「読むこと」および「書くこと」を含む「ゲーム・リテラシー」という概念を提案する。なお本章では，本書の特別な議論の目的のため，ゲームを「書くこと」に焦点を当てる。

■ 生徒が書いたゲーム

ここでの分析は，英国の PACCIT-Link プログラムがスポンサーの「メイキング・ゲームズ (Making Games)」(2002 〜 2006) という 3 年間の研究プロジェクトに基づいている。PACCIT (people at the centre of computers and information technology) は研究者と IT 関連企業を結びつけ特定のユーザーグループのニーズに基づいてプロトタイプを開発する機関である。「メイキング・ゲームズ (Making Games)」は教育機関における子ども・若者とメディアに関する研究センター (Center for the Study of Children, Youth & Media at the Institute of Education)，ロンドン大学，英国オックスフォードにある教育ソフト開発会社である有限会社イマーシブ・エデュケーション (Immersive Education Ltd.) の協働プロジェクトである。この研究は経済・社会研究委員会がスポンサーで，開発は貿易・産業省によってサポートを受けた。

このプロジェクトの目的は，教育において使用するためのゲーム・コンテンツ制作ソフトを開発することであった。理論的根拠は，上記に述べたメディア教育の前提と実践に基づく。すなわち，メディア教育に共通する概念であるが，メディア・リテラシーとは，メディア・テクストを「読むこと」と「書くこと」の両方の能力であると定義されなければいけない。このような両方の能力を組み合わせた実践は，デジタルビデオ編集，ウェ

ブページ制作，音楽制作や編集などでは比較的手軽にできるようになったが，ゲームはなかなか取りかかりにくく，このプロジェクトが始まった時点では生徒にメディア教育の枠組みでゲーム制作のモデルとして見せられるようなものは私たちの知る限りでは存在しなかった。

このプロジェクトは，主にイマーシブ・エデュケーションの開発と研究者による理論的な枠組み，そしてソフトウェアを継続的かつ繰り返し使用するというフィールドワークによるものであった。プロジェクトが執り行われたのは主に2校の中学校においてである。1校はロンドンのランベスで，もう1校はケンブリッジにある中学校であった。

本章ではケンブリッジにある中学校の生徒が書いた2つのゲームと同校の別の生徒が書いたゲームの企画書を分析する。

本研究のテクスト分析はメディア・リテラシーの枠組み(Buckingham, 2003)，マルチモダリティの社会記号論(Kress & van Leeuwen, 2001)，そして子ども，ゲーム，リテラシーの授業の先行研究に適用されてきたリテラシーと新たなテクノロジーのモデル(Beavis, 2001)に基づいている。さらに近年のゲーム研究の展開も取り入れる。多くのコンピュータ・ゲームのジャンルは物語(ナラティブ)に基づいているので，活発な討論の対象になっている(しかしいまだに解決が見られない)トピックとして「物語論(ナラトロジー)対ゲーム論(ルドロジー)」というディベートがある。前者は物語論を使ってゲームを分析するアプローチであり，後者は物語(ナラティブ)を偶発的で必ずしも必要でないとし，遊戯的構造がゲームのもっとも重要な要素であるとするアプローチである。

私たちが主張してきた議論は，次のようなものである。私たちが開発したゲームソフトも含め，すくなくとも物語形式になっているゲームジャンルにおいては，ゲームも物語(ナラティブ)も共に理論化する必要があり，別々の特質のみならず，両者をいかに融合させるかという点にも注目する必要がある(Carr *et al*., 2006)。そういった意味で，私たちの考え方は，ゴンザロ・フラスカ(Gonzalo Frasca, 1999)を始めとするゲーム研究のスペシャリストの考え方に近い。したがって，本研究では生徒がどのようにゲームをデザインするかと同時に物語(ナラティブ)のデザインについても検討する。ゲームも物語(ナラティブ)要素も，それぞれ選択体系機能理論(Halliday, 1985)，およびクレスとヴァ

第7章 コンピュータ・ゲームで「書く」物語

ン・ルーヴェン（Kress & van Leeuwen, 1996），レムケ（Lemke, 2002），そしてバーンとパーカー（Burn & Parker, 2003）の社会記号論に基づく分析がされている。私は上記のような理論をミックスし，リプレゼンテーション機能，対人的機能，組織的な機能のカテゴリーを想定した。リプレゼンテーション機能はゲームの世界観を表し，対人的機能は参加者がコミュニケーションを通じて相互関係を構築，三番目の構成機能は，全体を1つとしてまとめ，ゲームの世界観と参加者に基づいてテクストを生成する役目を果たす。したがって，本研究では生徒の制作したゲームを，ゲームと物語（ナラティブ）の両方の構造について検討し，必要に応じて社会記号論的なメタ機能を指摘する。

この分析の目的はメディア・リテラシーの下位にある部分集合として位置づけられるゲーム・リテラシーの特質を詳細に検討することである。その様相は，生徒自身のメディア経験によるゲーム・デザインの文化的な起源を含んでいる。すなわち，デザインの記号論的な特徴や特殊な文法的特徴，デザインの開発に関して生徒が明確に理解している概念枠組み，そして，ゲームを書くすべてのプロセスにおける，テクストを含めたマルチモーダルな作業が含まれるのである。

学校のカリキュラムという文脈において，ゲーム・リテラシーと活字のリテラシーにどのような相関関係があるか，とくにゲームのデザインが書くことにどのような相関関係があるかを検討することが重要である。この章を通じてこのような問いを提示していくが，ここでも簡単に述べておく。この章での主張を紹介すると，ゲーム・デザインは以下の特徴を持つものである。

- 独自の文法を持っている。この文法は言語やビジュアル・デザインを含めた他の記号の分析が役立ち，これらのシステムはすべて選択体系機能言語学の社会記号論的な定義を使って分析することができる。
- 物語（ナラティブ）に対して概念的な気づきを促進させるとともに，物語（ナラティブ）を書く新たな機会を提供することができ，そのプロセスを通じて，子どもた

ちは(そして教師も)物語(ナラティブ)に対する既存の知識を使って新しいものに挑戦していく機会が与えられる。
・デザインのプロセスの一部として，そしてゲームの不可欠な要素として，またゲーム・ファンが使うような解釈的な作文として，文字通り，書くことが含まれる。

■ Eleanor のゲーム

　Eleanor の制作したゲームは，2005年の夏のあいだの6週間に渡るメディア研究の授業から出てきたもので，クラスはスキルレベルがさまざまな中学1年生(12－13歳)のクラスであった。担任の教師はジェームズ・デュラン(James Durran)で，彼はケンブリッジにある中学校とパークサイド短大の上級スキルの教師であり，本プロジェクトの共同研究者である。授業はジェームズと私が担当した。調査はプロジェクト・マネージャーであるキャロライン・ペレティア(Caroline Pelletier)と私，そしてデビッド・バッキンガム(David Buckingham)が担当した。
　Eleanor のゲームはシンプルな2部屋から構成される脱出ゲーム(本ソフトを用いることで，ゲーム世界の部屋をタイル・エディターの許容範囲でいくつも構成することができる。図7.1の右上のスクリーンを参照)。この2部屋からなる脱出ゲームは，ゲーム作成ソフトとゲーム・デザインの原理の導入教材とするつもりであった。ゲームの長さと複雑さを抑えながら，生徒がゲーム環境を構築し，プレイヤーの使命を決め，イベント出現を決めるルールをプログラムし，プレイするための物語(ナラティブ)を作成する。
　彼女のゲームは，企画書として書くように指示されたシンプルな物語(ナラティブ)に基づくものである。

> 私たちのゲームのストーリーでは，ローズ・タイラー(Rose Tyler)が宇宙船に到着するところから始まる。彼女は動かないロボットと青い宝石と3つのまったく同じレバーがある部屋にいる。部屋から外に出るドアは閉まっていて，彼女が開けようとしても開かない。ローズが宝石に近づくと，その石が「レバーのうちの1つでドアを開けることができ，あ

第7章 コンピュータ・ゲームで「書く」物語

との2つはこの部屋の酸素がなくなるまでの時間を少し長くすることができる」と言う。彼女はレバーを1つひとつ試しドアを開ける。ロボットは，まだそこにいる。ローズがロボットに近づくと，ロボットが「私について来なさい。この宇宙船のクルーを助けなければいけない」と言う。ローズはドアを通り抜けて別の部屋に入っていくロボットについて行く。ロボットが立ち止り，ドアが後ろで閉まる。ロボットがまた話し始める。「私のエネルギーが消耗してしまったので正しい電池を4つ持ってきてくれ。そうすると私はクルーを助けることができるが，気をつけなければいけないのは10個ある電池は私に合うものだけではない。酸素のレベルが低いので急いでくれ」と言う。ローズはすべての電池を試し，酸素がなくなる寸前に，やっと正しい電池を4つ見つけることができる。ローズは使命を完了し，ロボットはクルーを助けることができる。

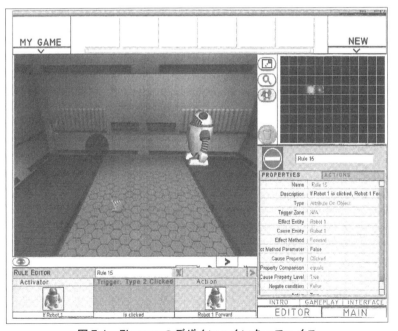

図7.1　Eleanor のデザイン・インターフェイス

ローズ・タイラーは 2005 年シーズンの BBC シリーズ，『ドクター・フー（Doctor Who）』に登場する女性コンパニオンである[訳註1]。生徒たちは，『ドクター・フー』のストーリーを作るように言われたが，Eleanor はローズをプレイヤー・キャラクターにすることにした。ここで，今の段階での私たちのゲーム・リテラシーモデルの 3 つの特性を記述することができる。

　まず，一般的に普及している理解と初期の学術的な定説通り，リテラシーは**文化的な**能力の 1 つであるということができる。メディア・リテラシーの議論において，ここで重視したいのは，若者がいかに自分たちのポピュラー・カルチャーの経験を新しいメディア・テクストを読み書きするのに使っているかという点である。この事例においては，Eleanor の『ドクター・フー』を通じた経験が，登場しうる主人公のタイプやありうる物語の構造を提供している。

　次に，ゲーム・リテラシーは，13 歳の生徒たちが，自分たちのレベルで，物語(ナラティブ)とゲームに関する学術的議論への解答を見出すことを要求する。これには，（ルールにのっとったシステムとしての）ゲームと（少なくともキャラクターとプロットの）物語(ナラティブ)の両方の**概念的な理解**が含まれる。そしてこれは，メディア・テクストの言語，コードとコンベンションについて学習するという，メディア教育における既存の概念枠組みと統合することができる。しかし，物語(ナラティブ)を理解することは，メディア教育においてもよく知られたカテゴリーだが，ゲームの構造を理解することはまた別のものである。

　3 つ目に，Eleanor が自分の企画書を基にソフトを使ってゲームで表現したように，彼女は非常に早く**操作的**リテラシーを身につけた。このリテラシーは，ゲーム制作パッケージのテクスト・ツールと編集ツールを操作する能力のことである。

　このコースの生徒たちは物語(ナラティブ)やゲーム，それにいくつかの専門的なゲーム・デザインについて学んだ。本章の後半で詳しく検討するが，生徒たち

[訳註1] 『ドクター・フー』において，主人公のドクター・フーと旅をする仲間は「コンパニオン」と呼ばれている。

第 7 章　コンピュータ・ゲームで「書く」物語

はとくにゲームのルールやゲームにおけるエコノミーについて体験することができた。ここで言えることは，Eleanor のストーリーは単純で未完成ではあるがコンピュータのアドベンチャー・ゲームというカテゴリーと『ドクター・フー』の物語というカテゴリーにうまく合っているということである。ゲームというものは，解決する問題があり，従うルールがあり，探検するために装置された環境があり，度重なる問題に対する「テクノロジー的な」解決法があり，管理するリソースがあり，達成するべく使命があり，助ける命があるものである。そしてこれらの要素が，『ドクター・フー』のすぐれた物語(ナラティブ)を構成するのだ。

　下記に詳細を述べるが，これには理由がある。ここでは簡単に，ゲームがあるタイプの物語(ナラティブ)をうまく導き出す，と述べておこう。これはとくに，アクション的冒険ゲームに当てはまることで，特有のルールがあり，通常，何が起こり得るか否か，どのように起こるかなどについての制約がかかるこれらのタイプのゲームに対して言えることである。

　そういう意味で，Eleanor のゲームのための物語(ナラティブ)は『ドクター・フー』の（人の命を救うための）アシスタントという主要な役目に，そしてヘルパーとしてのロボットの役目に焦点が置かれている。この 2 つのキャラクターは両方とも Propp (1970) のキャラクター理論に明記されている 7 つの典型的な物語のキャラクター・タイプに入るものである。さらに，Eleanor のゲームは時間の制約というナラティブを通じて展開していく。また，彼女は特定のルールを設けている。たとえば，1 つのレバーだけがドアを開ける機能を持っていること，4 つの電池だけがロボットの充電に使用できること。ここで大事なのは，このような決まりごとは，実際にはあり得ないようなこと，もしくはゲームらしさであるということ。つまり，この種のすぐれた物語(ナラティブ)というものは，同時にすぐれたゲームになるということである。

　Eleanor の企画書の物語(ナラティブ)は，主にリプレゼンテーションという言語のメタ機能という視点で捉えることができる。物語(ナラティブ)がいくつかの時間軸の推移を表している。たとえば，三人称で表されている主人公が与えられた空間の中でオブジェに対して行うアクションのシークエンスを表している。し

かし彼女がそれをゲーム・デザインに当てはめる際，別のことをしなければいけない。ローズがとるべきアクションはすべてゲームのプレイヤーに任され，ゆえにプレイヤーの選択とキーボード・マウス操作に取って変わることになるのだ。たとえば，Eleanor の企画書に表されていた定形動詞「試みる」「行く」「ついて行く」は，テクニカルに言えば，（マウスを）**クリックする**ことと**カーソル・キー**の「**上**」**ボタンを押す**ことといった，プレイヤーの操作行動に書き換えられる。そういった意味で，リプレゼンテーション・システムの企画書が対人的システムの一部になったと言える。プレイヤーに提供するゲーム上のアクションになったからだ。このゲームの特徴は，キャロライン・ペレティア (Pelletier, 2005) も主張しているように，対人的機能にまつわっている。キャロライン・ペレティアは，従来の物語のシークエンスである純粋なリプレゼンテーション機能と区別するために，ゲームのシークエンスにトランザクティブ (transactive) という名称を使っている。このリプレゼンテーション機能と対人的機能の融合が，相互作用性の記号的定義になる。しかし，プレイヤーのアクションは，いくつかの決められたキーボードのコマンドに限られるが，これらのコマンドはゲームのリプレゼンテーション・システム，とくに 3D ビジュアル・デザインとつながっているのでプレイヤーは物語の範囲内で幅広いアクションを体験することができる。

　このゲームは第 2 版のソフトを使っている（現在は第 3 版にすすみ，最終版がほぼ完成する段階であり，自分でキャラクターを作ることもできる）。これは，環境を作り，オブジェを置き，「ルール」をプログラムすることができる。図 7.1 に Eleanor のゲームのデザイン・インターフェイスを示した。右上のタイル・エディターは，用意されたさまざまなジャンルのゲーム（SF，エジプト，ヴィクトリア朝，ミニ・ワールド）の各空間がどのように配置され，連動しているドアを通じてつながっているかを見せている。大きなパネルは，ゲーム・デザイナーが現在取り組んでいる空間を見せている（この場合，Eleanor のゲームの第二空間）。下部の 3 セクションにわかれたパネルは，ルール・エディターである。このエディターは，このソフト独特の仕様で，私たちがこのプロジェクトでゲーム・デザ

第7章　コンピュータ・ゲームで「書く」物語

イナーにプログラムできるようになってほしいレベルに設定したものである。ルール・エディターは，条件文でイベントがどのように起こるかを決定する。Eleanorのゲームの場合，起こしたいイベントは，ロボットが前に動くことである。このアクションを起こすには，プレイヤーがあるオブジェをクリックしなければいけない。このゲームの「ルール（Rule）」では，クリックされるオブジェは，ロボットだと規定されている。つまり，このプログラムのルールは「if」条件文で次のように読む。「もしロボット1がクリックされたら，ロボット1は前進する」。

　このルール・エディターは，まず若いデザイナーがゲームを制作するために必要なプログラムの操作がいくつかできるようになるためのものである。そして，操作が正しく効果的にできることが**操作的な**面のリテラシー（Durrant & Green, 2000），すなわち，デザインするためのツールを使いながら操作が上達することだと考えることができる。しかし，ルール・エディターは，ゲーム・デザインにおける重要な概念をモデル化するためのものでもある。すなわち，ルールという概念である。直前の授業で，教室でのディスカッションを通じて，社会においてルールはどのような意味があるのか，またとくにゲームにおいてはどのような意味があるのかなどを話し合い，明示的にルールという概念に注意を払うように指導した。このディスカッションを基に，ルール・エディターのデモを行い，その後デスクトップ・コンピュータで生徒たちがペアでデザインする練習を行った。最後に，宿題として生徒たちは「ルール」について理解したことを書いてくるように指示された。

　一般的に，生徒たちは「ルール」をゲームのルール，もしくはプレイヤーにとっての当然のルールだと理解していた。たとえば，ジャックは下記のようにリストを作成した。

　　『コール　オブ　デューティ』：味方を撃ってはいけない
　　テニス：ボールがコートから出てはいけない
　　ビリヤード：白い球がポケットに落ちてはいけない
　　トランプ：（ポンツーン）勝つためには21以上になってはいけない

クリケット：バットでウィケットに触れてはいけない

社会記号論的な意味において，これらの表現からルールは対人的なメタ機能の一部であることが明白だ。そして，ルールは命令を与えるためのアクションであり，第二人称命令形で表される。このようにルールは，小説や映画の物語(ナラティブ)と区別されるゲームの物語(ナラティブ)の特徴の1つとなる。小説や映画の物語(ナラティブ)は，物語論の研究者のジェラール・ジュネット(Gerard Genette, 1980)が主張するように，典型的に(およそすべてが)なにかを指し示す。物語(ナラティブ)は通常，陳述的である。一方，ゲームの物語(ナラティブ)は質問をしたり，何かをするように命令したりするものである。

フラスカ(Frasca, 1999)は，このようなゲームのルールを物語(ナラティブ)のルールと比較した。フラスカは，物語(ナラティブ)のシステムが，ゲームと非常に類似した構造化された可能性のシークエンスを提供しているようだと指摘している。しかし，彼はこの類似点は違うレベルにあるとも指摘している。物語(ナラティブ)のシークエンスは実際に現実化した物語(ナラティブ)の上に(あるいはそれに先行して)存在する。一方，実際に現実化したゲームは，その後プレイヤーが選択するいくつかの可能なシークエンスを前もって保存しているという違いがあるというのだ。そのため，Eleanorのゲームにおいては，ナラティブにおけるキャラクターと設定が先だって決められ，生じうる可能性のセットは問題解決のための遊戯的なイベントに関するものになる。

社会記号論は，すべての記号を使った活動に対して社会的な説明を追及する。先ほどのジャックは同じ宿題の中で次のように述べている。

> ゲームにルールがなければいけない理由は，もしゲームにルールがなければ，チャレンジもなくなるし，障壁や限界などもなくなる。それでは面白みがなくなるし，何も達成することができない…人がルールに従いたがるのは，ルールを破って負けないようにするというスリルを楽しむことができるからだし，人は難しいチャレンジを好むものなのだ。

ここで述べられている，遊びの楽しみにつながる制約という考え方は，

第7章 コンピュータ・ゲームで「書く」物語

フラスカ（Frasca, 1999）が引用しているロジェ・カイヨワ（Roger Caillois, 1979）の**ルドゥス(ludus)**の概念のような，ルールに則った構造化された遊びの理論に関連している。ルドゥスにおいては，ジャックの定義にあるように，厳密なルールのシステムが，構造的に勝ち負けに影響を与える。これは，カイヨワの**パイディア(paidea)**とは区別される概念である。パイディアにおいては，細かく決められたルールがなく，必ずしも定量化された損得に向かうわけでもなく，ゲームそのものを楽しむのである。

このソフトウェアが明白に示し，私たちがコースに組み込んだゲーム・デザインの大事な概念はエコノミーという考えである。すなわち，デザイナーに与えられた限られたリソースとプレイヤーの操作性のことである。この考えも教室でのディスカッションとして導入され，ソフトウェアでモデルを示し，生徒に練習させ，書く宿題として出した。デザイナーがゲームに採用できるエコノミーには，時間，体力，重量，攻撃力，そして飢餓などである。

Eleanor は宿題でエコノミーを次のように説明している。

> エコノミーとは命・攻撃力などやゲームのスコアである。エコノミーはゲームにチャレンジを与える。たとえば，もし全員が命を落としたらゲームに負けてしまうので，どうやって命を長らえるか，いつリスクを冒すかなどを考えなければいけない。これは，エコノミーが戦略であることを示している。なぜなら，上記のようなことを考慮しなければいけないし，どうするかを決めなければいけないからだ。またエコノミーはゲームのゴールにもなり得る。たとえば，ゲームの終わりに最多ポイントを得るのがゴールのゲームなどである。ときには，エコノミーが直接ゲームに勝つことにはつながらない場合があるが，勝ったときに達成感を感じるものである。たとえば，迷路の中心に達してゲームに勝つ場合，ポイントは必要ではないが，勝ったときに多くのポイントを持っていると余計に満足感が増すといったような場合だ。そして，勝てなかったとしても，負ける前にポイントをたくさん持っていたらガッカリする度合いが低くなる〔原文をそのまま引用〕。それゆえにエコノミーはゲームの

第二のゴールになり得る。エコノミーはゲームを複雑にしてチャレンジと見返りを与え，ゲームをより面白いものにする働きがある。

さらに彼女は，『リスのスキッド（*Skid the Squirrel*）』（BBCの子ども用ウェブサイトにある野生生物をテーマにしたオンラインゲーム）という子どものゲームを使ってゲームにおけるエコノミーの例をあげた。このゲームにおけるエコノミーは命とスタミナだ。たとえばEleanorが説明するように「トゲトゲした藪を攻撃して体力がゼロになるたびに，命を落とし，また一からレベルが始まる」のである。

Eleanorのゲームにもエコノミーという概念が含まれている。第一空間にあるレバーは時間をかせぐボーナスになるか時間が減るかなので，ゲームにボーナスチャンスの要素を導入している。彼女が宿題で述べているように，このエコノミーは，ゲームの最後の勝ち負けを決定する要素ではなくてゲームに追従的なチャレンジを与えている。

このような子どもたちのタスクに見られるルールとエコノミーに対するものは，彼らのゲーム経験，とくにコンピュータ・ゲームの経験によって得られた概念であるが，同時に教室での具体的なゲーム・デザイン活動を通じて，一般化できるような抽象的な概念としてルールやエコノミーを体験し，実践した結果である。

Eleanor自身のゲームは，上で見たように，プレイヤーにわかりやすい形のルールが設けられているが，これらのルールは本プロジェクトの子どもたちが学んだものであり，フラスカが**ルドゥス**として説明しているものである。しかし，もう1つ別のタイプのルールがある。図7.1にはロボットと木の段々のあいだに黒く丸い形のものがある。これはトリガー・ボリューム[訳註2]で，Eleanorが設置したアクティブなスペースだが，プレイヤーには見えない。このルール・エディターのプログラム・ルールは「もし何かがトリガー・ボリュームに入るとレバーが下がる」となる。ここ

[訳註2] ゲームを「書く」ときのデザインの1つ。任意の形状内に何かが入ると，攻撃や会話など，あるアクションやイベントが起こるようにプログラム・ルールを設定できる。

第 7 章　コンピュータ・ゲームで「書く」物語

のルールはプレイヤーには知らされていないので，このアクションをプレイヤーはゲームの次のルールの結果として理解することになる。「もしロボットをクリックするとロボットが前進し，レバーを押す」。3つ目のルールは，この2つを合わせていくつかの連続したアクションを完結するのだが，プレイヤーにはすべてロボットをクリックした結果として感じられる。つまり，「レバーが下がっていると，石炭の袋が開く」というようにだ。石炭の袋はゲームの最終ゴールである。石炭が宇宙船をリチャージするからである。

　すなわち，概念的にはゲームのルールは背後にあるプログラミングの論理とは別々のものなのである。プログラミングは，たとえこのような簡単なレベルのものでも，論理的かつルールに則ったものであり，ここでは条件的命題として表される。ゲームのルールも，また論理的かつ条件的に表される。この目に見えるゲームの効果とマジックを行う背後にある論理システムの複雑な関係は，コンピュータの機能と古い文化的形式の出会いの例だと捉えることができる。レフ・マノヴィッチ（Lev Manovich）はこの関係を「カルチャー層」「コンピュータ層」であると説明している（Manovich, 1998）。彼のこのモデルはコンピュータ科学者がいかに，自分たちがプログラムした機械が生み出すリプレゼンテーション・テクストについて学ぶかについての問題を提示する。一方，私たちリプレゼンテーションと文化の専門家はテクストがどのように変わり，コンピュータにプログラムできるようになっているかについて知る必要がある。本研究の対象であるメディアとリテラシーを教えるための教育現場において，この問題は「私たちはどうやって子どもたちにコンピュータとゲーム（もしくはデジタル編集ビデオやワードプロセッサーで書かれるエッセイ）の関係について理解するように指導するか」になる。これは，本プロジェクトがまだ検討していない問題である。

　次の事例において，ゲームの様相と物語（ナラティブ）の文法についてより詳細に分析する。Eleanor のゲームの組織的な機能においては，ゲームの遊戯的な側面が特有の結束作用（組織的なメタ機能の観点から）を示している。それぞれの遊戯的イベントのかたまりは互いに前後のイベントと接続詞を使った

リンク（if this, then that; this and then that）によってつながっていたり，もしくは，繰り返し登場するレバーのような冗長性によってつながりが保たれている。冗長性は，プレイヤーにどんな結果が予想できるかを知らせるとともに，偶発的な要素を隠す機能がある。これに対して，物語(ナラティブ)の一貫性は参照によって保たれる。ゆえに宇宙船のための燃料を探すというゲームの最初にプレイヤーに与えられた使命は，ゲームの終わりに現れる石炭の袋を参照する。しかし，こういった参照は，ゲームを通じてプレイヤーのやる気を高めるチャレンジを与えると言う意味で，ゲームの純粋な目的にもなり得る。

■ Ochirbatのゲーム

Ochirbatは，このゲームを制作したとき，9年生（14歳）であった。彼は本プロジェクトの初年度から参加していて，まだソフトウェアの第一版ができる前にプロジェクト・チームと彼のメディアのクラス担当教師のジェームズ・デュランが考案したコンピュータ・ゲームのクラスに参加していた。

彼のゲームは，ゲーム・リテラシーが文化に影響されることを示している。すなわち，彼のデザインは自分のゲーム経験の影響を大きく受けているのだ。インタビューで，彼は，今までプレイしたことがあるゲームについて語った。彼が今までにプレイしたゲームは，多岐のジャンル（アドベンチャー・ゲーム，ホラー・ゲーム，オンライン・ゲーム，戦略ゲーム，プラットフォーム・ゲーム，一人称視点のシューティングゲーム）に渡る。彼はさまざまなゲームに共通するゲームの構造について一般化することができる（ハリー・ポッターとロード・オブ・ザ・リングのゲームに関する彼の知識についてはBurn, 2005を参照されたい）。その上，ゲームとは異なるが，ゲームに関連あるジャンルのメディア（本，ゲームや映画）に共通するゲームの構造をも一般化することができる。彼は，たとえば『タイムスプリッター2（Timesplitters 2）』のレベル・エディター配信を使いこなすなど，ゲーム・プレイヤーとしてのみならず，デザイナーの見習いとしての技能をあらわしていた[1]。

第7章　コンピュータ・ゲームで「書く」物語

　彼のゲーム,『マニアック・メイズ(*Maniac Maze*)』,は,2005年の夏学期に放課後のクラブで6週間のあいだに制作された。それゆえに,彼のゲームは,Eleanorがたったの数時間かけて制作した2つの空間から構成される初歩的なものより,卓越したゲーム制作だということができるだろう。以下,彼のゲームの物語(ナラティブ)と簡単なデザインについて分析する。

■ 物語(ナラティブ)を「書く」

　本プロジェクトの生徒が,まず考えなければいけないことは,いかにゲームの世界観,もしくはスペースを構築するかということである。しかし,これは同時に物語の領域であり[②],子どもがストーリーを書いたり,ビデオの物語(ナラティブ)を考えるときに設定を考えるのと同じである。このソフトウェアは「ブロック」のライブラリから空間や回廊を選び,それらをつなぎ合わせるとともに,タイル・エディターを使って組み立てることができる。タイル・エディターとは,生徒がそこでゲームの世界をデザインする2次元の区画(グリッド)である。さらにこのゲームの世界において,生徒たちは3次元の世界を眺め,その世界に入ることができる。プラン・ビュー(図7.2)において,Ochirbatのタイル・エディター上の世界は,右側に見られる迷路のような構造を伴った複雑な集合体であることが示されている。このイメージからは観察できないが,彼が異なるリプレゼンテーションのジャンルから選んでいたことは注目すべき点である。たとえば,SFの断片,エジプト的なるものの断片,ヴィクトリア的なるものの断片を1つのゲームに組み込んでいる。これらの空間は物語(ナラティブ)の可能性を示している。すなわち,これらは,プレイヤー(プレイヤーは一人称の主人公でもある)によって探検されるようにデザインされており,シークエンスを表している。また,このシークエンスは,最初の出発地から最後の目的地(ミステリアスな閉まった部屋)までの物語(ナラティブ)の旅をほのめかしている。

　Ochirbatはキャラクターもデザインした――この版のソフトウェアではたやすくない作業で,目に見えて動くキャラクターはまだ含まれていなかった[③]。Ochirbatは,謎めいた迷路の管理人キャラクターを発案した。このキャラクターは,ゲームの最初にグラフィック・イメージの顔で出現

するのみのキャラクターであり（彼が考案し、ソフトウェアに組み込んだものである。図7.3参照），最初の2レベルまでのあいだ，プレイヤーに声だけで指示を与える。Ochirbatは，基本的な物語(ナラティブ)の小道具しか持ち合わせていないにもかかわらず，その中で，このキャラクターに，ドラマチックで情動的な力を与えるよう工夫している。イメージそのものが強く，謎めいたものであるし，さらに彼は，プレイヤーがあるトリガーを発動した場合にそのキャラクターが話す声のファイルをいくつか作っていた。彼はゲームのあるバージョンでこれらの声を自分で即興的に作っていたが，自分の声に満足できなかったのか，もしくは即興の不自然な言い回しに満足できなかったようだ。そこで，紙に言葉を書き出して，私に不気味な声で録音してくれと頼んできた。最初のヴォイス・ファイルはプレイヤーと迷路の管理人の立ち位置を示すものだ。「私がおまえの支配者だ！そして，これはおまえが探検する迷路だ。最初のいくつかの部屋は私が案内して，まわりに慣れるようにしてやろう。まずセーフルームに行って，命令を待て。」

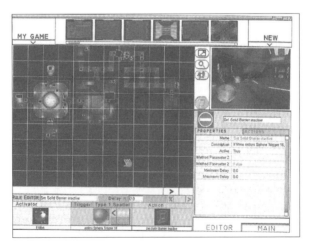

図7.2　Ochirbatのデザイン・インターフェイス

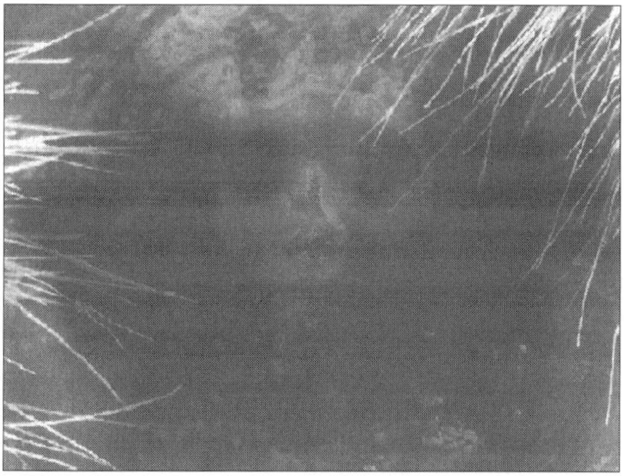

第 7 章　コンピュータ・ゲームで「書く」物語

図 7.3　Ochirbat の迷路の管理人

　このゲームはある種の物語(ナラティブ)の特徴を持っている。ここでは，主人公が囚われの身となっている。そして正体不明の独裁者がいて，彼は敵であると同時に指導者であるという曖昧な役割を持っている。さらにこのゲームでは，いろいろな意味で物語(ナラティブ)のスペースといえるスペースが構築されており，それは，アリストテレスの論理のようなはじめ，なか，おわりのシークエンスを暗に示している。始まりは技術的に設定されている。この編集ソフトでは，デザイナーによってプレイヤーがどこからスタートするかを決められるようになっている。終わりは，複雑なパズルを解いたときに訪れ，空間デザインの行き止まりにたどり着いたり，「おめでとう！あなたの勝ちです！」というようなポップアップのアナウンスが出たりすることで示される。

　この時点で，読者が，これは，どのような物語(ナラティブ)だと言うのか──ストーリーというよりゲームではないのか，と疑問に思うのは当然である。これは，一般的にいっても，より特別な意味でいっても真実である。大まかに言うと，Ochirbat の「ゲーム・リテラシー」は，物語(ナラティブ)よりもゲームの遊戯的要素のほうに，はるかに大きな比重が与えられている。前回のインタビューで，彼は武器や，敵ボス，レベル構造，そしてゲームのロジックなど，ゲームそのものの特性に興味を示していた。また，彼のゲームにおけ

る物語要素（ナラティブ）の一貫性にはっきりと注目することもできる。ある意味で，これらをさらに発展させうるものである。たとえば，支配者のキャラクターは，最初の2レベルのあいだ，繰り返し用いられるプレイヤーへの声の合図を通じて展開させられるが，最終レベルには存在しない。同様に，プレイヤーのキャラクターは記憶をなくした主人公として紹介されるが，その後明らかにされることが約束された背後のストーリーや，物語（ナラティブ）などはまったく明かされないままである。このような約束事は，アドベンチャーやロール・プレイング・ゲームにはつきものである。たとえば，ロール・プレイング・ゲームである『プレーンスケープトーメント（*Planescape Torment*）』はプレイヤーが無名のキャラクターが自分のアイデンティティと記憶を取り戻す旅に出るという役割（ロール）を担う。同じように，大人気の日本のロール・プレイング・ゲームである『ファイナル・ファンタジー VII（*Final Fantasy VII*）』においては，キャラクターの過去はゲームを通じて出てくる回想シーンを通じて明らかにされる。

　明らかに，Ochirbat の興味は物語を作ることよりもゲームを作ることにあるといえる。しかし，リテラシーと文学のカリキュラムにとってもうひとつ大事な点は，表向きには明白に見えるゲームとストーリーの違いが思っているほど単純明快でないということである。とくに，ある種のストーリーはゲーム的なものであり，それゆえ，とりわけゲームに適用するのに向いている。マリー・ロール・ライアン（Marie-Laure Ryan）は，『ゲーム研究（*Game Studies*）』という雑誌の創刊号で，ゲームのような物語について論じている（Ryan, 2001）。彼女によるとゲームは「世界を探検し，問題を解決し，何かを成しとげ，敵と戦い，そして具現化された世界で興味深い対象を扱うものである」と主張している。彼女が提案するこのような特色を持った英国の物語（ナラティブ）のキャラクターとしては，エマ・ボバリーやオイディプス，ハムレットなどよりもむしろ，アリスやシャーロック・ホームズ，ハリー・ポッター，そしておとぎ話のヒーローなどが挙げられる。このような面から考えると，Ochirbat のゲームは見た目より豊富なナラティブを含んでいると言える。心理的な葛藤などは見られないが，問題解決があり，謎めいたファンタジーの世界における探検や競争があり，よく

第7章　コンピュータ・ゲームで「書く」物語

知られている物語(ナラティブ)ジャンルの要素を挿入している。たとえば，アリスやハリー・ポッターなどが精通している世界である。さらに，Ochirbat のゲームの根本的な特徴は迷路である。これはダイダロスのミノア文明の迷宮から，スタンリー・キューブリック（Stanley Kubrick）の『シャイニング（*The Shining*）』でシェリー・デュボル（Shelley Duvall）とジャック・ニコルソン（Jack Nicholson）が最終の戦いを行うクライマックスに出てくる氷の迷路に至るまで，ゲームと物語(ナラティブ)とがその中で融合する象徴的存在である。

■ 遊戯的「ライティング」

Ochirbat の物語(ナラティブ)の一貫性が比較的弱いと言われるとしても，その遊戯的な一貫性や結束性は強い。プレイヤーはトレーニング・レベルを通じて操作法を覚え，どうやって金庫の中で見つけたナイフで白いロボットを「殺す」かを学び，レベル1で手に入れた体力回復薬を使って回復することで，体力を管理し，3つのオブジェを見つけ，迷路を進み，テーブルの上にその3つのオブジェを正しい順序に置いて閉じた部屋を開けるという使命を完了しなければいけない。

前述したように，ここでは，ソフトウェアのルール・エディターを使ってプログラムされたプレイヤーには見えない背後のルールなど，特定のタイプの文法の知識が必要になってくる。因果関係が所定のパターンに準ずる従来の物語(ナラティブ)のモダリティと違い，ゲームの因果関係は，少なくとも部分的にはプレイヤーの意志で決められる。そのため主要なモダリティは仮定法である。条件制限の文法構造は「if」条件節でもっとも効果的に表される。そのため，Ochirbat のゲームでは白いロボットは「トリガー・ボリューム」——ゲームのプレイヤーには見えないが，編集モードのときに透明のバルーンとして見えるスペース——に囲まれている。Ochirbat は次のようなルールを設定した。「もし短剣がトリガー・ボリュームに入ると，ロボットが非アクティブになる」（つまり，消える）。そして Eleanor のように2種類のルールを設定した。1つ目は，上記で述べた「ルール・エディター」モードのときにしか見られないプログラム・ルールで，ゲームの背後で動いているこの因果関係ルールはプレイヤーには見えない。2つ

目はゲーム・プレイヤーに示されたゲーム・ルールで，プログラム・ルールに従って動く。たとえば，もし短剣でロボットを刺すと，ロボットは死ぬ，というものだ。同時に（ゲームと物語(ナラティブ)との密接な関わり合いについてさらに述べると）これはまた，ゲーム的な物語(ナラティブ)の典型例で，『ロード・オブ・ザ・リング(Lord of the Rings)』の「オークが近くにいると，フロドの剣・スティングが青く光る」というようなものである。

　これは物語(ナラティブ)的な効果と遊戯的な効果を条件文でプログラムしたほんの一例である。Ochirbatのゲームにはこのような93個のルールがあり，それらはすべて放課後のクラブの6セッション内で構築されたものである。この事実だけでも，このゲームはかなり複雑で凝ったゲームだと言え，プレイするのに時間がかかる。ロンドンにある別のパートナー・スクールの10年生は，このゲームをプレイするのに45分を要した。

　Eleanorのゲームのように，Ochirbatのゲームにはエコノミーが含まれている。彼は自分のゲームのプレイヤーがライフと飢餓のパラメターを有することにした。これらはプレイヤー・キャラクターのエコノミー（体力，攻撃力，飢餓，ポイント・スコア）であるが，これらのエコノミーは一方で，プレイヤーのキャラクターを部分的に作り上げるものであり，もう一方で，ゲームにおけるオブジェの動的な性質を作り出すものである。オブジェにおけるこの性質は，プレイヤーとも関連する。Ochirbatのゲームでは，「レベル」2の害虫・害獣に襲われるエリア——ねずみや頭蓋骨が散らばっているエジプト風の回廊，がそれに値する。トリガー・ボリュームが，このエリアに入るとプレイヤーの体力が大きく減少すると決められている。ここでは，プログラム・ルールが目に見えない因果関係を生み出す（トリガー・ボリューム内に入ると，決められたスコアが減少する）。一方，目に見える遊戯上のルールでは，害虫・害獣そのものが因果関係を生み出す。再度指摘できることだが，これも物語(ナラティブ)の論理に基づくルールである。つまり，このスペースは記号的に危険であるという意味を与えられ，ねずみが危機や病原の意味素として使われている。エコノミーという概念が物語(ナラティブ)の一部であると言うのが不自然であるというのなら，ここでまた『ロード・オブ・ザ・リング(Lord of the Rings)』の次のエコノミーを振り

第 7 章　コンピュータ・ゲームで「書く」物語

かえってみてもよい。もしリングの仲間たちがエネルギーを消耗したら，エルフのレンバスと呼ばれるパンを食べてエネルギーを回復することができる[訳註3]。

　最後に，遊戯的なデザインにはどのような結束性があるのかという疑問を投げることができる。遊戯的なデザインとして，まったく関連性のないパズルを特定の順序もなくつなぎ合わせたものを想定することができる。（実際，このプロジェクトの何人かの子どもたちが制作したゲームがそのようなものであった）。これとは対照的に，このゲームの構造には要素間の強い結合性が見られる。たとえば，短剣の入手が後の2台の白いロボットとの遭遇につながっているし，同じくエジプト風レベルでの「鎌状の剣」の入手は後の2台の黒いロボットを「殺す」ことにつながっている。このような例では，Eleanorのゲームにおける最初の空間のレバーのように，繰り返しを通じて語彙の結束性のようなものを表している。つまり，これはプロセスを何回か繰り返すことによる重複の形を取っている。口承による語り（ナラティブ）の場合，重複はところによっては，オーディエンスが，大事な物語（ナラティブ）の要素を把握する機会を与えるために行われる。ここでは同様に，重複はプレイヤーが同じことを繰り返してうまくできるように，何回か機会を与えるために取り入れられている。Ochirbatは，ゲームを挑戦しがいがあるものにすることと，他のゲームから学んだプロセスを通じてゲームのプレイヤーを誘導することに対する文化的な興味を抱いている。Orchibatはとりわけトレーニング・レベルのアイデアに興味を持っており，それはとくにオープニングの吹き替えではっきりと示されていた。

　ゲーム内の要素間で呼応し合う別種類のまとまりが存在する。テキストの別々の部分に現れる指示が，さまざまな要素を結びつけるように，ここではたとえば，ゲームの「おわり」（空間デザインという意味で）直前で見つかる爆弾の存在がある。これはゲームの「はじめ」のほうに存在する重要な部屋への障壁を破壊するものであり，それゆえに迷路を通じて，プレイヤーを最初の地点に戻すことになっている。この強力な結束性はゲームの効果

訳註3　「レンバス」はエルフの携帯食料で，食べるとエネルギーを回復できるので「旅のパン」「命のパン」と呼ばれている。

かつ満足感を生み出し，同時にゲーム全体のデザインの結束性に貢献している。しかしながら，この爆弾の面白い点は，最小限の説明しかなされていないということだ。たとえば，プレイヤーはこの爆弾を入手後，それが何かを確かめることができるのだが，ここで次のようなメッセージが出される。「爆弾：これを使って秘密の障壁を破壊しろ」。ここで2つの特徴に注目したい。まず第一に，爆弾の機能は，他の多くの要素と同じくマルチモーダルに表現されるということである。視覚的記号は，命令文のごとく機能し，どこかで使用するように命令を下す。一方，言語的記号はその機能を明確に示し，その機能を誇張する。このマルチモーダルな記号は，上記で見たように，背後で動き，表面に見えないルールと結合している。「もし爆弾がトリガー・ボリューム内に入ったら障壁が非アクティブになる」。しかし，2つ目の興味のポイントは，このイベントがテクストの可能性としてのみデザインしうるということである。それは，プレイヤーによって実現される必要があるのだ。そのため，ここでの結束性のいくつかはプレイヤーによって実現されなければならない。たとえば，テクストの指示を読んで従うこと，視覚的な暗示から意味を読み取るとともにプレイヤーが約束事として親しんでいる「拾いもの」に関する一般的な知識を使って爆弾の機能に気づくこと，爆弾を前に出てきた障壁と結びつけて結束性を保つこと，そして，爆弾を持ち帰りトリガー・ボリューム内に入れ込むこと（もしくは，物語的・遊戯的な用語で言えば「障壁に向かって爆弾を投げる」）である。

　つまり，ここで言う結束性とは，10代の著作者によって可能性としてデザインされたものであり，プレイヤーが解釈すること，他のゲーム経験を通じて慣れ親しんだオブジェから意味を理解すること，ゲーム中のスペースを特定のオブジェを拾う前後で一貫する動きをすることを通じて具現化するものでもある。

　総括的に見て，OchirbatのゲームはEleanorのゲームに見られるゲーム・リテラシーの特徴の，より複雑な例であると見ることができる。ゲームの文化的経験をかなり利用しており，また，オーサリング・ツールの操作能力を示している。そして，遊戯的かつ物語的な構成体としての痕跡を

第7章　コンピュータ・ゲームで「書く」物語

生成するが，前者は強い結束性を示し，後者は緩い結束性を示す．また，Ochirbatのゲームは，マルチモーダルであり，違ったモードがゲームプレイのヒントを強調する一方，Ochirbatが好むホラー・テクストに関する物語(ナラティブ)の情報や感情的な要素をも盛り込んでいる．

■ 周辺的リテラシーズ

　厳密にいえばゲームを取り囲むものであり，ゲームと呼ばれる領域に直接的に統合されるわけではないが，コミュニケーションやデザインの形態を説明するため，私たちはゲーム・リテラシーの仮説モデルに，周辺的リテラシーズという概念を取り入れた．これらは，デザインや制作のプロセスに入るもの，もしくは事後の解説のプロセスの一部にもなりうる．前者のカテゴリーには，ドローイングや図形のデザイン，背景となるストーリーの作成，台本制作や音響効果制作などが位置づけられる．たとえば，Ochirbatのゲームにおいては，彼が(しぶしぶ)謎いた支配者の声を台本に取り入れた例が見られた．こういった意味で(紙に書くという概念に関連して)彼はゲームのこの部分を実際に書いたと言える．ただし，ここで書くことは，映画の台本のようにデザインのモードとしてのみ存在している．実際のテクストでは，これらは話し言葉というモードに変換される．

　プロジェクトの最後に生徒たちは自分たちのゲームのウォークスルーを制作するように指示された．ウォークスルーとは，ゲームを効果的にプレイするための攻略ガイドを作りたいと思ったプレイヤーによって制作され，インターネット上に公開されている，定番のゲーム同人作品のジャンルである[訳註4]．これらは，(物語(ナラティブ)的な次元よりも)遊戯的な面白さに注目するゲームファンの文化的な興味をリプレゼントしている．そして，その性質上，主に命令形のモードで書かれる[4]．Ochirbatは自分のゲームについてかなり細かい攻略法を含んだウォークスルーを書いた．すべてのウォークスルーがそうであるように，彼のものにおいても，物語(ナラティブ)的な側面ではな

[訳註4] ウォークスルーは，ゲームなどの分野において，3次元グラフィックスで描画された建造物や仮想空間を，実際にその中にいる人物の視点で自由に動きまわって眺めることができるアニメーション手法のこと．

く，ゲームの遊戯的な側面について詳細に述べられていた（これらは，いわゆるネタバレ情報やファン・フィクション，詩などの同人作品に見られる）。この事実は，Ochirbat が物語(ナラティブ)的な特徴よりも遊戯的な特徴のほうに興味があるという彼の文化的嗜好を反映している。このウォークスルーはゲームの結束性をいくつか含んでいる。たとえば，参照による結束性が，ゲームの別の場面を前置詞句で参照することによってなされたり，ウォークスルーの別のセクションを括弧で示したりすることによって成されている。

　　上の部屋には地図と機雷のスイッチがあり，［原文をそのまま引用］そのスイッチで得られる機雷はチューブルームの障壁を壊すことができる（後の骸骨の鍵の場所のページの中で説明する）。

Ochirbat のウォークスルーは，私たちが構築しようとしているゲーム・リテラシーのモデルの 2 つの側面に対するさらなる根拠を提示している。最初に，ゲームと，そのゲームというジャンル特有の書くことに際する文化的経験の存在を示している。次に，2 つの意味でゲームの操作リテラシーの存在を示している。Ochirbat は明らかに操作という意味でゲームをプレイする方法を知っている。つまり，彼は複雑かつ多様な能力を持ったプレイヤーである。彼はゲーム制作の操作もできる。すなわち，ソフトウェアを操作して環境やルール，エコノミーを構築することができる。

　つまり，彼のウォークスルーは，ゲームをプレイしたり，デザインしたりするときに必要とする特有な種類の書きことばの例を提示しているといえる。ここまで，ゲームの企画書，ゲーム・デザインの抽象的な原理についての説明，そしてウォークスルーの例を紹介した。この章で検討する生徒の作品の最後の例は，より完成度の高い企画書の例である。

■ 新しいゲーム，昔からの物語

　Ochirbat のゲームは，デザインにおいて物語的な要素と遊戯的な要素を融合し，ゲームとゲームの物語(ナラティブ)に関する文化的経験とともに，ゲームの文

第 7 章　コンピュータ・ゲームで「書く」物語

法を操作する卓越した能力を提示するものであった。

　ここで紹介する最後の生徒の作品は，Eleanor がゲームを制作した 8 年生のメディアのコースの終わりに書かれたものである。生徒は，ゲーム制作を体験し，ルールやエコノミーについての原則を学んだ後，既存の物語に基づいたゲームの企画書を書くように指示された。一人の少年，David はオデュッセイア（Odyssey）に基づいたゲームを作ることにした。彼の企画書を見て明らかなのは，ゲーム・デザインへの取り組みが，従来の「国語科」やメディア科のクラスで使われるモデルとはかなり異なる物語（ナラティブ）に対する理解の仕方を彼に与えたことである。

> オデュッセイア
> 　僕のゲームのアイデアは，ホメロスのオデュッセイア（Odyssey）に基づくもので，オデュッセイアが長いトロイ戦争の後，ギリシャに戻る話である。彼は，嵐で吹き飛ばされ，ギリシャに戻るためにいくつかの課題に立ち向かう必要がある。この話は，ゲームとして成り立つと思う。なぜなら，このゲームには，個別のレベルがあるにせよ，各レベルに 1 つの課題があり，レベル間に何らかの関連性があるからだ。たとえば，キルケーがオデュッセイアにセイレーン，そしてスキュラ，カリュブディスなどについて忠告するように…
> 　このゲームはギリシャ神話に何らかの興味がある（とは限らないが）10 歳から 14 歳ぐらいの少年を対象にする。このターゲット・オーディエンスはロール・プレイング・ゲームに興味を持つ必要がある。なぜなら，プレイヤーは交渉して情報を得たり，他のキャラクターから助けを求めたり，また，ある程度の量の問題解決をしなければいけない状況が組み込まれているからである…
> 　プレイヤー・キャラクターは，トロイ戦争に勝利をおさめた後，予測できない困難に陥り，なんとか故郷に帰ろうとするオデュッセイアとお付きの男たちである。さまざまな NPC（non-player character。プレイヤーではない脇役キャラクター）たちもいて，PC（player character。プレイヤー・キャラクター）を助けたり，邪魔をしたりする。曖昧な役割の

NPCはキルケーで，アルゴス人を虜にしたが，彼らがキルケーの誘惑に応じなかった後，オデュッセイアに対して今後遭遇する困難に立ち向かうためのアドバイスを与えたりする。これらのNPCに加えて，物語(ナラティブ)には独眼のスキュラなどのモンスター（PCに話しかけず，単に攻撃してくる）も登場する。これらのモンスターは，攻撃しないようにと命令することはできないが，どちらかと言うと愚かで（比較的）たやすくやっつけることができる。

　このゲームはプレイヤーに楽しさをもたらす面白いゲームだと思う。このゲームは――オデュッセイアをギリシャに戻すという――はっきりした目的があるゲームであるからだ。この目的はプレイヤーが共感できる強力なものであると思う――愛する人を失ったり，その人のもとに帰れなかったりしたときの感情に共鳴できない人はいないと思う。この物語は，楽しい旅が，途中で親を亡くし途方に暮れる子どもの体験を表す比喩になる。それぞれの難関が，親がいないことに気づき，落胆しながらも自己を保って前に進んでいく子どもの格闘に置き換えられる。もちろんオデュッセイアの妻が子どもの母親を表すことになる…

　このゲームは3種の能力を要する。つまり，ロール・プレイングと外交術，問題解決能力，そして器用さだ。プレイヤーは難しい相互交渉をこなしながら進み，情報を集め，NPCを鎮めたり（鎮めなかったり）する必要がある。さらにプレイヤーは，一見無謀な課題を成し遂げる方法を考えなければいけない。最後に，プレイヤーはマウス操作に長けていて，戦闘シミュレーションがうまくなければいけない…

　僕のゲームは物語(ナラティブ)が中心なので，あまり多くのルールやエコノミーは含まれていない。しかし，ルールの1つの例として，オデュッセイアがスキュラ（大きな6本の頭を持ったモンスター）とカリュブディス（渦巻きの魔物）に遭遇するところを挙げることができる。このセクションに使われたルールは次のようなものだ。もし船がスキュラの洞窟に近づきすぎて，ある特別なトリガー・ボリュームに入ると，スキュラはオデュッセイアの仲間を6人（1つの頭に1人ずつ）投げ出してしまい，クルーメンバーが6人減ることになる。このエコノミーは，クルーがゼロになる

第7章 コンピュータ・ゲームで「書く」物語

とゲームが終了するという意味で，標準的な体力・エコノミーに値する。しかし，数がゼロ近くになるとプレイヤーは，船をコントロールするのが難しくなり困難に陥るので，状況によって違ってくる。そういった意味で，このルールは攻撃力のエコノミーに近い…

　以上，簡単に僕のゲームを紹介したが，ホメロスが誇りに思ってくれることを祈る。もちろん，ゲーム会社に売れるかどうかは別の(そしてもっと大切な)問題であるが！

　この企画書は，物語(ナラティブ)に対する複合的な理解を示しているが，それはコースで学んだゲームの概念と彼の今までのゲーム経験に基づくものである。オデュッセイアのエピソードの構造はここではゲームのレベルとして表され，サイクロプスなどのモンスターはNPC(プレイ対象外のキャラクター)として概念化され，オデュッセイアと彼の仲間たちはPC，いわゆるプレイヤー・キャラクターである。ロール・プレイング・ゲームやアドベンチャー・ゲームにおいて，プレイヤーはよくどのキャラクターをプレイするか選べたり，チームとしてグループのキャラクターをプレイすることができる。Davidが指摘するプレイヤーに必要な能力——ロール・プレイング，外交術，問題解決能力，そして器用さ——は，ロール・プレイング・ゲームに典型的に必要な能力であるが，同時に悪賢いオデュッセイアが主要なキャラクターとしてのホメロスの物語の特徴でもある。

　ソフトウェアの使用で練習したゲーム・デザインの2つの重要な概念——ルールとエコノミー——はこの『オデュッセイア』の演出にとって重要なものである。Davidは，プレイヤーがスキュラに近づきすぎるとスキュラが何人かの船員を放り投げてしまう，などのゲームのルールを考案した。しかし彼はゲームのルールとその背後で動いているプログラムのルールを融合し，このイベントは船がトリガー・ボリュームに入ったときに起こることにした。この構造が彼の使用するソフトウェアから直接的に変換されている点で，ここで使用された「エコノミー」は斬新である。すなわち彼はゲームのエコノミーを，船の「攻撃力」と関連するもの，船員がモンスターに連れ去られることによって減少するものとしたのだ。

ルールに基づいたイベントおよび、お決まりのキャラクターとしてのこのような物語(ナラティブ)の概念は、リテラシーや文学のカリキュラムにおける物語(ナラティブ)の考え方とまるで対照的である。リテラシーや文学のカリキュラムにおける物語(ナラティブ)の考え方は、ほぼ間違いなく、ヨーロッパの小説の伝統を主なモデルとしている。この伝統は、自然主義やキャラクターの精神的な成長に重きを置く。そして、ゴシック文学などのよく知られた例外があるにも拘わらず、啓蒙運動を重視するのである。事実上、この伝統は、新たに文学に通じ始めた読者に対して、昔からの伝統である口承の物語を閉ざし、ファンタジーや昔話のような不合理なものを子どもっぽいものと蔑み続けてきた。ジャネット・マリー（Janet Murrey, 1998）が主張するように、これら口承の物語はコンピュータ・ゲームの物語に近い。David のオデュッセイアのゲームの企画書をみると、類似点はキャラクターだけでないことがわかる——エピソードの構造、体力と魔力のエコノミー、主人公とゲームのプレイヤーに必要な戦略的スキル、物語(ナラティブ)の機能とゲームのルールなど。すなわち、これらすべてがゲームと口承の物語(ナラティブ)との強い類似性を見せていて、リテラシーのカリキュラムで扱われる書くことに対する新しい考え方や、文学のカリキュラムにおける新しい評価が望まれる。

　コンピュータ・ゲームのデザインが誘発する新たな「書くこと」の概念について、ここで示唆されることは、おそらく、リテラシーというメタファーが最適とは言えないということであろう。少なくともウォルター・オング（Walter Ong）が「第二の口承文化」と考えるような、より流動的で遂行的(パフォーマティブ)な種類の発話を追加する必要がある。つまり、高度にテクノロジー化した社会の電子テクストに見られる、口承文化の名残りである（Ong, 1982）。

　これらの提案から 2 つの重要な示唆が導き出される。まず、「国語科」やリテラシーの教師が、教室での物語に基づく作品においてつねに特権化され、よく知られてきた物語への美学を見直し、通常嫌がられるような概念——物語をフォーマットとして考える概念——を取り入れる必要があるだろう。このことの利点は、説話文学から現代のポピュラー・カルチャーなど、ポピュラー・テクストに対してより包摂的な態度を保てることであ

る。また、物語(ナラティブ)の構造に対してよりわかりやすいアプローチをとることができ、より多くの子どもにもっと親しまれるようになることである。2つ目の利点は、ドラマ的なリプレゼンテーションの形式とポピュラー・カルチャー、とくにゲームの関連性を認識できることである。結局のところ、これら双方に、即興性、想像の世界、ロール・プレイング、そして体験型であるという共通点がある（ゲームとドラマとの関連性について、さらに詳しい議論については Carroll, 2002 を参照されたい）。

■ ゲーム・リテラシーのモデルを目指して

このように、生徒たちが制作したゲームやゲームの企画書は、私たちが仮説を展開させてきているゲーム・リテラシーのモデルが、次のような要素を含むものになるであろうことを示唆している。

1. ゲームや他のメディア・テクストの**文化的経験**に左右される。
2. 適切なテクノロジー・ツールに**アクセスする**必要があり、またそれらを使う能力をも要する。
3. 特別な**操作的リテラシー**を要する。操作的リテラシーとは、ソフトウェアに装備されたゲーム・デザインのツールを使いこなす能力のことである。
4. ゲーム・テクストに必須の**鍵概念**に対する理解が必要であり、さらに深める必要がある。今回の場合は、ゲームのルールとエコノミーだけでなく、主人公や探求などの物語(ナラティブ)の原理をも含む。ゲーム・リテラシーによって、ゲームの文法を構築する際、これらの概念がいかに精緻化されているかが認識されている。プログラムのルールと、それに伴うゲームのルールやエコノミーが、ゲームの対人的な機能（社会記号論的な意味で）を構築する。すなわち、これらは、ゲームの世界の中でプレイヤーがゲームの課題を克服し、問題を解決し、使命を達成し、ゲームに勝つために行動する機会を与える。また、これらのルールの構築は、組織的な機能あるいは合成的な機能を果たす。たとえば、その**ゲーム全体**を通じて存在する異なった形の結

束性や一貫性などである。

5. すべてのプロセスが，**マルチモーダル**であり，**マルチリテラシー**的である。ビジュアル・デザイン，異なるジャンルで書くこと，音声，音楽，スピーチ，そしてルール・エディターの制約内での簡単なプログラミングなどが含まれる。
6. より広義のゲーム・リテラシーには，**周辺的リテラシーズ**も含まれ，それらの多くは企画書，解釈的かつ批判的に書くこと，ウォークスルー，ファン・フィクション，物語の背景を書くというジャンルが含まれる。

　もちろん，このソフトウェアのパッケージによって制作可能なこの種のゲーム・デザインは，美的感受性に訴えるテクノロジー的なデザインに関するどのような科目のカリキュラムにでも応用できる。デザイン科やテクノロジー科，美術科，音楽科，そしてICTなどのカリキュラムで，ゲーム制作についての異なる原理的説明を組み立てることは大いに可能である。しかし，ここでの論点は，ゲーム・デザインを活字のリテラシーおよびメディア・リテラシー双方における書くことの型として捉えることは，学習者にとって物語（ナラティブ），文法，そしてテクスト性の概念の重要な拡張として捉えることができると言うことである。

　また，ゲームは，リテラシー教育のカリキュラムにおいて，どのような物語（ナラティブ）に価値が置かれており，それらがどのように想定されているかについて，真剣に考える必要があることを訴えている。Eleanorのゲームのドクター・フー，Davidの企画書のオデュッセイア，そしてより一般的にコンピュータ・ゲームの主人公たちは，20世紀のコミック，映画，テレビのスーパー・ヒーローにまで至る人気のある英雄物語の伝統に立脚している。またその一方で，それらの主人公たちは，ジャネット・マリー（ibid.）が主張するように，ロビンフッドからベオウルフまで，さらにホメロスの物語（ナラティブ）までに至るまでの，ヨーロッパの口承的物語に時代を遡ることができるものでもある。対照的に，リテラシーや文学のカリキュラムは，ヨーロッパ文学に典型的に見られるような心理学的「リアリズム」の型に重き

第7章　コンピュータ・ゲームで「書く」物語

を置くことに慣れ親しんできた。そのため，私たちは，現在のメディアの定型的な物語(ナラティブ)に対して短絡的な価値判断をしないように警鐘を鳴らす必要がある。つまり，『カラマゾフの兄弟(*Brothers Karamazov*)』や『ジェーン・エア(*Jane Eyre*)』などと比較すると，『スーパーマン』や『スパイダーマン』は，心理学的なものよりアクションに重点を置く単純化したものに見えるかもしれないが，同様の判断を，同じように定型的な物語のベオウルフ，アキレスやロビンフッドには下さないだろう。ゲームを書くことを，リテラシーや「国語科」のカリキュラムの中に導入するには，すべてのレベル，すなわち，文化的，審美的，テクノロジー的，そして概念的なレベルでリテラシーに対する私たちの概念を生産的に広げ，考え直す必要がある。

第8章

マシニマ,「セカンドライフ」にみる
アニメーション教育の新たなかたち

　アニメーションは美術教育[訳註1]に属するものでもあるが,メディア教育においても長い歴史がある。これら2つの領域はそれぞれ重視する点が異なる。1つはポピュラー・カルチャーとしてのアニメーションや,映像制作の手段としてのアニメーションを探求している。もう1つは,アニメーションを芸術様式と見なし,ドローイングやペインティング,モデルづくりなどの構成要素や,美的感覚の特質を重視している。しかしながら,近年,伝統的に続いてきたこのような区別は減少し,美術教育は「ビジュアル・カルチャー」のためのカリキュラムに向かう方向へ,その領域を移行させている。この領域的な移行は,ファイン・アート[訳註2]の制度から抜け出し,視覚的なリプレゼンテーションに対して,より包括的に関与していこうとする動きを含むものである（たとえば,Duncum, 2001）。美術教育のこのような領域的な移行に伴い,伝統的な区分はある程度消えつつある。美術教育の取り組みは,エリートのための美術教育という概念からの移行,および,その切り離しを示すものであり,それは,ポストモダン的な実践の多様性へと向かう,近代というプロジェクトの中に強く埋め込まれている（Addison & Burgess, 2003）。このような新たな制度の中で,言葉

[訳註1] 第4章訳註4を参照。

[訳註2] fine art。商品の販売・宣伝を目的とするコマーシャル・アート（商業美術）やポピュラー・アートに対し,純粋に芸術的な意図の基に制作される造形美術や文学,音楽など。

とイメージ，芸術的なメディアとテクノロジー，視覚的な感覚と現代のマルチモーダルなテクストが差し向けるその他の感覚といった伝統的な対立項は，異議を唱えられている。この章において重要なことは，このような新たな多様性が，領域的な境界を崩壊させつつあることを示すとともに，ビジュアル・カルチャーを扱う他の教育実践との新たな協働を示すものでもあるということである。

これと同様に，メディア教育が，その伝統的な特性とカリキュラム上の位置づけから移行しているとみることも可能である。以前，メディア教育は，「国語科」教育を起源に派生したものであったため，その中心となる重点はリテラシーやテクストの批判的な分析であった。しかし，近年の移行は，美術科とのより多角的な関わりを含んでいる。英国におけるメディアの専門家のための学校は，たとえば，政府の職業学校プログラムによって，形式的に「メディア・アート・カレッジ」として指定される。この用語はおそらく，「クリエイティブ産業[訳註3]」への訓練という原理の中に，これらの学校を位置づけることを意図するものであるが，これは，メディア教育者と，ドラマ，音楽，芸術およびダンスのあいだの生産的な協働作業を推進するものでもある(Burn & Durran, 2007, 第8章を参照)。

同時に，デジタル時代は，メディアに関わる両科目領域に新たな可能性をもたらした。これは，他のメディア形式についていえるのと同様，アニメーションの文化的実践についてもいえることである。いくつかの学校が，従来のコマ撮り方式の技法やロストラムカメラ[訳註4]を使用する中，デジタルビデオの到来は，構造的に，個々人の持つイメージを容易に捉え，ノンリニアの編集ソフトで編集することを可能にし，展示と公開のための広範囲のフォーマットを提供した。

アニメーションの世界における最近の文化的な形式は——3Dコンピュータ・ゲームと仮想世界の場合，これらの文化的形式が新たなテクノロジーによって形成され，新たなテクノロジーを形成しつつある——，「マシニ

[訳註3] creative industry。『新語時事用語辞典』によれば「創造性や技能・技術が主要価値を生み，文化を形成し得る産業分野の総称」。

[訳註4] コマ撮りアニメなどに使われている接写用のカメラ。

第8章　マシニマ,「セカンドライフ」にみるアニメーション教育の新たなかたち

マ」の芸術である。しばしば指摘されるように,「マシニマ(Machinima)」は,「マシン (machine)」と「シネマ(cinema)」という,2つの異なる単語を合成してできた新しい言葉である。それはまた,「シネマ (cinema)」の「e」を「i」に置き換えることによって,「アニメーション」や「アニメ」をも意味している。マット・ケランド(Matt Kelland)らは,これを「リアルタイム 3D テクノロジーを使用できる環境においてアニメ映画を作る技」(Kelland et al., 2005: 10)と定義している。これは,没入型仮想世界やコンピュータ・ゲームの動画的な特徴および 3D テクノロジーを使用できる環境から生み出されたアニメーションと見なすことができる。最初のマシニマ動画は 1990 年代中頃のゲーム『クエイク(*Quake*)』のプレイヤーによって制作された。

学校でマシニマを作ることで,芸術的な実践としてのアニメーションやメディア制作の形式としてのアニメーションを再考することになる。文化的なコンテクスト,テクノロジー的な資源,必要とされる技術,それが示唆する教授法,可能になる創造の可能性などの視点からみて,初期のアニメーションとマシニマはどのように異なるのか,あるいは類似しているのか。

本章は,芸術家であり,アニメ制作者であり,マシニマ製作者であり,教師でもある Britta Pollmuller の取り組みに焦点を当てる。彼女は,コマ撮りやクレイアニメの技術から「セカンドライフ」における一人称視点の仮想世界で作り出されるマシニマに至るまで,多くの方法で,10 代の若者たちにアニメーションを教えてきた。これによって,メディアと美術教育との接点,新たなテクノロジーと教師や生徒によるそれらの活用とのあいだの接点を探ることになるだろう[①]。

■ アニメーションとデジタルビデオ

この話は,英国教育工学通信協会(BECTa)による DV(デジタルビデオ)評価のための事例研究(Reid et al., 2002)[②]として記録されたプロジェクトから始まる。Britta は米国・ノーフォーク州にある学校の 8 学年のグループで,アフリカ民話のアニメーションに関する仕事をしていた。英国教育

工学通信協会は1台のiMacとデジタルビデオカメラを提供し，Brittaは，他の学校の多くの教師のように，この限られた提供品を取り巻く創造的な方法を発見した。ある子どものグループは，クリップ止めの明かりを用いて，描かれた背景に向き合うかたちで置いた塑像用粘土モデルに命を吹き込み，撮影し，無料のキャプチャー・ツール（動画データを保存するツール）を備えたiMacにコマを録画していた。他のグループは脚本を書き，ストーリーボード化し，背景を描き，キャラクターをデザインして，クレジット・タイトルを俳句のような形式で書いていた。

　第4章で考察したアニメーション・プロジェクトのように，これらの作品は，メディア教育と美術教育を混合したものと見なすことができる。メディア教育に関していえば，子どもたちは，制作活動を通じて，アニメーションの言語や文法のみならず，より一般的な，動きのある画像についての言語や文法を学習していた。子どもたちは，かなりの量のコマによって構成された速度やカットの長さ（デュレーション），照明効果やセットを設計することの意味，ショットの構成やカメラ・アングル，音響や台詞，音楽の機能について設計・実践することを通じて学習した。また，子どもたちは，グループワークを通じて協働的に学習した。グループワークは，メディア教育における制作プロジェクトに特有のプロセスであるが，このプロセスにおいて著作者の責任はグループで共有される。これによって，生徒たちは制作プロセスにおいて異なる役割を採用し，また，メディア産業における実践がシミュレートされる（Buckingham *et al*., 1995）。グループワークは，まったく美術教育特有のものではない。美術教育では，個々人による取り組みがいまだ創造的な制作のための共通モデルなのである。

　同時に，美術室であることが一目でわかるような多くのポイントが目立ったかたちで存在していた。教室の後方にある「単語の壁」は，「ハーモニー」「作曲」「リズム」といった言葉を展示していた。事実，Brittaがインタビューで説明しているように，この壁は，メディアの用語と芸術関連の用語を結合していった。

　　そうね，ここから始めるとしたら，アニメ化，抽象主義映画，ストー

第 8 章　マシニマ，「セカンドライフ」にみるアニメーション教育の新たなかたち

リーボード，デジタル，焦点，リズム，作曲…トーン，2D，空間感覚を見出す，ハーモニーなんかを，学んできたわね。

このプロセスでは，その要素となる手業（クラフト）の技術が重視される。とくに，重視されてきたのは，ドローイングやペインティング，モデルづくり，そして，これらの要素に芸術的な効果を与えることである。Britta は，質を強調し，芸術作品を注意深く制作しているかどうかを監督した。必要であれば，作業をし直し，再構成，再映像化などをすることを求めた。そして，これまでの作品の質に反映させるため，頻繁に議論を行った。

この事例研究から見出されたのが，異なる文化的コンテクストについての感覚であった。アニメーション作品はこれらさまざまな文化的コンテクストを呼び起こすものであり，そこには異なる種類の文化的価値観が付随している。一方で，選ばれた作品，すなわちアフリカの民話の主題や，美術のクラスにおける手業（クラフト）の技術は，ヨーロッパ的なアニメーションの伝統のような，ファイン・アートの参照先をいざなう。子ども自身の経験は，視覚的なスタイル面に現れるような，ポピュラーなアニメーションの参照物が持ち込まれる。とくに，視覚的なスタイルが構成する皮肉的・パロディー的なユーモアの効果にはそのことがれている。ファイン・アートとポピュラー・カルチャーとのあいだの揺らぎは，このプロジェクトが領域横断的であったことの結果と見なすことができるだろう。

最終的に，このプロジェクトは，芸術家としての教師の経験および社会的地位によって満たされることとなった。このような役割は，芸術の種類によって変化する。美術科，音楽科の教師はもっとも強く，文学の教師はもっとも弱い。ドラマ科はそのあいだのどこかに位置づく。Britta は画家として働いており，一連のデジタル・メディアに精通していた。また，ノリッジ芸術学校 (the Norwich School of Art) で芸術修士を修了しており，地方の美術教育のプロジェクトのために非常勤で働いていた。芸術家としての教師は，一方で，共同クリエーター，準専門的なメンター，スタジオ管理者のような他の実践をもたらすが，それは，教育的な役割に対しては補完的なものと見なしうる。芸術家としての教師は，教育的な立ち位置と見

なすことができるだろう。その立ち位置は，法令による学校教育の枠組み——カリキュラム・デザイン，評価の必要条件，強制される出席——を背景化し，創造的な試みやそれが起こる社会的コンテクストを前景化する。

多くの問題が，この種のアニメーション作品から発生する。それらのうち3つが，英国教育工学通信協会の報告書の中で提起されている。それらはいずれも一般的なものであるが，ここでも適用可能なものである。1つ目は動画像における「言語」の重要性であった。Britta のプロジェクトも含め，その評価においてもっとも成功したと捉えられたプロジェクトは，動画像の構成において「文法」を明確にしたものであった。

2つ目は創造性の特質であった。プロジェクトにおいて，教師は全員，生徒たちの作品が意味する内容を正確に定義するのに苦労していたが，すべての教師たちが，それらの作品の創造的な性質を強く訴えていた。教育における創造性に関する最近の調査研究および文献調査は，競争的な定義や異なるステイクホルダーによる関心のために，学校における創造活動が窮地に追い込まれていることを示してきた (Banaji & Burn, 2007; Loveless, 2002)。

3つ目の問題はデジタル・メディアによって可能になる行為であった。英国教育工学通信協会の実験的な試みにおける教室作品の例の多くは，明らかに，アナログ設備の使用によって自分たちの結果を達成することができていた。報告書は，デジタル映画撮影と編集ツールがもたらす特別な便益を区別し，デビッド・モーズリー (David Moseley, 1999) を援用しながら，可能になった3つの行為に焦点を当てている。3つの行為とは，**フィードバック**，**動きのあるリプレゼンテーション**，および**相互的な編集の機会**である。しかしながら，報告書の中では重要な留保がつけられている。その留保とは，テクノロジーのみ単独では，これらの行為可能性(アフォーダンス)を保証することができないかもしれないということである。むしろそれは，教育的な介入，制作プロセスにおいて教師が促進する振り返りの質に依存するのである。

これらに加えて，Britta の取り組みが提起した特定の問題がある。これらは，前述の内容の中で提案されたものを含む。すなわち，アニメーションの性

第 8 章　マシニマ，「セカンドライフ」にみるアニメーション教育の新たなかたち

質とそれが生徒たちの創造活動のために提供する特定の文化的・記号論的な資源の問題，公教育の場における制約の問題，美術教育とメディア教育の出会いおよびそれぞれの実践および教授法の問題，「芸術家としての教師」のアイデンティティの問題である。

　次の節では，Britta によるインフォーマル教育のコンテクストへの移行，芸術的な制作と展示のための新たなコンテクスト，およびマシニマとともにある彼女の現在の作品を追っていきたい。上記で提起された問題はこの後も続くだろう。また，新たな問題を問うことも必要であろうが。

■「セカンドライフ」における芸術家

　Britta は，学校教員としての仕事をやめ，アニメーションにおけるフリーランスの教育者として働き始めた。彼女は，ノーフォーク州の学校でのプロジェクトを実施した。このプロジェクトは，一連のアニメーション技法や，美術教育とメディア教育を結合した実践を発展させ続けるものであった。生徒たちは，ポピュラーなアニメーションの経験から資源を組み込みながら，映画における特定のコンベンションを学習し，かつそれらの作品における芸術的な質を学習するよう促された。Britta は，生徒たちが自身の興味や関心事を表現するツールとして，そして，生徒たち自身の社会的役割やアイデンティティを探求するために，それらの作品を使用することを支援した。

　これと同じ時期に，彼女は「セカンドライフ[訳註5]」に出会った。「セカンドライフ」は，多人数参加型オンライン・ロール・プレイング・ゲーム（MMORPG）と共通するいくつかの特徴を有している。「セカンドライフ」において，私たちは，永続的で不変のオンライン世界の中で，アバターを用いた相互作用を行うことができる。また，「セカンドライフ」はロール・プレイングやファンタジー，およびコミュニティ構築のための資源を供給する。その芸術性は，多くの点で，ゲーム文化に由来したものである。しかしながら，その他の点において，「セカンドライフ」は

訳註5　インターネット会社・リンデンラボ社（米国）が提供する没入型仮想世界サービス。

MMORPGと同じ感覚のゲームとは言えない。「セカンドライフ」には，遊びのための資源やゴールなど，MMORPGが共通に有するその他の構造が存在しない。

Brittaはゲーム文化に対する背景的知識を持っていなかったが，芸術家として「セカンドライフ」の可能性に興味を持つようになった。彼女は「セカンドライフ」のギャラリーで自分の絵画を展示し，自分にとって初めての絵画を数百リンデンドル（セカンドライフにおける通貨）で販売した。Brittaは，私たちの「セカンドライフ」についての調査リーダーを務めるダイアン・カール（Diane Carr）とのインタビューの中で[3]，「セカンドライフ」での自身の絵画の展示に対して感じたことを，以下のように述べている。

　　私は，現代のテクノロジー世界の中で，自分自身の絵画を提示しなければなりませんでした。そのとき私は，絵画がデジタル時代においてどんな意味があるのか疑問に思っていました。この疑問は，芸術や文化全体に対するテクノロジーの影響について私が感じている，ある不安に起因するものです。テクノロジー時代におけるイメージの生産に関して，芸術はいかに自身の立ち位置を変えていくことができるのでしょうか。

　　「セカンドライフ」は，確かに，芸術が作り出され，展示され，価値づけられる方法を変えるものですし，新たな芸術様式が生み出される方法，リプレゼンテーションや新たなコミュニケーション状況のための新たなツールが生み出される方法を変えていくものでもあります。個人的な視点から見れば，avs［アバター］は仮想のシャンパンを飲むことができ，芸術家と話すことができます。アイルランドのパブでのポエトリー・リーディング，美術館で行われる展示ツアーやトークイベントに参加することもできますし，写真展，アバンギャルドのビデオ・アート，動く彫刻（キネティック・スカルプチャー）の展示，音楽のライブ・パフォーマンスやバレエに行くこともできるのです。「セカンドライフ」で芸術を学ぶ経験は無限であり，資源も豊かで，刺激的です。

第 8 章　マシニマ,「セカンドライフ」にみるアニメーション教育の新たなかたち

　ここで Britta は,新しいメディアに触発されながら発言しているが,この発言は私たちに,芸術が機械的な手法によって制作された場合に生じうることに関するかつての議論を思い起こさせる。おそらく,この問題に関してもっともよく知られている議論は,ヴァルター・ベンヤミンの『複製技術時代の芸術作品』(Walter Benjamin, 1938)に掲載された影響力のあるエッセイであろう。これは,Britta のコメントに対しても 3 つの関連性を有している。

　第一に,唯一無二のオリジナルを備えた芸術を機械的に再生産することに対する,ベンヤミンの独創的な疑問は,この状況に当てはまる。いまだに問題となっているのは,インスクリプションをめぐるさまざまなテクノロジーの存在論的位置づけ,美的感受性の位置づけである(Kress & van Leewen, 1996)。同様に,これらの資源を分散させる社会的な実践も問題となる。フランクフルト学派のマルクス主義思想家は,企業による搾取の形式が不可避であると予想していた。しかし既に明らかなことは,「セカンドライフ」における機械的な芸術が,このような搾取の不可避性を意味してはいないということである。企業を駆り立てる動因は,独立系の芸術家たちの動機と共存し続けている。ポピュラー・アートのスタイルは,ファイン・アートと共存し続けている。さらに,「セカンドライフ」で展示された Britta の絵画のイメージに対する彼女の**認識**によれば,けしてそれらは,縮小したもの,機械的なコピーとは見なされていないし,美的に受け止められる質が平板になり,使い捨てられるべきものになったとも見なされていない。むしろ,Britta はそれらの「強度」に驚いている。

　　「セカンドライフ」初日に行ったことは,写真展を見ることでした。そこで私は出展を提案され,初めての仮想展示を作り上げることを学んだのです。私は,自分の絵画をデジタルで見た際の,見え方の強度に驚きました。

　おそらく,高解像度の画像を技術的に制作していることが一定の役割——レベッカ・シンカー(Rebecca Sinker)が「デジタルの美学」(Sinker,

2000)と呼ぶもの——を果たしているのだ。少なくとも，イメージの真正さ，展示や解釈のコンテクストに対する参加者の視点は重要である。社会記号論の観点からいえば，これはモダリティ判断（Kress & van Leeuwen, 1996）と見なせる。信用性，ジャンルに対する忠実さ，真正さ——ベンヤミンの言う「アウラ」に関係するすべての特質——は，リプレゼンテーションが求めるものと，参加者によって下された判断との出会いと見なすことができよう。

しかしながら，ベンヤミンがほとんど想像することができなかったものは，永久不変に続く没入型仮想世界である。この仮想世界では，芸術家，観覧者，批評家および詩人のアバターたちが，「実際の」世界における展示の消費・解釈を取り巻く社会的なジャンルを複製するための社会的コンテクストを提供する。Britta が述べているように，この世界の中にある芸術的なコミュニティは，芸術界の社会的な実践を回復させる。この社会的な実践には，独立系のファイン・アートのための展示や会合から，仮想世界の資源を活用した企業ビデオを制作する専門スタジオによる商業的な実践までさまざまなものが含まれる。

芸術作品の制作と同様に，芸術家と観覧者は，流動的なパフォーマンスを重視し，感情のレパートリーを展開し，「セカンドライフ」において「座る」「飛ぶ」「楽器を演奏する」「自動車を運転する」などの表現的・機能的なアニメーションを活用することによって，自分たち自身を作り出し続ける。流動的なパフォーマンスの記号論的な資源は，アバターのカスタム化から，チャットのタイピングにまで及ぶ。

この種のパフォーマンスは，「実際の」生活（'real' life; RL）におけるパフォーマンスの様相を複製するものである。アーヴィング・ゴッフマンによるドラマツルギー構造による自己呈示（Erving Goffman, 1959）の視点から見れば，次のようにいえるだろう。芸術家，学生・生徒，批評家および観覧者は，スタジオ，ギャラリー，美術館，街路およびカフェにおいて，彼らの社会的役割をつねに演技しているのである。「セカンドライフ」が要求する，単純であるが困難な問題は，いかにその違いを特定するかというものである。

第 8 章　マシニマ,「セカンドライフ」にみるアニメーション教育の新たなかたち

　これらは記号的な資源という視点から考察することができるだろう。たとえば，Britta は，アバターとして,「実際の」生活よりも相当大きな自由度で，かなり流動的に自身の外見を他から取り入れ，変化させることができる。彼女のアバター「Pigment Pye」は，空中に浮かぶ編みこみのヘアスタイル，模様のある半透明の衣服，タトゥーとサイバー・パンクの装飾をつけた色鮮やかな人物である。図 8.1 は,「セカンドライフ」における彼女の島で，筆者と会話する彼女を示している。

図 8.1　会話中の Pigment Pye と Juniper Mapp

　同時に，制約も存在する。ジェスチャーや表情，イントネーションなどのコミュニケーションのレパートリーは「実際の」生活に比べて非常に限られている。しかしながら，記号論的な観点から見て可能な行為について考察することが，ここでの自己のパフォーマンスを完全に説明することにはならない。Britta のアカウントは，他の占有者のアカウントのように，仮想世界における強い存在感，すなわち，現象学的な考察を誘うような具体性の感覚を私たちに迫るものである。参加者のアイデンティティは，アバターに投影される。そこでは，誰もが自分自身の映画——それがリアルタイムで上映されるという点を除けば，それは映画である——の中の俳優になることができるのである。同様に，アバターの仮想身体に対する感情的な

関与のみならず，アバターの仮想身体が認知的な軸になることが起きることへの懸念がある。すなわち，スクリーン上の映像に対する客観的な視点と，具体的な個人の主観的な経験のあいだに存在する壁の消滅である。

　ベンヤミンに関連して，私たちはもちろん，以下の議論を思い起こすことができる。ベンヤミンの関心は美的に感受される対象やその機械的な増殖に制限されていなかった。彼の関心はその後，消費のコンテクストおよびそれらを占有する社会的な人々——未完成の最終作品となった『アーケード』およびそこを散歩する遊歩者(フラヌール)へと拡張されていったのである(Benjamin, 1999)。これらのメタファーは，いまだ，「セカンドライフ」におけるアバターや島(アイランド)にも共鳴しており，なお適用可能である。「セカンドライフ」のテクノロジーは，たしかにベンヤミンの想像を超えていたかもしれない。しかし，ベンヤミンは，ギャラリーやショッピング・モールをぶらぶらと歩くファンタジー空間の人々を，確実に認識していたのである。異なるのは，ベンヤミンの初期のエッセイにおける「機械的な」という言葉の適用の仕方である。「セカンドライフ」においては，世界それ自体と，社会的な代理行為者(エージェント)は，機械的に再生産される。オリジナルの持つアウラを捉えようという試みと，「セカンドライフ」がそれ自身のアウラ，機械的な美，感性，ハビトゥスを生み出しうるのだという再認識の始まりのあいだで葛藤しながら，このような再生産が行われているのである。

　「セカンドライフ」で自身の絵画を展示してから，Britta は，マシニマの芸術に出会った。専門のアニメーターのみならず教育者に対しても，マシニマは多くの魅力を感じさせる。マシニマは，リアルタイムで制作されるため，コマ送りの困難なプロセスを回避することができる。また，アマチュアのアニメーションにおいては達成することが困難なキャラクターの行動形式を可能にする。たとえば，コマ撮りアニメでは，「歩行周期」を作り上げることが難しい。一方，「セカンドライフ」のマシニマにおいては，単に，アバターの歩行における足跡をキャプチャーすれば良いのである。多くの点において，マシニマは実写映画に近い。アバターの動く部分，リアルタイムで録画されるイベント，そして従来型のアニメーションにおけるアニメ化の技法を模倣した仮想のカメラワークである。

第 8 章　マシニマ,「セカンドライフ」にみるアニメーション教育の新たなかたち

　ベンヤミンの議論に関連させれば，マシニマは，オリジナルを持たない芸術のテクノロジーによる生成(ジェネレーション)であり，それゆえにアウラが払拭されているものというカテゴリーに分類される近年の実例である。ベンヤミンにとって，典型的な実例は，もちろん，写真と映画であった。「セカンドライフ」におけるマシニマの場合，スクリプト作成ツールや他のオーサリング装置を使用して，「セカンドライフ」自体で作られた資源を共有することは，一般的なことである。ここでは，芸術家によって生成される，識別可能な「オリジナル」は存在せず，そのため，アウラが残り続ける可能性はない。アウラではなく，むしろ，そこにはリプレゼンテーションが存在する。キャラクター，風景，音響，モノなどが新たな制作のために採用され，取り入れられる。しかしながら実際には，「セカンドライフ」に存在する多くの実体が作り出されていることははっきりわかり，作り手の著者名を保持し続ける。そしてそれらは時々，自由に利用可能となり，売り出され，リンデンドルによって支払われるのである。この点において，オリジナル・テクストに対するいくつかの感覚は残っている。芸術的な領域においてはオリジナルの創造であれという要求として，また，法的・経済的な領域においては知的所有権や支払いの要求として，オリジナル・テクストの感覚が残り続けている。

　Britta は，マシニマについて独学し，「セカンドライフ」のマシニマ・コミュニティの人々と知り合いになった。彼らから学び，専門的なイベントで彼らに会うようになった。彼女は，Spector Hawks（本名は Paul Jannicola）によって呼びかけられたものなど，さまざまな「セカンドライフ」のセミナー，フェスティバルおよび展示に出席した。Spector Hawksは初めてマシニマ映画を制作した ILL Clan のメンバーのひとりである。Britta は，自分自身で多くの映画を作り，YouTube などにそれらを公開した。1つの映画は，「セカンドライフ」のフィルム・コンペティション「エド・ウッド・フェスティバル（the Ed Wood festival）」にエントリーするために作られたものである。映画は与えられたタイトルに取り組んで作る必要があり，その上，48 時間以内に制作しなければならなかった。Britta のエントリー作品は，ケンブリッジを拠点とするマシニマ企業 Shortfuze

が後援したフェスティバルで一等賞を受賞した。この映画は，2つの点で本章において注目すべきものである。

　第一に，この映画は，Britta の芸術家としてのもう1つの生活があったことを例証している。このもう1つの生活は，専門家としての制作の実践に関係するものであるが，これは教育における彼女の仕事に知識や情報を与えるものであった。Britta は，どのように適切なオンライン上の立ち位置を見つけ，キャラクターとしてホラー映画のアバターを使用し，映画を制作するために他のマシニマ制作者とともに仕事をしたかについて，インタビューで以下のように説明している。

　　私は『スリーピー・ホロウ (Sleepy Hollow)[訳註6]』のサイトに行きました。孤児院にはもってこいの場所でした…こんなに異様で怪奇なセットがあって，でもこれが「セカンドライフ」におけるマシニマがすばらしい理由なんです。…タイトルは，悪辣なものがやって来るはじまりの場所…私は2〜3人の人々と仕事に取り組んでいて，みんなが，それがはどういうものだと思われるかについての意見を持っていました。純粋なる悪…だとすると，私たちにはピンヘッド[訳註7]が必要だわ。ああそう，ダリニアンが手助けしてくれた…彼は，狂気の芸術家だわ…彼はいつも奇妙なアバターを作っているの…だけど，もう何年もオンラインに現れていないわね。

　第二に，その映画の美的感覚は，Britta が仕事をしている文化的コンテクスト範囲のようなものを表している。その映画は，多くの点において，チェコのアニメ制作者，ヤン・シュヴァンクマイエル (Jan Švankmajer)[訳註8]

[訳註6]　1999年に米国で製作されたホラー・サスペンス映画。

[訳註7]　1987年に英国で製作されたホラー映画『ヘルレイザー (Hellraiser)』に出てくる魔導士。顔中にピンを指した奇怪な化け物のような風貌を持つ。

[訳註8]　チェコスロヴァキア (現チェコ共和国) 生まれの芸術家。チェコの第三世代のシュルレアリストとして，映像作品を創作するほか，コラージュ，オブジェ，ドローイングなどの美術造形作品の創作を行った。

第8章　マシニマ,「セカンドライフ」にみるアニメーション教育の新たなかたち

のアニメーションのような,東ヨーロッパのシュールレアリスム調の民話アニメーションをしのばせる。また同時に,その映画は,ゲームの美的感覚における何か——インスクリプションされた情報源から残されたもの——を保持している。さらに,ここでは,フェスティバルのテーマおよびタイトルに従って大衆的なホラー映画が意図的に参照されていた。この映画では,「セカンドライフ」において利用可能な,ホラー映画『ヘルレイザー』の図像的(アイコニック)な悪役が用いられていた。上記で観察されたような,文化的コンテクストの範囲は,教室において,教育者に期待されるものでもあるだろう。このような教育者の持つ教育的・文化的な原理は,美術教育とメディア教育の双方に由来するものである。

　より広範に捉えるならば,ここで,アバンギャルド芸術やインディーズ映画づくりの社会的コンテクストの性質に注目することも必要だろう。これらは「セカンドライフ」において,機械を用いたリプレゼンテーションの形式を通じて模倣されるだけでなく,信念や関与のありよう,社会的なネットワークのシステムを通じて模倣されるものでもある。「実践コミュニティ」は,その擁護論者たちが認識しているよりも,反社会的な実践に開かれている傾向にあるが(Oliver, 2008),このような場合,それらの実践コミュニティは,コミュニティに対してしばしば要求されるような組織や連帯のかたちを示す。おそらく,より適切な用語は,ヘンリー・ジェンキンス(Henry Jenkins)がピエール・レヴィ(Pierre Levy)[訳註9]から借用した用語「集合知」であろう。「セカンドライフ」のマシニマ集団が請け負っている,独学,知識共有そして共同体的な視点と批評のプロセスは,レヴィとジェンキンスが提起した新たな知のコミュニティに類似している。それは,「共通の知的な企て,および感情的な傾注といった特徴を持つ,自発的,一時的,戦術的な提携」(Jenkins, 2002)である。

[訳註9]　Pierre Lévy (1994) *L'Intelligence collective—Pour une anthropologie du cyberspace*. P: La Découverte.（米山優・清水高志・曽我千亜紀・井上寛雄訳(2015)『ポストメディア人類学に向けて—集合的知性』水声社）

■「セカンドライフ」でマシニマを教える

　Britta は，マシニマの基礎について独学で学んだのち，オープン・ユニバーシティ（Open University）の「スコーム・プロジェクト（Schome は，school と home の複合語）」に関わりを持ち始めた。スコームは，「セカンドライフ」の中の 10 代用区画（スコーム・パーク）に島（アイランド）を設営している。ここで，若者たちは大人用の「セカンドライフ」と分離され，保護された環境におかれる。また，そこには許可を受けた大人のみがアクセスすることができる[④]。

　Britta は，スコーム・プロジェクトの一般権限内で，彼女自身のアニメーションへの長期的な関心にもとづく特別なプロジェクトを展開した。彼女は，13 〜 17 歳の生徒たちとともに，マシニマの課外クラスで，仮想世界，アバターなど，「セカンドライフ」で提供されている創造的なツールを用いて，短編映画を制作するためのアニメーションづくりについて教授した。

　Britta は，インタビュー[⑤]において，彼女のここでの仕事がどのように始まったかについて次のように述べた。

　　　3 週間前に始動しました（2007 年 7 月）。最初に，スコーマーズ（18 歳以下）とスパーカー（彼らの支持者）がマシニマについてのすべてを学習することができるような，映像制作者のフォーラムを準備します。私たちは，月曜日から金曜日の，17:00 から 19:00 まで，飛行船上で会うようにしています。この飛行船は，私が主要区画（メイングリッド）（10 代用区画（グリッド）は 18 歳以下まで。主要区画（メイングリッド）は年齢制限なし）から移動するための飛行船ですね。
　　　スコーム・パークは，すべてスコーマーズによって作られ，組織され，設営されるメディア・センターを持っています。会合のあいだ，私たちは「映画について話」し，ディスカッション・フォーラム経由で編制されます。このフォーラムには，全員が定期的に訪問します。

　多くの点において，このプロジェクトは，Britta の初期の取り組みから続く連続性を示している。たとえば，自身の作品のための，そして生徒た

第8章　マシニマ,「セカンドライフ」にみるアニメーション教育の新たなかたち

ちの表現ニーズにとっての文化的メディアであるアニメーションに対する強い関与,美術教育とメディア教育における教育目的とそれらの教授法の融合,芸術家としての専門的アイデンティティと教室での教育実践との創造的な相互作用といった点である。

異なる点も存在するが,しかし,これらは驚くほど説明することが難しい。インタビューにおいて,Britta は,このプロジェクトにおいて何が異なると感じているかについてコメントしている。

> 私は数年前,英国・東ロンドンの中等学校で 12 ケ月間,メディア・スタディーズを教えました。また,仕事や研究の一部として,あらゆる時期に,新しいメディア・テクノロジーを教えています(http://escalate.ac.uk/downloads/7329.pdf または www.mediaprojecteast.co.uk を参照)。
>
> 仮想環境で教えることは,とても新しい経験です。私が入っていかなければならない教室はどこにもありません。ベルもなく,ストレスもなく,職員室もありません(ヤッター!)。生徒たちが,授業のために座っていることも,待っていることもありません。
>
> スコーム・パークにおいて,生徒たちは独立した学習者なのです。彼らは,自分たちがそうありたいように,世界の中に存在しています。私がマシニマのセッションに到着するときには,中核となる集団が,セッションを始めるために既にインスタント・メッセージ(IMing)を行っています。私たちは互いに自分たちを船まで転送し,自分たちがどのシーンを行うことができるか,また,誰が演技のための世界にいるかを話し合います。時には,特定のチーム・メンバーがログするのを待たなければならないこともあります。だけど,私たちはつねに会話し,タイプしているのです。これはとてもすばらしいことです。沈黙は一切ありません。チームの生徒たちは,つねに,映画のために作った小道具について説明することを切望しています。ある生徒は,10〜15分間でグランドピアノを構築させました!

これらの違いの中には，もちろん，公教育からインフォーマルな教育へのコンテクストの移行という観点から説明することができるものもある。後者は，将来の職業世界に向けた準備から，生徒たちの現在の表現や文化的関心，および余暇の世界への関わりの重要性へと，その強調点を変化させることができている。より実際的には，インフォーマルな教育では，出席を強制しなければならないという制約を回避することができる。

　しかしながら，そこには違いがある。インフォーマル教育の物理的・身体的なコンテクストは，しばしば，学校という建造物に基づいており，それは，それ自体が文化的に担う言外の意味を持ち込むものである。また，もっとも重要な点は，生徒たちが，生身の肉体で，彼ら自身として存在しているということである。話し言葉，衣服，ジェスチャーを通じたあらゆる自己のパフォーマンスは，身体や名付けのような，決められた社会的な慣習の中にあるアイデンティティの固定点を除去することができない。これと比較して，Brittaの生徒たちは，アバターとして存在する以外のかたちで，彼女のクラスに現れることはない。彼らが選ぶ名前は，ごく最近採用されたものであり，可変的なものである。彼らの身体的な外見は自由に編集可能である。彼らのジェンダーは，変わっていくだろう。

　直接比較をすることはできないが，彼らのアイデンティティは，彼らが学校で採用すると思われるものとは異なる，社会目的や要望を達成するものである。Brittaは，彼らの1つの目的は，伝統的な学校教育が彼らに求めてきたアイデンティティを回避することだろうと主張する。

　　そうですね。このような子どもたちが，どのように12歳という仮想のアイデンティティを取得済みなのかを調査することは，探求すべき新たな領域だと思います。しかし，彼らはこの新しい「皮膚」において安全だと感じています。そして，たとえば，「実際の」生活にあまりに接近すると，声はとにもかくにも無視されてしまうのです。
　　彼らは，友だちのプレッシャーや，教室での授業などがある…「実際の」生活ではありえないことを楽しんでいます。学校は，それらのほとんどを制限しています。そのため，彼らは自分自身を違ったかたち

第8章 マシニマ,「セカンドライフ」にみるアニメーション教育の新たなかたち

で表現するのが好きですし,標準的であることを好まないのです。青ギツネ,あるいは,アライグマとして存在しているひとりの10代の若者がいます。ひとりは,色を変える巨大なマシュマロです。ひとりはつねにシルクハットをかぶっています…

このようなアイデンティティのパフォーマンスは,頻繁にデザインし直される。このようなパフォーマンスと,これまで行われてきたような学校の生徒としてのアイデンティティのパフォーマンスとの差異を作り出すものは,一般的に,遊び心(プレイル)にあふれたところであると説明されるだろう。これが,どのような種類の遊びなのかを正確に説明することは難しい。はっきりと構造化された教育のプロジェクトによく適合するということで言えば,それは,ブライアン・サットン=スミス(Brian Sutton-Smith, 2001)が教育的な意味において「進歩的」と表現する遊びの形式といくつかの点で類似している。向社会的であり,協働的であり,発達的であるという点である。しかし,生徒たちによって選ばれるアバターの形式や,彼らが採用する名前は,また,サットン=スミスが示した,幻想的表現(ファンタズマゴリア)としての遊びという概念を示すものでもある。すなわち,教育や子育てによって慣習的に課された,規則的な構造の外部で作動する,無秩序な幻想である。サットン=スミスによって提案された「遊びの曖昧さ」は,遊び理論に惑わされることで古くから存在し続けてきた,仕事と遊びとの対置関係に挑むものである。若いマシニマ制作者たちの場合,T. L. テーラー(T. L. Taylor)が,パワーゲームに興ずる者たちの「遊び心(プレイフル)あふれた仕事」「仕事のような遊び」に関する議論の中で提案したような方法で(T.L. Taylor, 2006),これらのカテゴリーのあいだを前向きな意味で混乱させることが役立つ。

コンピュータ・ゲームや仮想世界におけるロール・プレイとの関係でプロセスドラマ[訳註10]を探求してきた教育ドラマの専門家,ジョン・キャロルとデビッド・キャメロン(John Carroll & David Cameron, 2005)によれば,教育ドラマと,ゲームやマシニマにおけるロール・プレイの双方が「ロー

[訳註10] process drama。作品を作り上げ観客に見せることを目的としてきた従来の演劇(ドラマ)と異なり,行為を行うことそのものを目的にするドラマ。

ル・プロテクション」を提供する。「ロール・プロテクション」とは，現実世界の影響からロール・プレイを行う者を保護する「心理社会的な猶予」である。ここで，教師や生徒といった役割(ロール)そのもののパフォーマンスは，さまざまな点で，キャロルとキャメロンが述べるロール・プロテクションに従属するものである。生徒――そして教師――は，学校的な環境であれば何か言われるどころか禁止されるかもしれない衣服やヘアスタイルを身につける。しかし「セカンドライフ」において，このようなことは，アイデンティティ遊びやファンタジーの様式次第なのである。生徒たちは，「実際の」生活の教室において演じなければならないと感じるものとまったく異なる社会的な役割(ロール)を採用してもよい。しかしながら，10代用区画(グリッド)にはより制限された資源しか存在しない。そのためBrittaは，スコムでの仕事用に異なるアバターを作成する必要がある。彼女は，次のように言う。

> ログオンしたとき，私はいつも忙しかったので，最終的に私のアバターを変更する瞬間にたどりつくまで，2週間もかかりました。スコム・パークは比較的制限されているので，他のショップにはアクセスできないのです。はい。私は，主要区画(メイングリッド)から持ってきた用具一式を失っています！ 実は私，主要区画(メイングリッド)からたくさんのものを失っているんです。10代用区画(グリッド)と主要区画(メイングリッド)のあいだを行き来することは苛立たしいことです。つねに，置き去りしなければならないものに気づきます――私の竜のアバターのように！

つまり，ドラマ的な表現や自己のリプレゼンテーションという観点から見れば，教師や生徒に開かれたかなりの自由があるが，資源は決して無制限ではない。また，この制限は，さまざまな社会的動機に左右される。主要区画(メイングリッド)のアバターは，違法なタトゥーや，非常にリアルな皮膚，全裸のグラフィック表現にさえアクセスできる。一方，10代用区画(グリッド)は，明白な理由によって，これらの資源のうちのいくつかから除外されている。

同様に，「セカンドライフ」には，その世界観に沿った印象的な地形

第 8 章　マシニマ,「セカンドライフ」にみるアニメーション教育の新たなかたち

が存在する。自分であることの感覚は,着たもののみならず,訪れた場所によっても実現される。再び述べるが,ここには,多くの自由がある。Britta が,アバターの訪問講演者[6]として,私たちが「セカンドライフ」の中で催したセミナーに来た際,彼女は私たちを「セカンドライフ」のマシニマ・スタジオへ連れて行った。そこで,私たちが連れていった修士課程の学生たちは,専門のアニメ制作者たちに,彼らがどのように映画を作るのかを質問することができた。「実際の」生活と比較すると,これはとても容易だった。長い交渉も,複雑で時間を消費する旅も,アクセスの難しさも存在しないのである。私たちは,数秒で,スタジオまで転送され,教育的な「見学」は滞りなく流れ,終了した。

しかしながら,Britta は,生徒に適用すべき制約について,次のようにコメントしている。

> 私たちは,明白な理由で 10 代用区画(グリッド)から 10 代の若者たちを連れ出すことができていません…しかし,私はいまだに,生徒たちと主要区画(メイングリッド)上のマシニマ施設や周辺を訪れるために,「日帰り旅行」を行うことを想像しています。同様に,主要区画(メイングリッド)には,教育に関するすばらしい場所が,非常に多くあります。しかし,私たちはそこに 10 代の若者たちを連れて行くことができていないのです。たとえば,私は最近,主要区画(メイングリッド)の「セカンドライフ」で,ある地質学者に会いました。彼女は,地質学の歴史にもとづいて,完全な島(アイランド)を構築したんです。驚きですよね!私は,そこに彼らを連れて行きたいのです。そうしなければ,地質学の島(アイランド)には訪問者がいません!

「実際の」生活において,大人の世界と 10 代の若者の世界とのあいだに存在する壁は,互いに行き来できるような性質のものである。なぜならば,その壁のほとんどが,物理的なものではなく,法的,社会,慣習的なものだからだ。一方,10 代用区画(グリッド)と主要区画(メイングリッド)のあいだは,テクノロジー的な分割によって,互いを通すことのできないものになっている。同様に,主要区画(メイングリッド)内の「立ち入り禁止」エリアは,アバターがそこを通り抜

けないよう，テクノロジーの障壁によって防御されている。そのような物理的障壁は——財産・所有物などに対して——実際の世界にも存在しているが，ここではそれが強くなっているように見える。

しかしながら，それは，「セカンドライフ」のコンテクストが，旧来の公教育の制約から移行したということなのかもしれない。旧来から行われてきたインフォーマルな指導や学習は，公的な教育の制約についてまったく扱ってこなかった。インフォーマルな教育の目的，カリキュラムおよび評価の実践は，公的な学校教育の制約を回避しているかもしれないが，教育的な実践そのものは非常に類似したままの可能性がある。「インフォーマル」な教室が，奇妙なことに，形式的・指示的であるということもある。一方，「フォーマル」な実践も流動的，革新的で，生徒中心的，協働的なものになりえるのである。Britta のスコーム・クラスの場合，おそらく，教授－学習過程におけるインフォーマルさの程度は，アバターとしての生徒による働きかけ(エージェンシー)によって決定される。この教授－学習過程は，ファンタジーの設定——Britta とスコーマーズが出会う巨大な飛行船——によって補完される。

「セカンドライフ」において自分自身の指導をどのように取り入れたかに関する Britta のコメントは，詳しく考察する価値がある。

> 教室の先生になると，学級経営管理についてつねに教えられることがあるし，つねに気づかされることがあります。実生活で 10 年間教えた後，私は，うまくいくものと，いかないものに関するとっておきの手続きを確立できたと思います。私はさまざまな学校で，あらゆる能力を持つさまざまな学習者と仕事をしました。しかし，仮想世界において教えることはまったく異なることです。第一に，もっともはっきりしていることは，教師と学生の物理的・身体的な存在がないということです。したがって，アイコンタクトも，静かにさせることが必要な場合に上げるべき声もありません。非常に新しい，個人的な空間があるのです。

驚くべきことにここでは，行為可能性(アフォーダンス)と制約とが，並列して存在してい

第 8 章　マシニマ,「セカンドライフ」にみるアニメーション教育の新たなかたち

る。存在感や社会的な働きかけ(エージェンシー)の感覚は強いが,この感覚的な経験はまったく異なるものである。すべての教師がストレスを経験する雑音は,必要なものであると同時に,つねに管理しなければならないものだが,それはもはやなくなってしまった。さらに,Britta はこのような場所を,生徒たちがつねにチャットやインスタント・メッセージをタイプし続けているという意味で「沈黙のない」場所と見なすが,この場所は,感覚的な見地から見れば明らかに「無音」である。「実際の」教室で 30 人の学生とアイコンタクトすることは,教師にとって重責かもしれず,教師たちは,仮想空間においてこの重責から救い出されるという感覚もあるが,その一方で,アイコンタクトの不在がコミュニケーションにおける強制として解釈される可能性もある。

　教師と生徒たちのあいだの,チャットでの対話を見れば,行為可能性(アフォーダンス)へと変化しつつある制約への感覚が,いっそう強くなる。感情を表現するさまざまな仕掛けや,新型部族の隠語として役立つさまざまな略語を持つチャット対話の性質,そして,チャット対話の専門的な目的(この場合,アニメーションの教育および学習)への適用によって,伝統的な教室談話のジャンルとは著しく異なる一連の特徴が展開される。その効果は,ユーモアを前景化し,発話交替(ターン・テイキング)を早め,社会的なヒエラルキーを解消することである。

　しかし Britta は,その他の点において,従来の教育的なコンテクストとの類似点をいくつか認めている。

> けれども,グループを管理することについては,まだ同じようなものです。早くやる必要がある！最初の 2 つのセッションでは,全員を編制して,最初にするべき仕事を与えたのですが,そのときはまったく狂気の沙汰でした。このときは,通常の教室にいるときと,それほど違わない状況にありました。生徒たちに話しかけ,彼らに何をやりたいのか,どのようにそれができると思うのか──そして,何を指示されると思うのか──などを尋ねるのです。

「セカンドライフ」で教えることと,「実際の(R)」生活(L)で教えることのあいだの独特な違いは,テクノロジー的な資源によるものだ——「セカンドライフ」で利用できる個人のインスタント・メッセージ機能である。

> インスタント・メッセージによって生徒たちとチャットすることができるので,生徒たちとより「質の高い」時間を持てることがわかりました…私は,実生活において生徒たちと話す時間をとったことはありませんでした。

個人的なコミュニケーションへ即座に切り替えることは,従来の教室においては不可能である。従来の教室において,「プライベート・チャット」をするためには,生徒たちを,必然的に別のスペース,別の教室へとかなり目立ったかたちで移動することが必要となる。しかしここで,Britta のいう「質の高い時間」を他のかたちで従来の学校環境に置き換えられないのか,という疑問が生じる。インフォーマルな課外活動,修学旅行・校外学習あるいは「廊下」談義など,教師たちは,教室に制限された教科指導の限界から逃げ出そうとする生徒と関係を構築するため,あらゆる機会を用いている。これらの機会はどうなのか。その違いは,おそらく,授業日課の隙間に生じる厄介事として見出されるのではなく,むしろ,そのようなコミュニケーションが,授業の時間そのものに統合されていることである。

■ 生徒たちのマシニマ

生徒たちによる現在までの主な制作物は,1937 年の飛行船**ヒンデンブルク**号崩壊^{訳註11} に関する 12 分の映画であった。これは,「セカンドライフ」の主要区画(メイングリッド)から 10 代用区画(グリッド)までの輸送を行う飛行船 Britta 号に触発されたものである。

訳註11　1937 年 5 月 6 日にレイクハースト空軍基地で起きたドイツの旅客輸送用硬式飛行船ヒンデンブルク号(Hindenburg (LZ-129))の爆発事故。

第 8 章　マシニマ,「セカンドライフ」にみるアニメーション教育の新たなかたち

　… 私は，主要区画(メイングリッド)からスコーム・パークにいくつかのものを持っていくチャンスを得ました。そこで私は船を持っていきました。「セカンドライフ」における私の初めての海賊基地です。私はそれを 10 代の生徒たちに与えました。主要区画(メイングリッド)から 10 代用区画(グリッド)に対象物を移動させるのは，とてもやりにくかった…だからこそ，**ヒンデンブルク**の映画を作ろうという彼らのアイデアを触発したのです。

　映画を編み出すプロセスは，教育における 1 つの重要な側面である。メディアや美術，ドラマ，創作の授業においては，つねにここに選択の余地がある。(おそらく，試験のシラバスの制約下で) 話題 (トピック) を特定するか，あるいは，学生にそれを任せるか。Britta は，生徒たちが，何をすべきかを選ぶべきであると強く感じている。

　　おわかりのように私は単なる技術者なので，彼らに想像させるようにします。だけど時々，生徒たちに介入することもあります…『タイタニック (Titanic)訳註12』を再撮影する計画のように。私は，「なぜ？」「もう一度？」を，彼らが私に伝えるよう，彼らの意欲をかき立てます。私は彼らを励ましてもう一度考えるようにさせます…なぜ自分たちが，そのようなスタイルでこの映画を作りたいのか…もうそれが既に行われていたのであれば，違いを生み出すためには何がしたいのか…を説明させるために。

Juniper Mapp：創造性？
Pigment Pye：そうです…10 代の若者たちは，だけど，一旦，自分たちの想像を参照するよう促されていても，まずはじめに，想像よりも自分たちが知っていることを参照します。私はそう思います。しかし，一旦，彼らの想像が進んでいけば，それを止めるものはありません。

訳註12　1912 年 4 月 14 日に生じたタイタニック号沈没事故に基づき，1997 年に米国で製作された映画。

これは，創造のプロセスに関する多くの問題を提起するが，それらはマシニマや仮想世界で教えることのみに特有のものではない。自由と制約の関係（Sharples, 1999）は，英国教育工学通信協会のデジタルビデオ試行プロジェクトによる評価のテーマであった。本プロジェクトの評価では，多くの教師たちが，自由は創造性の鍵となると考えていた。しかし，その評価が繰り返し見出したことは，生徒たちが何らかのかたちで制約を受けたプロジェクトが，もっとも効果的なプロジェクトであるということだった。Britta のヒンデンブルク・プロジェクトにおいても，自由と制約の両方がある。重要なことに，ここには，内容を選ぶ自由が含まれている。しかしながら，Britta による説明が明らかにしているように，このような選択が挑戦的に行われ，磨きをかけられていく。創造性には，生徒たちがメディアの先行経験から引き出してくる文化的資源を展開させることが含まれるだろう。しかしそれはまた，2つの点で，これらの資源の変容を含む。Britta が述べるように，その変容の1つは，想像力に富んだものだ。思い出した文化的資源，あるいは発見した文化的資源を新しいものに再加工する能力である。しかし，彼女のアカウントが示唆するように，もう1つの側面は，論拠とともに筋道を立てて考察することである。レフ・ヴィゴツキーの「創造性」（Lev Vygotsky, 1931/1998）に関する説明によれば，この要素は「創造性」において決定的に重要なものであり，「概念理解」「論理的思考」[訳註13] とともに「想像性」と親和的な関係にあるものと見なされていた。メディア・リテラシーのモデルが，批判的な次元と創造的な次元を明記することは既に知られているところであるが（Buckingham, 2003; Burn & Durran, 2007），この例は，これら表面的に別個の次元が，いかに緊密につながっているかを示している。メディア・テクストの機能や意味，感性に訴える効果を，批判的に評価し判断する能力は，それがいかに異なるものになりえるかを想像する能力と，密接に関連している。反対に，それま

[訳註13] rational thinking。論理的思考は logical thinking の訳語として定着していることから，ここではヴィゴツキーの論考における用語であることを示すため「論理的思考」と表記した。この他，ヴィゴツキーの議論に関わる用語については，その特殊性を示すため「」を付けて表記した。

第 8 章　マシニマ,「セカンドライフ」にみるアニメーション教育の新たなかたち

でに存在していないものを生み出す能力は,画像や音,場所や出来事を,再び心に思い描く能力のみならず,これらの資源が何を意味するために作られたかについて,理に適った判断をする力に左右される。

　メディア教育において長らく続いてきた議論の 1 つは,創造作業の協働的な性質に関するものである。継続的に使われ続けているメディア教育のモデルは,個々人の天性やインスピレーションについて,従来の実在論者が抱いてきた新ロマン主義的な概念に抵抗してきた。メディア教育のモデルにおいては,創造のプロセスについて筋道の通った説明をし,著作者の機能を民主化し,協力や結束といった社会的な考えを促進するような,集団制作の記述が好まれてきた(メディア教育における集団制作の実践や理論的根拠についてのより広範な記述については,Buckingham *et al.* 1995 参照)。一定程度これらの理念に挑戦していくことは可能であり,望ましいことですらある。ある 1 つの事例が,個人の創造性のために作り上げられる――作り上げられて当然である――こともあり,前述したようにそのような事例は,美術教育における創造作業の支配的なモデルとして残り続ける。これと同様,協働作業の美徳もさらに感傷的に考えられ,大げさに演じられうるものだ。グループワークは,姿を現したヒエラルキー,表面的にあるいは内密に行われる競争,排除や権力の形態,分裂した意志を,たやすく隠匿しうるものである。

　しかしながら,このような場合,エビデンスとなるのは,グループでの制作がその理念に応えていることだ。生徒たちは,教師との交渉の中で,制作における役割を選択する。

　　デシムス - 編集 /SFX
　　先生 - ストーリー
　　ファズ - 爆発物 / 支柱
　　アキレウス - 記録
　　マーチン - キャスト / ストーリーボード
　　ハプノ - 監督 / アニメーション
　　???- 音楽 / 音響効果,服装

（「???」は，これらの役割を遂行するためにまだ誰かが必要であることを示す）

Brittaのクラスの場合，スコームの生徒たちが，自分たちの所有物のいくつかを作る。プロジェクトの成果に対する彼女の評価では，このプロセスを参照していた。「スキルには，キャラクター・デザインをする力，『セカンドライフ』の提供するインターフェイス構築ツールやスクリプト・ツールを用いてセットやオブジェクトを実在化する力を含んでいました。」

映画の内容は，ジャンルや，記号論的な資源の変容を示すものであり，ヴィゴツキーの「創造性」概念が適用されうる従来の知見を示すものである。その映画は，ドキュメンタリーの要素——ヒンデンブルク号の崩壊に関する歴史的な物語（ナラティブ）——と，殺人やスリラーのジャンルを示唆するファンタジーの要素との混合体である。殺人やスリラーのジャンルが，ガードマンを殺し，船を破壊するための爆発物を設けるミステリアスな破壊活動家を作り上げている。ここでさまざまなアイデアを受け入れるとともに，大きな災害シーンの楽しい開発を容認する交渉のプロセスが，このプロジェクトの他と異なる特徴である。このような楽しい開発は，マシニマによって，アマチュアの映像制作者たちが行えるようになったものであり(Kelland, 2005)，さらに，すべてを一貫した物語（ナラティブ）へとまとめあげていくものでもある。

一方，制約と構造がはっきりと明らかになるところは，Brittaがここで述べているような教授法においてである。これは，Brittaの学校での初期の取り組みのように，美術教育とメディア教育との統合を思い起こさせる。デジタル・メディアのメタ言語と同様，動画における「言語」への強い重点化があるのである。

マシニマのワークショップみたいなトピックを設置する，特別なメディア・ディスカッション・フォーラムがあります。私たちはアイデアや脚本を投稿しています。また私は，できる限り映像言語に関する用語を入れるようにしています。ストリーミング・メディアのようなものがどの

第 8 章　マシニマ,「セカンドライフ」にみるアニメーション教育の新たなかたち

ように機能していくのか,とか,どのコードを使用するべきか,とか,たくさんのテクノロジーについても議論しています。

教えることは,古いものと新しいもの——映画の初期に開発されいまだに基礎的なものでもあるショット型の文法と,マシニマの芸術,および「セカンドライフ」の中で提供される,特定の映画を作るツールに沿った映画制作の社会的プロセス——を統合する。

> 私たちはとても「実践的」で,生徒たちはさまざまなスキルを学習します。単に,テクノロジーに関することではありません。脚本執筆から,小道具づくり,衣裳デザイン,撮影,編集まで,私たちは生徒たちのチームが,完璧な映画撮影班になるのを手助けします。これは,参加者が Alt キーで操作するカメラ,つまり「セカンドライフ」のインターフェイスとなっているカメラを使用する方法を学ぶことを意味しています。参加者は,ショットを設定する方法を学びます。これには,ロング・ショット,ミディアム・ショット,クローズアップ・ショットと同様に,オーバーショルダー・ショットも含まれます。

この教授法は,メディア教育や美術教育が,創造的に制作される作品の手業(クラフト)を重視することを思い起こさせる。一方,これは,クリスチャン・メッツ(Christian Metz, 1974)が映画言語と呼んだものに深い結びつきを持つ。映画撮影と編集である。いくつかの点で,これは,メディア教育に特有の制作プロセスに非常によく似ていると思われる。

> 私たちは,フォーラムを通じて編制されます。この世界では,誰でも,必要なものを作ります。あるいは,私が,カメラ技術や録画技法を教えます。一旦,映画を作り始めると,これらがとても必要になるのです。『ヒンデンブルク』は制作するのに 3 ケ月かかりました…私はアキレウス(16 歳)の側で映画撮影をしていて,私たちは 2 セットのファイルを持っていたんです。10 代の生徒たちが編集するための良いソフトウェア

を持っていないので、編集は手の込んだものになりました。多くの人たちは、(Windowsの)「ムービーメーカー」を使用しますが、それは実際的にはあまり良いものとはいえません。それは、私がもっと開発したいと思うようなものです。

しかしながら、特徴的な違いもある。異なる役割を教えるために、Brittaによって使用されるスクリーン・ショットには、外部から船を撮影するために空中で浮かぶカメラ操作者の生徒が示されている。マシニマは、学校での制作における技術的な可能性をはるかに超えたショットを、常態で作り出すことができる。クレーンや飛行機あるいはCGI[訳註14]を備えた専門の制作会社のみが映し出すことのできるショットである。

一方、教授において、メッツの映画言語に注目する場合、彼がより広い意味で映画言語と見なしたものを認識することにもなる。映画のマルチモーダルな性質および、衣裳や言葉、ドラマ的な動きなど、映画が組み込む他の意味作用システムである。

演技すること――ハハハ、あれはすごく大変で、10代の人たちとカメラマンに探りを入れなくちゃならなかった、全部、タイピングでね。だけど、私たちには脚本があったし、10代の若者たちは基本的なアイデアに従いました…たとえばガードマンを撃つことや爆弾ですね。彼らは、チャットを通じて、撮影の仕方や、何をすべきかについて交渉します…私は単に、それがものすごーーく複雑になったときや、自分たちのアイデアに彼らを集中させたいときにバトンタッチしただけでした。

訳註14　Common Gateway Interface。日本でも「シージーアイ」と呼ばれる。

第8章　マシニマ,「セカンドライフ」にみるアニメーション教育の新たなかたち

図8.2　Brittaによる「セカンドライフ」の英語撮影のための指導ガイド

マシニマの性質のため，ドラマ的な要素が，従来のアニメーション作品よりもはるかに優勢な部分を占めている。実際，従来のアニメーション作品では，話し言葉でのキャラクター化に制限されている。今回の場合，そのプロセスは，教育における，実写での動画制作作業により近いものだ。その中で，生徒たちは役を演じるだけでなく，撮影し，編集し，監督を行う。おそらく，もっとも明確に，従来のアニメーションとの相違を示すマシニマの特徴は，パフォーマンスである。アバターは，リアルタイムで役割を演じ，彼ら自身，あるいは，他の人々に撮影される。そしてそれは，仮想的な身体の演技と，動き続けるカメラによる連続性を伴いつつ，セル画やコマ撮りアニメの，バラバラに細分化された制作プロセスに置き換えられるのである。

　動画制作の，マルチモーダルな全体的調和(アンサンブル)における，ドラマ的な要素については，メディア教育において認識が不十分なところである。最悪の場合，役を演じることは，撮影や編集が得意でないと認識された生徒にあてがわれうる。しかし，より一般的にみて，これは単に，メディア教育と

ドラマ教育の教育学的伝統のあいだでの対話の失敗である。一方は，リプレゼンテーション，媒介，スクリーン，および分散配信型の表示に関する言語を授けてきた。もう一方は，ドラマ的存在，現象学的な実体化，局地的・即時的な提示に関する言語を授けてきた。要するに，これら2つは，互いに互いを必要としているということだ。

　ヒンデンブルク・プロジェクトの場合，何がドラマ的な作品の性質であるかが即座に明らかになるわけではない。キャロルとキャメロンが論ずるように，それは明らかにロール・プレイのひとつのかたちなのだ。

> プロセスドラマとマシニマはどちらも，マリー (Murray) であれば「サイバードラマ」(2004: 20) 訳註15 と呼ぶ形式に入れたがるであろう働きを有している。これらの形式はどちらも，ドラマ的な「連続した一続きの語り」と機能的な「ゲーム」プレイとの中間に位置する，あるタイプのドラマ的な創造作業へと通じる。役割距離によって，そこで求められる「心理的に存在する実体」であることが可能になる。「心理的に存在する実体」は，枠づけられた文脈で活動するために，「私」と「他者」とのあいだのどこかに位置づけられている。　　　(Carroll & Cameron, 2005: 8)

　ここで，**役割距離**は，批判的な距離の可能性を提示している。批判的な距離とは，実際的には，ベルトルト・ブレヒト (Bertolt Brecht) の異化効果の派生概念であり，異化効果とは，教育におけるプロセスドラマがその中核に抱く概念である訳註16。そのポイントは，ある役割にあまり情緒的に浸るべきではないということである。ドラマの展開や，さまざまな参加者や観客にとっての意味を反映するために，あまり情緒的に浸りきらず，その

訳註15　Murray, J.（2004）. 'From Game-Story to Cyberdrama', in Wardrip-Fruin, N. & Harrigan, P.（2004）*First Person—New Media as Story, Performance, and Game*. Cambridge: MIT Press.

訳註16　異化効果（英 alienation, 独 Verfremdungeffekt）とは，日常見慣れたものを未知の異様なものに見せる効果である。ドラマの中の出来事を観客が距離をもって批判的に見られるようにするための方法という意味で用いられる。また，役割距離（role distance）は，自分の役割に期待される行動様式に対しての抵抗を意味するゴッフマンの概念と推測される。

第 8 章　マシニマ，「セカンドライフ」にみるアニメーション教育の新たなかたち

役割に出たり入ったりできる程度にすべきだということである。異なるメタファーが，ヘンリー・ローウッド（Henry Lowood）によって提案された。

> これは，Ill Clan の設立メンバーのひとりであるポール・マリーノ（Paul Marino）が，マシニマにおける仮想のあやつり人形芝居と呼ぶものへの第一歩であった。すなわち，キーボードの連結を通した，演技者 / ゲーム・プレイヤーの声と，アバターの行為（動くこと，話すこと）との入念な同調である。　　　　　　　　　　　　　　　　　　（Lowood, 2005: 20）

あやつり人形としてのアバターは，ある意味で，アウグスト・ボアール（Augusto Boal）の演者たる観客（スペクタクター）——敷居を超えて，ドラマの一部になる，観客の構成員——という概念に類似している（Boal, 1992）。もっとも重要なことは，双方が，批判的な距離を提示していることである。しかし重視する点には相違がある。演者たる観客は，本格的な政治プロジェクトを暗に示している。これとは対照的に，あやつり人形は，遊び，カーニバル，街頭演劇，子ども時代を示唆している。もちろん，芸術形式としてであろうが，教育プロセスとしてであろうが，マシニマの未来にはその両方が含まれている。

　一般的な言葉でいえば，ここでの疑問は，教育における創造作業の，実用主義的（プラグマティック）な多様性に関係するものである。この種の作品は，メディアやアートの教室の，伝統的な慣行を越えていくものである。私たちはもはや，芸術作品がポピュラー・カルチャーの世界に属するものなのか，あるいは，アバンギャルドの世界に属するものなのか，あるいはその両方なのかについて，確信を持つことはできない。生徒たちは，駆け出しの映画制作者なのか，ビジュアル・デザイナーなのか，あるいは俳優なのか。生徒たちの作品は，リテラシーに属するのか，ビジュアル・カルチャーに属するのか，ポピュラー映画に属するのか，デジタル・ドラマに属するのか，あるいはそのすべてなのか。いずれにしても，ここで作動している教授の知が，生まれたばかりの教授法という大事なものを，無用なものとともに捨ててしまうことを，静かに拒絶していることは明らかである。古き

慣例は，より多元的，より流動的で，よりスムーズにモダニズムよりもポストモダン主義の思考形式に特徴づけられるものに取って代わるかもしれない。しかし，創造的に作ることのプロセスにおいてはまだ，より古いメディアの詳細な手続き，文法，文化的な痕跡を読み出す必要がある。このことは，スコームの生徒たちにとっても，大人のマシニマ・コミュニティにとっても，同様に真実である。

■ 結論

　この研究において結論できることの1つは，新しい形式であるにもかかわらず，新しいメディアは古い問題を提起するということである。スコームの生徒たちとともに行われた Britta の仕事が示唆するのは，生徒たちが自分自身の作品の内容に対して個人的に関与することが必要であるということであり，どうにかして遊びと労働とのバランスをとることのできた創造的制作は成功するということであり，動画の記号論的特異性に詳細な注意を払うことは恩恵をもたらすということである。これは，美術教育およびメディア教育における感性に関わる実践の違いについての問いを提起するだけでなく，この種のプロジェクトが，これら双方の領域における，変化しつつある実践の中に位置づくであろうことを示している。一方は，より多元論的で批判的なアプローチへと向かっており，他方は，教育における芸術へのより密接な関与へと向かっている。またこれは，インフォーマルな教育が享受してきた利点や，インフォーマルな教育がカリキュラムや評価についての法定メカニズムの制約から自由であることに対する議論を引き起こすものでもある。またこれは，教授アプローチとしての美術教育・メディア教育における強みが，専門的な芸術実践に起源を持つものであり，そこから知識を与えられたものであることを立証している。それはまた，協働的な仕事の複雑さと恩恵を示している。

　これらの多くは，メディア教育についてのより古い授業を強化するものだが，その一方で，とくに新しいメディアの文脈においては，反復と更新が必要なものでもある。

　しかし，マシニマ——その文化とそのテクノロジー——について，何が特

第 8 章 マシニマ,「セカンドライフ」にみるアニメーション教育の新たなかたち

殊で,何が異なるかを言うことはできるだろうか。
　マシニマは,そのゲーム世界への依存性と,それらが提供する資源によって,可能になること,束縛されることがあり,それによって定義されること,制限されることがある。また,それによって解き放たれるものもあれば,縛り付けられるものもある。ゼロからスタートすることはできないが,それはつねに適応し,変形し,目的を設定し直す。これは,マシニマの強みでもあり,弱みでもある。おそらく,それほど多くはない弱み——コラージュと統合,発見された物質の変形は,近代における誇るべき歴史を有している（ジョルジュ・ブラック（Georges Braque）の新聞コラージュや,パブロ・ピカソ（Pablo Picasso）による自転車サドルの「雄牛の頭部」）。一方,ブリコラージュの実践は,ポストモダン文化のかなり確立したしるしである。現代のポピュラー音楽におけるサンプリングの実践にそれが見られる。あるいは,ファッションやデザインのコードにおける,物質的・記号的な変形にそれが見られる。ファッションやデザインにおいては,軍服が異議を表明するための衣服になり,あるいは,シェーカー教徒内的スタイルの質素なシルエットが,ブルジョア的な富のしるしになるのである。
　より具体的には,既存の資源の適用に基礎を置く,感性に関わる実践は,学校や教育における文化的な作品の助けになる。本書の第 3 章では,ポピュラー・カルチャー的なメディア教育について記述した——ポピュラー映画で見出した映像素材を編集することで映画のトレーラーを制作する活動である。マッシュアップ^{訳註 17},ファン・アート,ファン・フィクション,改造（モディング）,リバース・エンジニアリング^{訳註 18} によって表される文化的な乗っ取りの形式——これらはすべて教育的なプロジェクトがもたらした利益である。この意味で,学校の生徒や教師は,つねに,ジェンキンス

訳註 17　mush-ups。2 つ以上の曲をリミックスして 1 つの曲にする手法。
訳註 18　reverse engineering。ソフトウェアやハードウェアなどを分解,あるいは解析し,その仕組みや仕様,目的,構成部品,要素技術などを明らかにすること。

(Jenkins, 1992)やミシェル・ド・セルトー（Michel de Certeau[訳註19]）の比喩にいうテクスト密猟者に類似しているのだ。彼らは，他の人々によって発明されたジャンルや形式，借用したツールを用いて，貸し出された場所の中で創造する。

　さらに，上述したように，これらの実践は，ヴィゴツキーが「創造性」についての論考の中で想定した，「創造性」の中心的なプロセスを成立させている。記号および文化的資源の変容に対して，ヴィゴツキーが重視した点は，教育におけるマシニマの利用を擁護するものである。既に高度な文化的形成がなされ，さらに現代のゲーム文化の中で形成されてきた資源を与えることは，若いアニメ制作者たちに，遊びの可能性に満ちあふれた出発点を提供することである。社会記号論は，言語や他の意味作用システムを，意味の可能性のシステムであると見なしているが，ゲームやゲーム的な環境を同様に見なすことが，未来に向かう生産的な方法である。ローウッドは，この点において，ゲームにおける「文化的エコノミー」というレフ・マノヴィッチ（Lev Manovich）の考え方を引用する。これによると，ゲームやゲーム的世界は，定まったテクストの実体というよりも，むしろ，創造作業のためのツールキットと見なされる（Lowood, 2005）。

　しかしながら，境界への襲撃・侵入といった比喩は，教育の創造的な制作作品をロマンチックに描く危険性があることを認めなければならない。しかし，以下のような反論もある。多くの点において，各種の学校は，教師や生徒によって占有された，真実味のある特殊な文化的スペースであり，そこに侵入する必要は存在しない。彼らの創造作業は，アマチュアの制作よりもむしろ専門家の徒弟制に似ている。それは慣習に逆らう余暇活動ではなく，日々の業務なのだ。とくに，教師のアイデンティティが教育学的な役割に由来するのと同様に，専門的な芸術家としての実践に由来する場合，Brittaがそうであったように，徒弟制はよりふさわしい考え方である。さらに，芸術作品の存在論に関する重要な問題がある。これらの芸術作品は，多くの点において，スコームの生徒たちが，ゼロから作り上げ

[訳註19]　de Certeau, M.（1980）*L'invention du quotidien. Vol. 1, Arts de faire*. France: Gallimard.（山田登世子訳(1987)『日常的実践のポイエティーク』東京：国文社）

第 8 章　マシニマ,「セカンドライフ」にみるアニメーション教育の新たなかたち

たものである。生徒たちは,「セカンドライフ」内で発見されたオブジェクトにアニメ映画を適応させるのではなく,むしろ,アニメ映画のための所有物についてスクリプトを書き,それらを形づくっていった。これは,むしろ,ブリコラージュという文化主義的なレトリックよりも,コマ撮りアニメーションにおける,塑像用粘土によるモデル作りのデジタル版にとても近く見える。

　しかしながら,Britta のマシニマ制作者たちが多くの点でそうであるように,もし彼らが専門家された制作チームであるとしても,彼らは制限されたツール,予算,時間の中で作業をしている。彼らは,デザインし,発明し,変形するのと同様に,乞い求め,借用し,盗み出すのである。そして,未来にはまったく異なる状態が維持されているかもしれないが,初期の数年間においては,これらがマシニマにおいてもっとも有力な感性に関わる実践であり,このことがマシニマを,教育的なアニメづくりの作業にこのように適したものにしているのである。既に明らかなことは,過剰な一般化を行うことは誤りであるということだ。ケランドら(Kelland *et al.*, 2005)は,マシニマに既に多くの異なるジャンルが存在することを強調する。これらのジャンルの中には,ゲーム文化に依拠するもの,既に確立された映画のジャンルから派生したものがあり,その他のものは,新種のインディーズ系領域を占拠している。たくさんの空間や時間があり,それは,若いマシニマ制作者たちが遊び,労働し,学習するための資源や,創造的な場所を見つけようとする美術教育者・メディア教育者のためのものなのだ。

原註リスト

■ 第1章

① 過去のコンピュータ・ゲームや芸術作品，コンソール，Game On（テレビゲームの展覧会）といった展覧会が初めて開催されたのは2002年にロンドンのバービカン・センターで開催されたものであり，国際ツアーを行った後，2006年に科学博物館で再び開催された。

② もしくは，これよりも古い議論はジュリアン・マクドガル（Julian McDougall, 2006）によるメディア教師批判である。マクドガルはプロップとトドロフ（Propp & Todorov）のナラティブ理論を決まって同じようなやり方で当てにしたメディア教師たちを批判している。

③ まれな例外としては，ジュリアン・セフトン・グリーン（Julien Sefton-Green, 2005）の議論がある。セフトン・グリーンはマノヴィチの示唆を発展させ，生徒のデジタル制作実践に関する理解が異なるメディアに対しても転移されるという議論を行った。

■ 第2章

① 1997年9月にニューヨーク近代美術館において催された展示のテーマは，ヴラディーミル・ステンベルグとジョージー・ステンベルグ（Vladimir & Georgii Stenberg）の映画ポスターであった。彼らの生涯や作品についての記述は，カタログ「ステンベルグ兄弟——ソビエト・デザイン革命の構築——」（近代美術館：ニューヨーク, 1997）において，クリストファー・マウントが書いた記事を基に執筆した。

② AIP（アメリカン・インターナショナル・ピクチャーズ）は，ハリウッド・スタジオからの新たな類の独立を企て，ロジャー・コーマン（Roger Corman）の数多くの作品のような，重要なSF映画やB級ホラー映画の制作を行った。この問題のさらに詳しい議論については，ジャンコヴィッチ（Jancovich, 1996）を参照のこと。

③ この中世版の詳細な説明は，ザイプス（Zipes, 1983）を参照。またこ

こでのザイプスの説明を，アンジェラ・カーターが『おとぎ話のヴィラゴ本(The Virago Book of Fairytales)』への小論の中で言い換え言及している。

④ ホラー映画のオーディエンスにおける，マゾヒスティックで女性的に構造化された観点についてのクローバーの議論は，よく知られているラウラ・マルヴィの次の論点とは正反対の作用を及ぼす。マルヴィの論点とは，映画のナラティブにおいてはすべてのオーディエンスは，男性的でサディスティック／のぞき見趣味的なポジションに位置づけられる(Mulvey, 1975)というものである。

⑤ スチル写真と文字通り対応するものとしてのキャッチフレーズが見られる。つまりそれは，力強い引用句や独特な意味の圧縮，映画と観客との関係性や，宣伝用のために特別にしつらえられたものである。(事実，書いていたときにも，それはインターネット・ムービー・データベースの「The Fly」上のページ冒頭にあった。)

⑥ もちろんさまざまな方法で映画をリミックスした，こういったビデオを早めに経験するということは，ウィリアムズがまさに試みたように，参加型のインターネット文化や，YouTube が複製するような類のオンラインでの展示を先取りしている。この本の刊行時，実際に「Company of Wolves」を真似た複数のビデオを，YouTube 上で見つけることができた。

■ 第3章

① たとえば，フィリップ・ブロフィ(Philip Brophy, 1986)の議論では，「ヒッチコックからの借り物(Hitchcock debt)」は抑制された美的感受性を表し，最近の「人体ホラー(body-horror)」に好まれている。そのホラーはデヴィッド・クロネンバーグ(David Cronenberg)やジョン・カーペンター(John Carpenter)の映画である。ここで話しておきたいことは，映画が恐怖のイメージの潜在，顕在の表出の方略を操作して示す一方，映画は表出(revelation)と隠蔽(concealment)の弁証法にすべて依存していることである。これについての私のイメージは，カントの崇高と美の論文 (Kant, 1763/1960)から借りてきたも

のである。カントが想像した崇高のイメージは，架空のモンスターと一緒に恐ろしい程の無限を示す広大な砂漠にいると考えるようなものである。「恐れ／喜びは，何もないことと，怪物の両方からもたらされるものである」崇高のロマンチックな概念は，多くのコメンテーターによって，過去200年のあいだに，ホラーのナラティブを描くために使われてきた。

② この種の映像はクレスとヴァン・ルーヴェン（Kress & van Leeuwen, 1996）が「要求」するイメージ行為として名付けたものである。それは，登場人物（リプレゼントされた参加者）が，観客の反応や参加を直接求めるものである。それは，語り手と聞き手の接触を保つことにおいて，バルトがいう触媒の役割を補うものである。それが，クレスとヴァン・ルーヴェンが「相互作用（interactive）」と名付けた機能である。

■ 第4章

なし

■ 第5章

① これは，2000年に11年生（16歳）のGCSEの国語科のグループと一緒に行ったものである。
② その映像はのちに，Jenny Leachが編集する，オープン・ユニバーシティによる教師と生徒のためのリソースに組み入れられた。それらは，この本が出版される時点では，まだそこで見ることができる。

■ 第6章

① 本章に登場する子どもたちの名前は仮名としている。

■ 第7章

① レベルエディターは，ゲームを書くソフトウェアで，市販のゲーム内で配信される。これを使って，プレイヤーはゲームの中で自分のセクションをデザインし，ゲームに備え付けられた道具を使ってそ

のセクションをプレイすることができる。
② フラスカ（ibid.）はゲームの状況設定に関して次の2点を挙げている。まず，状況設定（そしてキャラクター）はゲームや物語（ナラティブ）にとって明らかに不可欠なものの1つであること。第二点目は，ゲームの状況設定をする場合，決まりごとが細かく決められていない遊び（パイディア）の可能性が大きいと主張している。たとえば，探検などのアクティビティは，遊び心に満ちたもので，ルールに基づいてはいるが，完結する必要もなく勝ち負けにも影響を与えないものだ。
③ このソフトウェアの最終版は，2006年にフィールドリサーチが行われて「ミッションメーカー」という名前で商業製品として販売されたものだが，この最終版にはアニメーション・キャラクターが含まれている。
④ ウォークスルーの詳細とモードについては バーン＆スコット（Burn & Schott, 2004）を参照されたい。

■ 第8章
① 本章では，2つの受託研究のプロジェクトを取り上げる。「オンライン世界からの学習；セカンドライフにおける教授（Learning from Online Worlds; Teaching in Second Life）」は，エデュサーブ財団（Eduserv Foundation）からの助成を受けた。「デジタルビデオ試行プロジェクト（the Digital Video Pilot Project）」は英国教育工学通信協会（BECTa）の助成を受けた。また，本章では，「オープン・ユニバーシティ（Open University）」でのスコーム・プロジェクトの事業も取り上げている。
② 英国教育工学通信協会（BECTa; the British Education and Communication Technology Agency）は，学校におけるICT活用の発展を支援する英国の機関である。「デジタルビデオ試行プロジェクト（THE DV pilot project）」は，iMacとデジタルカメラを50の学校に供与すること，これらの機材の使用を観察し，評価することを含む。その使用は異なる科目領域，小学校初期から16歳以上までの異なる年齢段階に及

んだ。
③ 「オンライン世界からの学習：セカンドライフにおける教授」，エデュサーブ財団，2007–8.
④ スコームのあいだには区別がある。「スコーム・イニシアティブ」と「スコーム・パーク・プログラム」である。
   - スコームは情報世代に向けた教育システムである。
   - スコーム・イニシアティブは，スコームを開発する。
   - スコーム・パーク・プログラム（Britta はこれに関わっていた）は，スコーム・イニシアティブの一部であり，革新的に異なる教育モデルの「生きた経験」を人々に提供できるように，特別に設立されたものである。さらなる詳細はプロジェクトのウェブサイト www.schome.ac.uk で見ることができる。
⑤ ダイアン・カール（「仮想世界における教授と学習」の研究責任者）とともに。本章において引用されるインタビューはすべて，「セカンドライフ」において，世界内チャット（in-world chat）を通じて行われた。
⑥ 「オンライン世界からの学習：セカンドライフにおける教授」プロジェクトでは，「セカンドライフ」において，修士ゼミ（Masters seminar）を開催した。このゼミは，講演者訪問によって扱われる2つのセッションが含まれていた。この研究の報告書『『セカンドライフ』において教えるための学習』は以下のサイトで見ることができる。
http://learningfromsocialworlds.wordpress.com/learning-to-teach-in-second-life/

文 献

Adorno, T. (1941). 'On Popular Music', in Frith, S. & Goodwin, A. (eds.) (1990). *On Record*. London: Routledge.

Addison, A. & Burgess, L. (eds.) (2003). *Issues in Art and Design Teaching*. London: Routledge Falmer.

Andrews, R. (1994). 'Towards a New Model: A Rhetorical Perspective', in Watson, K. (ed.), *English Teaching in Perspective*. Sydney: St. Clair.

Appelbaum, P. (2003). 'Harry Potter's World: Magic, Technoculture and Becoming Human', in Heilman, E. (ed.) *Harry Potter's World*. New York: Routledge Falmer.

Bakhtin, M. (1952–3). 'The Problem of Speech Genres', reprinted in Morris, P. (ed.) *The Bakhtin Reader*. London: Arnold, 1994.

Bakhtin, M. (1981). *The Dialogic Imagination*, edited by Michael Holquist. Austin, Texas: University of Texas Press, 1981.

Banaji, S. & Burn, A. (2007). *Rhetorics of Creativity*, commissioned by Creative Partnerships, at www.creativitycultureeducation.org

Barthes, R. (1978). 'The Third Meaning', in *Image-Magic-Text*, translated by Stephen Heath. New York: Hill and Wang.［ロラン・バルト（沢崎浩平訳）（1984）『第三の意味——映像と演劇と音楽と』みすず書房］

Barthes, R. (1978). 'Introduction to the Structural Analysis of Narrative', in *Image-Music-Text*, translated by Stephen Heath. New York: Hill and Wang.［ロラン・バルト（花輪光訳）（1979）『物語の構造分析』みすず書房］

Bazalgette, C. & Buckingham, D. (1995). 'The Invisible Audience', in Bazalgette, C. & Buckingham, D. (eds.) *In Front of the Children*. London: British Film Institute.

Beavis, C. (2001). 'Digital Culture, Digital literacies: Expanding the Notions of Text', in Beavis, C. & Durrant, C. (eds.) *P(ICT)ures of English: Teachers, Learners and Technology*. Adelaide: Wakefield.

Benjamin, W. (1938). 'The Work of Art in the Age of Mechnical Reproduction', in Benjamin, W. (eds.) *Illuminations*. Trans. Harry Zohn. Edited by Hannah Arendt. New York: Schocken, 1968.

Benjamin, W. (1999). *The Arcades Project*, edited by Roy Tiedemann. Boston: Harvard University Press.

Bennett, A. (2000). *Popular Music and Youth Culture*. Basingstoke: Palgrave Macmillan.

Bigum, C., Durrant, C., Green, B., Honan, E., Lankshear, C., Morgan, W., Murray, J., Snyder, I. & Wild, M. (1998). *Digital Rhetorics: Literacies and Technologies in Education——Current Practices and Future Directions*. Canberra: DEETYA.

Black, S. (2003). 'The Magic of Harry Potter: Symbols and Heroes of Fantasy', *Children's Literature in Education*, Vol. 34, No. 3, September 2003, 237–247.

Boal, A. (1992). *Games for Actors and Non Actors*. London: Routledge.

Boden, M. (1990). *The Creative Mind: Myths and Mechanisms*. London: Weidenfeld and Nicolson.

Borah, R. (2003). 'Apprentice Wizards Welcome: Fan Communities and the Culture of Harry Potter', in Whited, L. (ed.) *The Ivory Tower and Harry Potter: Perspectives on a Literary Phenomenon*. Columbia, MO: University of Missouri Press.

Bordwell, D., Staiger, J. & Thompson, K. (1985). *The Classical Hollywood Cinema*. London: Routledge & Kegan Paul.

Bourdieu, P. (1984). *Distinction: A Social Critique of the Judgement of Taste*. London: Routledge.［ピエール・ブルデュー（石井洋二郎訳）(1990)『ディスタンクシオン I, II』藤原書店］

Brophy, P. (1986). 'Horrality', Screen, Vol. 27, No. 1, February 1986, 2–13.

Bruner, J. (1996). *The Culture of Education*. Cambridge, MA: Harvard University Press.［ジェローム・ブルーナー（岡本夏木・池上貴美子・岡村佳子訳）(2004)『教育という文化』岩波書店］

Buckingham, D. (1993). *Children Talking Television: The Making of Television Literacy*. London: Falmer.

Buckingham, D. (1996). *Moving Images: Understanding Children's Emotional Responses to Television*. Manchester: Manchester University Press.

Buckingham, D. (2001). 'New Media Literacies: Informal Learning, Digital Technologies and Education'. London: Institute for Public Policy Research.

Buckingham, D. (2003). *Media Education: Literacy, Learning and Contemporary Culture*. Cambridge: Polity.［D. バッキンガム（鈴木みどり監訳）(2006)『メディア・リテラシー教育――学びと現代文化』世界思想社］

Buckingham, D. (2007). *Beyond Technology: Children's Learning in the Age of Digital Culture*. Cambridge: Polity.

Buckingham, D. & Burn, A. (2007). 'Game-Literacy in Theory and Practice', *Journal of Educational Multimedia and Hypermedia*, Vol. 16. L, NO. 3, October 2007, 323–349.

Buckingham, D. & Domaille, K. (2003). 'Where Have We Been and Where Are We Going? Results of the UNESCO Global Survey of Media Education' (pp. 41–52), in Von Feilitzen, C. and Carlsson, U. (eds) *Promote or Protect UNESCO Children, Youth and Media Yearbook*. Goteborg, Sweden: Nordicom.

Buckingham, D. & Sefton-Green, J. (2003). 'Gotta Catch' Em All: Structure, Agency or Pedagogy in Children's Media Culture. *Media, Culture & Society*, Vol. 25, 379–399.

Buckingham, D. & Sefton-Green, J. (1994). *Cultural Studies Goes to School*. London: Taylor and Francis.

Buckingham, D., Grahame, J. & Sefton-Green, J. (1995). *Making Media――Practical Production in Media Education*. London: English & Media Centre.

Buckingham, D., Harvey, I. & Sefton-Green, J. (1999). 'The Difference Is Digital?

文　献

Digital Technology and Student Media Production', *Convergence*, Vol. 5, No. 4, Winter 1999, 10–20.
Burn, A. (1997). 'Spiders, Werewolves and Bad Girls', *Changing English*, Vol. 3, No. 2, 163–176.
Burn, A. (2005). 'Potter-Literacy —From Book to Game and Back Again; Literature, Film, Game and Cross-Media Literacy', in *Papers: Explorations into Children's Literature*, Vol. 14, No. 3, 5–17.
Burn, A. & Durran, J. (1999). 'Tigerwoman and the Grammar of Comics', Open University e-lecture, Open University PGCE virtual conference.
Burn, A. & Durran, J. (2007). *Media, Literacy in Schools: Practice, Production and Progression*. London: Paul Chapman.
Burn, A. & Leach, J. (2004). 'ICT and the Moving Image', in Andrews, R. (ed.) *The Impact of JCT on Literacy Education*. London: Routledge Falmer.
Burn, A. & Parker, D. (2003). 'Tiger's Big Plan: Multimodality and the Moving Image', in C. Jewitt and G. Kress (eds.) *Multimodal Literacy*. New York: Peter Lang, 56–72.
Burn, A. & Parker, D. (2005). *Analysing Media Texts*. London: Continuum.
Burn, A. & Schott, G. (2004). 'Heavy Hero or Digital Dummy: Multimodal Player-avatar Relations in Final Fantasy 7', *Visual Communication*, Vol. 3, No. 2, Summer 2004, 213–233.
Caillois, R. (2001). *Man, Play and Games*, translated by Meyer Barash. Chicago: University of Illinois Press.
Carr, D., Buckingham, D., Burn, A. & Schott, G. (2006). *Computer Games: Text, Narrative, Play*. Cambridge: Polity.
Carroll, J. (2002). 'Digital Drama: a Snapshot of Evolving Forms', *Melbourne Studies in Education*, Vol. 43, No. 2, November 2002, 130–141.
Carroll, J. & Cameron, D. (2005). 'Machinima: Digital Performance and Emergent Authorship', Proceedings of DiGRA 2005 Conference: Changing Views-Worlds in Play. University of Vancouver, June 2005. At www. digra. org.
Carter, A. (1981). 'The Company of Wolves', in *The Bloody Chamber*. Harmondsworth: Penguin.［アンジェラ・カーター（富士川義之訳）（1992）『血染めの部屋―大人のための幻想童話』筑摩書房］
Carter, A. (1991). *The Virago Book of Fairytales*. London: Virago.
Channel 4 (2000). *On The Edge of Bladerunner* (TV documentary).
Clover, C. (1993). *Men, Women and Chainsaws*. London: BFI.
Connor, S. (1992). *Theory and Cultural Value*. Oxford: Blackwell.
Cope, B. & Kalantzis, M. (eds). (2000). *Muliteracies: Literacy Learning and the Design of Social Futures*. Melbourne: Macmillan.
du Gay, P., Hall, S., Janes, L., Mackay, H. & Negus, K. (1997). *Doing Cultural Studies, The Story of the Sony Walkman*. The Open University and Sage Publications.［ポー

ル ドゥ・ゲイ，リンダ・ジェーンズ，キース・ネーガス他（暮沢剛巳訳）(2000)『実践カルチュラル・スタディーズ—ソニー・ウォークマンの戦略』大修館書店］

Duncum, C. & Green, B. (2000). 'Literacv and the New Technologies in School Education: Meeting the L(IT)eracy Challenge', Australian Journal of Language and Literacy Education, Vol. 23, No. 2, 88–109.

Duncum, P. (2001). 'Visual Culture: Developments, Definitions and Directions for Art Education', Studies in Art Education, Vol. 42.2 No. 101–112.

Eisenstein, S. (1968). The Film Sense, translated by J. Layda. London: Faber and Faber.

FEWG (Film Education Working Group) (1999). Making Movies Matter. London: BFI.

Fiske, J. (1989). Reading the Popular. London: Unwin Hyman.［ジョン・フィスク（山本雄二訳）(1998)『抵抗の快楽—ポピュラーカルチャーの記号論』世界思想社］

Frasca, G. (1999). 'Ludology Meets Narratology: Similitude and differences Between (Video) games and Narrative': http://www.ludology.org/

Fraser, P. & Oram, B. (2003). Teaching Digital Video. London: BFI.

Freud, S. (1915). 'The Unconscious', in the Penguin Freud Library, Vol. 11. Penguin: Harmondsworth.

Gauntlett, D. (2007). 'Media Studies 2.0', unpublished article, at http://www.theory.org.uk/mediastudies2.htm

Gee, J. (2003). What Video Games Have to Teach Us about Learning and Literacy. London: Palgrave.

Genette, G. (1980). Narrative Discourse. Oxford: Blackwell.

Goffman, E. (1959). The Presentation of Self in Everyday Life. NewYork: Anchor.［アーヴィング・ゴッフマン（石黒毅訳）(1974)『行為と演技—日常生活における自己呈示』誠信書房］

Grahame, J. & Simons, M. (2004). Media Studies in the UK. London: Qualifications and Curriculum Authority.

Green, B. (1995). 'Post-Curriculum Possibilities: English Teaching, Cultural Politics and the Postmodern Turn', Journal of Curriculum Studies, Vol. 27, No. 4, 391–409.

Halliday, M. A. K. (1985). An Introduction to Functional Grammar. London: Arnold.［M.A.K.ハリデー（山口登・筧寿雄訳）(2001)『機能文法概説—ハリデー理論への誘い』くろしお出版］

Halliday, M. A. K. (1978). Language as Social Semiotic. London: Edward Arnold.

Halliday, M. A. K. (1989). Spoken and Written Language. Oxford: Oxford University Press.

Heath, S. (1976). 'Narrative Space', Screen, Vol. 17, No. 3, reprinted in Easthope, A. (ed.) (1993), Contemporary Film Theory. London: Longman.

Heath, S. (1980). 'Technology as Historical and Cultural Form', in de Lauretis and Heath (eds.) *The Cinematic Apparatus*. London: Ma cmillan.

Hebdige, D. (1979). *Subculture: The Meaning of Style*. London: Methuen.［ディック・ヘブディジ（山口淑子訳）（1986）『サブカルチャー——スタイルの意味するもの』未来社］

Hodge, R. & Kress, G. (1988). *Social Semiotics*. Cambridge: Polity.

Hodge, R. & Tripp, D. (1986). *Children and Television*. Cambridge: Polity.

Homer. (1946). *The Odyssey*, translated by E. V. Rieu. London: Penguin Classics.［ホメロス（松平千秋訳）（1994）『オデュッセイア〈上〉〈下〉』岩波書店］

Jancovich, M. (1992). *Horror*. London: Batsford.［マーク・ジャンコヴィック（遠藤徹訳）『恐怖の臨界——ホラーの政治学』青弓社］

Jancovich, J. (1996). *Rational Fears—American Horror in the 1950s*. Manchester: Manchester University Press.

Jenkins, H. (1992). *Textual Poachers: Television Fans and Participatory Culture*. NewYork: Routledge.

Jenkins, H. (2002). 'Interactive Audiences?: The "Collective Intelligence" of Media Fans' in Dan Harries (ed.) *The New Media Book*. London: British Film Institute.

Jenkins, H. (2006). *Convergence Culture: Where Old and New Media Collide*. NewYork: NYU Press.

Jenkins, H. (2007). 'Confronting the Challenges of Participatory Culture: Media Education for the 21st Century', at http://digitallearning.macfound.org/media/article_pdfs/JENKINS_WHITE_PAPER.PDF

Jewitt, C. & Kress, G. (eds.) (2003). *Multimodal Literacy*. New York: Peter Lang.

Kant, I. (1763/1960). *Observations on the Feeling of the Beautiful and the Sublime*, translated by John T. Goldthwait. Oxford: University of California Press.［エマニュエル・カント（上野直昭訳）（1982）『美と崇高との感情性に関する観察』岩波書店］

Kelland, M., Morris, M., & Lloyd, D. (2005). *Machinima*. London: Course Technology PTR.

King, S. (1982). *Danse Macabre*. London: Futura.

Kress, G. (2003). *Literacy in the New Media Age*. London: Routledge.

Kress, G. & van Leeuwen, T. (1992). 'Trampling All over Our Unspoiled Spot: Barthes' "Punctum" and the Politics of the Extra-semiotic', *Southern Review* Vol. 25, No. 1, 27–28.

Kress, G. & van Leeuwen, T. (1996). *Reading Images: The Grammar of Visual Design*. London: Routledge.

Kress, G. & van Leeuwen, T. (2000). *Multimodal Discourse: The Modes and Media of Contemporary Communiction*. London: Arnold.

Lanham, R. (1993). *The Electronic Word: Democracy, Technology, and the Arts*. Chicago: University of Chicago Press.

Lankshear, C. & Knobel, M. (2003). *New Literacies, Changing Knowledge and Classroom Learning*. Buckingham: Open University Press.

Lankshear, C., Snyder, S. & Green, B. (2000). *Teachers and TechnoLiteracy: Managing Literacy, Technology and Learning in Schools*. St. Leonards: Allen & Unwin.

Leadbeater, C. (2000). *Living on Thin Air: The New Economy with a Blueprint far the 21st Century*. London, Penguin.

Leander, K & Frank, A. (2006). 'The Aesthetic Production and Distribution of Image/Subjects among Online Youth', *E-Learning*, Vol. 3, No. 2, 185–286.

Leavis, F. & Thompson, D. (1933). *Culture and Environment*. London: Chatto and Windus.

Lemke, J. (2002). 'Travels in Hypermodality', *Visual Communication*, Vol. 1, No. 3, 299–325.

Loveless, A. (2002). *Literature Review in Creativity, New Technologies and Learning*. Bristol: Futurelab.

Lowood, H. (2005). 'High-Performance Play: The Making of Machinima', in Clarke, A. & Mitchell, G. (eds.) *Videogames and Art: Intersections and Interactions*. London: Intellect.

Mackereth, M. & Anderson, J. (2000). 'Computers, Video Games, and Literacy: What Do Girls Think?' *The Australian Journal of Language and Literacy* Vol. 23, No. 3, 184–195.

Mackey, M. (2001). 'The Survival of Engaged Reading in the Internet Age: New Media, Old Media, and the Book', *Children's Literature in Education*, Vol. 23, No. 3, September 2001, 167–189.

Mackey, M. (2002). *Literacies Across Media: Playing the Text*. London: Routledge Falmer.

Manovich, L. (1998). *The Language of New Media*. Cambridge, MA: MIT Press. [レフ・マノヴィッチ（堀潤之訳）(2013)『ニューメディアの言語— デジタル時代のアート，デザイン，映画』みすず書房]

Marsh, J. & Millard, E. (2000). *Literacy and Popular Culture: Using Children's Culture in the Classroom*. London: Paul Chapman.

McClay, J. (2002). 'Hidden "Treasure": New Genres, New Media and the Teaching of Writing', *English in Education*, Vol. 36, No. 1, 46–55.

McDougall, T. (2006). *The Media Teacher's Book*. London: Hodder Education.

McLuhan, M. (1962). *The Gutenberg Galaxy: The Making of Typographic Man*. Toronto: University of Toronto Press. [マーシャル・マクルーハン（森常治訳）(1986)『グーテンベルクの銀河系—活字人間の形成』みすず書房]

McRobbie, A. (1991). *Feminism and Youth Culture: From Jackie to Just 17*. London: Macmillan.

Metz, C. (1974). *Film Language*. Chicago: Chicago University Press.

文　献

Morgan, W. (1997). *Critical Literacy in the Classroom: The Art of the Possible*. London: Routledge.

Moseley, D., Higgins, S., Bramald, R., Hardman, F., Miller, J., Mroz, M., Tse, H., Newton, D., Thompson, I., Williamson, J., Halligan, J., Bramald, S., Newton, L., Tymms, P., Henderson, B. & Stout, J. (1999). *Ways Forward with ICT: Effective Pedagogy Using Information and Communications Technology for Literacy and Numeracy in Primary Schools*. Newcastle: University of Newcastle.

Mulvey, L. (Autumn 1975). 'Visual Pleasure and the Narrative Cinema', in Screen, Vol. 16, No. 3.

Murray, J. (1998). *Hamlet on the Holodeck*. Cambridge, MA: MIT Press.［ジャネット・ホロウィッツ・マレー（有馬哲夫訳）（2000）『デジタル・ストーリーテリング―電脳空間におけるナラティヴの未来形』国文社］

NACCC_E (1999). *All Our Futures: Creativity, Culture and Education*. Sudbury, National Advisory Committee on Creative and Cultural Education: DfEE and DCMS.

Oliver, M. (2008). 'Exclusion and Community in Second Life', online paper at http://learningfromsocialworlds. wordpress. com/exclusion-community-in-second-life/

Ong, W. (1982). *Orality and Literacy: The Technologizing of the Word*. London: Methuen.［ウォルター・オング（桜井 直文他訳）（1991）『声の文化と文字の文化』藤原書店］

Pelletier, C. (2005). 'How Meaning Is Produced in Game-Authoring' (unpublished research paper, Institute of Education, University of London: Centre for the Study of Children, Youth and Media).

Perrault, C. (1991). 'Little Red Riding Hood', in Carter, A. (ed.) *The Virago Book of Fairytales*. London: Virago.

Potter, J. (2005). '"This Brings Back a Lot of Memories" ―A Case Study in the Analysis of Digital Video Production by Young Learners', *Education, Communication & Information*, Vol. 5, No. 1, March 2005, 5–24.

Propp, V. (1970). *Morphology of the Folktale*. Austin: University of Texas Press.［ウラジミール・Я．プロップ（北岡誠司・福田美智代訳）（1987）『昔話の形態学』水声社］

Raney, K. (1998). 'A Matter of Survival: On Being Visually Literate', *The English & Media Magazine*, No. 39, Autumn 1998, 37–42.

Reid, M., Burn, A., & Parker, D. (2002). Evaluation Report of the BECTa Digital Video Pilot Project, BECTa, http://www.becta.org.uk/research/reports/digitalvideo/index.html

Rowling, J. K. (1998). *Harry Potter and the Chamber of Secrets*. London: Bloomsbury.［J. K. ローリング（松岡佑子訳）（2000）『ハリー・ポッターと秘密の部屋』静山社］

Ryan, M. L. (2001). 'Beyond Myth and Metaphor―The Case of Narrative in Digital

Media', *Game Studies*, Vol. 1, No. 1 (www.gamestudies.org)

Scruton, R. (1987). 'Expressionist Education'. *Oxford Review of Education* Vol. 13, No. 1, 39–44.

Sefton-Green, J. (2005). 'Timelines, Timeframes and Special Effects: Software and Creative Media Production', *Education, Communication & Information*, Vol. 5, No. 1, March 2005, 99–103.

Sefton-Green, J. (1995). 'New Models for Old? English Goes Multimedia', in Buckingham, D., Grahame, G. & Sefton-Green, J. (1995) *Making Media—Practical Production in Media Education*. London: English & Media Centre.

Sefton-Green, J. (1999). 'Media Education, but Not as We Know It: Digital Technology and the End of Media Studies', *The English & Media Magazine*, No. 40, 28–34.

Sefton-Green, J. & Parker, D. (2000). *Edit-Play*. London: BFI.

Selwyn, N. (2008). 'Developing the Technological Imagination: Theorising the Social Shaping and Consequences of New Technologies', in *Theorising the Benefits of Technology far Youth: Controversies of Learning and Development*, ESRC seminar series, University of Oxford and London School of Economics and Political Science.

Sharples, M. (1999). *How We Write: Writing as Creative Design*. London: Routledge.

Sinker, R. (2000). 'Making Multimedia', in Sefton-Green, J. & Sinker, R. (eds.) *Evaluating Creativity*. London: Routledge.

Street, B. (1997). 'The Implications of the "New Literacy Studies for Literacy Education"', *English in Education*, Vol. 31, No. 3, 45–59.

Sutton-Smith, B. (2001). *The Ambiguity of Play*. Cambridge: Harvard University Press.

Taylor, T. L. (2006). *Play Between Worlds: Exploring Online Game Culture*. Cambridge, MA: MIT Press.

Tucker, N. (1999). 'The Rise and Rise of Harry Potter', *Children's Literature in Education*, Vol. 30 No. 4, 221–234.

van Leeuwen, T. (1985). 'Rhythmic Structure of the Film Text', in van Dijk (ed.) *Discourse and Communication*. Berlin: de Gruyter.

van Leeuwen, T. (1999). *Speech, Music, Sound*. London: Macmillan.

Vygotsky, L. S. (1931/1998). 'Imagination and Creativity in the Adolescent', *The Collected Works of L. S. Vygotsky*, Vol. 5, 151–166.

Vygotsky, L. S. (1962). *Thought and Language*. Cambridge, MA: MIT Press. ［レフ・ウィゴツキー（柴田義松訳）(1962)『思考と言語』上，下巻　明治図書出版］

Willett, R. (2006). 'Constructing the Digital Tween: Market Discourse and Girls'Interests', In Mitchell, C. & Reid Walsh, J. (eds.) *Seven Going on Seventeen: Tween Culture in Girlhood Studies* (pp. 278–293). NewYork: Peter Lang.

Williams, R. (1961). *The Long Revolution*. London: Chatto and Windus. ［レイモンド・ウィリアムズ（若林繁信他訳）(1983)『長い革命』ミネルヴァ書房］

文 献

Williams, R. (1981). 'Communications, Technologies and Social Institutions', republished in Williams, R. (1988) *What I Came to Say*. London: Hutchinson.
Williams, R. (1974/1983). 'Drama in a Dramatized Society', in *Writing in Society*. London: Verso.［ポール・E. ウィリス（熊沢誠・山田潤訳）（1996）『ハマータウンの野郎ども』ちくま学芸文庫］
Willis, P. (1977). *Learning to Labour*. Aldershot: Ashgate.［ジャック・ザイプス（鈴木晶・木村慧子訳）（2001）『おとぎ話の社会史—文明化の芸術から転覆の芸術へ』新曜社］
Willis, P. (1990). *Common Culture*. Buckingham: Open University Press.
Zipes, J. (1983). *Fairy Tales and the Art of Subversion*. NewYork: Routledge.

TV AND FILM
A Nightmare on Elm Street, Wes Craven, US, 1984［邦題：エルム街の悪夢］
Aliens, James Cameron, US, 1986［邦題：エイリアン 2］
An American Werewolf in London, John Landis, UK, 1981［邦題：狼男アメリカン］
Carrie, Brian de Palma, US, 1976［邦題：キャリー］
Dr. Jekyll and Mr. Hyde, Rouben Mamoulian, US, 1931［邦題：ジキル博士とハイド氏］
Dr. Who, series (2005). DVD, Loncion: BBC［邦題：ドクター・フー］
Halloween, John Carpenter, US, 1978［邦題：ハロウィン］
Harry Potter and the Chamber of Secrets, Chris Columbus, UK, 2002［邦題：ハリー・ポッターと秘密の部屋］
It, Tommy Lee Wallace, US, 1990［邦題：イット］
Poltergeist, Tobe Hooper, US, 1982［邦題：ポルターガイスト］
Psycho, Alfred Hitchcock, US, 1960［邦題：サイコ］
Scream, Wes Craven, US, 1996［邦題：スクリーム］
The Company of Wolves, Neil Jordan, UK, 1984［邦題：狼の血族］
The Exorcist, William Friedkin, US, 1976［邦題：エクソシスト］
The Fly, David Cronenberg, US, 1986［邦題：ザ・フライ］
The Shining, Stanley Kubrick, US, 1980: Warner［邦題：シャイニング］
The Silence of the Lambs, Jonathan Demme, US, 1991［邦題：羊たちの沈黙］
The Tommyknockers, John Power, US, 1993［邦題：トミーノッカーズ］

GAMES
Final Fantasy VII (1998) Developer: Square; Publisher: Eidos
Harry Potter and the Chamber of Secrets (2002) Developer: KnowWonder; Publisher: EA Games
Planescape Torment (1999) Developer: Black Isle Studios; Publisher: Interplay Productions, Inc.
Skid the Squirrel (2005) London: BBC, at http://www.bbc.co.uk/cbbc/wild/games/(last

accessed, 5.6.06)
Timesplitters 2 (2002) Developer: Free Radical Design; Publisher: Eidos Interactive
Tomb Raider 4: The Last Revelation (1999) Developer: Core Design; Publisher: Eidos.

索 引

A

Addison, Nicholas 201
Anderson, Jonathan 138
Andrews, Richard 14

B

Banaji, Shakuntal 206
Bazalette, Cary 87
Beavis, Catherine 138, 170
Bennet, Andy 6
Bhatt, Sujata 121, 122, 124, 129, 132
Bigum, Chris 11
Black, Sharon 139, 147
Boden, Margaret 21
Burgess, Lesley 201

C

Columbus, Christopher 140
Cope, Bill 2

D

Demme, Jonathan 65
Duncum, Paul 201
Durrant, Cal 177

F

FEWG (Film Education Working Group) 168
Friedkin, William 69

G

Grahame, Jenny 24
Green, Bill 11, 177

H

Hooper, Tobe 69, 81

J

Jannicola, Paul 213

K

Kalantzis, Mary 2
Knobel, Michele 2

L

Lankshear, Colin 2, 11
Leach, Jenny 24, 132, 169, 240
Leadbeater, Charles 21
Loveless, Avril 206

M

Mackereth, Mathew 138
Marsh, Jackie 4
McClay, Jill Kedersha 138
McLuhan, Marshall 31
McRobbie, Angela 6
Millard, Elaine 4
Morgan, Wendy 11

P

Parker, David 89, 125, 171
Pollmuller, Britta 203

R

Raney, Karen 38
Rowling, J. K. 140

S

Schott, Gareth 144, 241
Scruton, Roger 21
Sharples, Mike 22, 226
Shortfuze Ltd 213
Simons, Michael 24
Snyder, Ilana 11

Street, Brian 38

T

Tripp, David 44, 45, 70, 93

W

Willett, Rebekah 6

あ

アイデンティティ (identity) 9, 10, 13, 18, 25, 59, 81, 121, 122, 124, 126, 130, 131, 134

遊び (play) 22, 148, 219

新しいメディア (new media) 30, 31, 33, 34

アッペルバウム，ピーター (Appelnbaum, Peter) 139, 158

アドルノ，セオドール (Adorno, Theodor) 14

アバター (avatar) 18, 30, 34, 151, 152, 161, 165, 207, 208, 210–212, 214, 216, 218–222, 231, 233

アフォーダンス／行為可能性 (affordance) 24, 27, 206, 222, 223

アメリカン・インターナショナル・ピクチャーズ (AIP) 42, 238

アリストテレス (Alistotle) 1, 2, 13, 185

アンジェラ・カーター (Angela Carter) 42, 46, 52, 95, 239

い

イェイツ，ウィリアム・バトラー・ (Yeats, William Butler) 120

イマーシブ・エデュケーション (Immersive Education Ltd.) 140, 169, 170

インスクリプション (inscription) 40, 89–92

う

ヴァン ルーヴェン，セオ (van Leeuwen, Theo) 3, 4, 8, 10–12, 40, 41, 45, 48, 49, 59, 63, 85, 87, 89–91, 103, 104, 105, 112–114, 118, 122, 159, 170, 240

ヴィゴツキー，レフ (Vygotsky, Lev) 21, 22, 47, 55, 226, 228, 236

ウィリアムズ，レイモンド (Williams, Raymond) 3, 5–8, 19, 34, 35, 37–39, 41, 54, 60, 61, 114, 135, 239

ウィリス，ポール (Willis, Paul) 4, 16, 21, 87

ウェルズ，オーソン (Welles, Orson) 100

ウォークスルー (walkthroughs for games) 191, 192

え

エイコーン・アルキメデス (Acorn Archimedes) 24, 94

英国映画協会 (the British Film Institute) 7, 88, 97, 108, 117

英国教育工学通信協会 (BECTa) 120, 203, 206, 226, 241

英国創造的教育・文化教育諮問委員会 (NACCCE) 131

エイゼンシュテイン，セルゲイ・ミハイロヴィッチ (Eisenstein, Sergei Mikhailovich) 40, 43, 44, 52, 76, 86, 109

エコノミー，ゲームにおける (economies (in game design))

索　引

175, 180, 188, 192, 194, 195

お

オーラム，バーニー（Oram, Barney）7

オライリー，ティム（O'Reilly, Tim）24

オング，ウォルター（Ong, Walter）29, 134, 144, 196

か

カーペンター，ジョン（Carpenter, John）239

カール，ダイアン（Carr, Diane）170, 208, 242

カイヨワ，ロジェ（Caillois, Roger）148, 179

カルチュラル・スタディーズ（Cultural Studies）3-6, 8, 9, 11, 12, 16, 18, 32, 35, 36, 55, 87

カント，イマニュエル（Kant, Immanual）16, 239

ガントレット，デビッド（Gauntlett, David）31

き

軌道と横断（trajectory and traversal）154

キネイコニック（kineikonic mode）90, 121, 125

キャメロン，デビッド（Cameron, David）219, 220, 232

キャロル，ジョン（Carroll, John）197, 219, 232

キューブリック，スタンリー（Kubrick, Stanley）187

教育学（pedagogy）2, 232, 236

教育ドラマ（educational drama）219

共時的統語（synchronic syntagms）51, 93

キング，スティーブン（King, Stephen）53, 69

く

グリーン，ビル（Green, Bill）2, 4, 11, 13

クレイブン，ウェス（Craven, Wes）19, 65, 68, 69, 81

クレス，ギュンター（Kress, Gunther）2-4, 8, 10-12, 40, 41, 44, 45, 48, 49, 51, 59, 63, 70, 85, 87, 89-91, 93, 103-105, 112-114, 118, 119, 122, 141, 142, 154, 159, 170, 209, 210, 240

クローバー，キャロル（Clover, Carol）48, 239

クロネンバーグ，デヴィッド（Cronenberg, David）49, 239

け

芸術性（aesthetics）15

ゲーム作成ソフト（game-design software）26, 140, 169, 170

ゲームの物語（game narrative）186

結束作用（cohesion）181

結束性（coherence）190

ケランド，マット（Kelland, Matt）203, 228, 237

限定された言語（restricted language）151

こ

口承型物語（oral narrative）153, 196

国語科（English (and the moving image)）117-119, 121,

131–135, 167
ゴッフマン，アーヴィング（Goffman, Erving）124, 210, 232
コナー，スティーブ（Connor, Steve）18

さ

ザイプス，ジャック（Zipes, Jack）95, 238
サットン＝スミス，ブライアン（Sutton-Smith, Brian）148, 219

し

ジー，ジェームズ・ポール（Gee, James Paul）18, 153
シェイクスピア，ウィリアム（William Shakespeare）118
ジェンキンス，ヘンリー（Jenkins, Henry）22, 23, 33, 215
社会記号論（social semiotics/social semiotic theory）8, 9, 13, 32, 35, 43–45, 70, 85–87, 89, 103
社会記号論的なメタ機能（semiotic metafunctions）171
ジャンコヴィッチ，マーク（Jancovich, Mark）48, 238
シュヴァンクマイエル，ヤン（Švankmajer, Jan）214
集合知（collective intelligence）31, 34, 215
10代用区画（セカンド・ライフ）216
ジュネット，ジェラール（Genette, Gérard）142, 149, 156, 178
焦点化（focalisation）142, 156–158, 161
ジョーダン，ニール（Jordan, Neil）5, 42
触媒と基数関数（catalysers and cardinal functions）71
シンカー，レベッカ（Sinker, Rebecca）93, 209
身体の記号的なもの（bodily semiotic）134

す

垂直モンタージュ（vertical montage）44, 59
崇高（the sublime）240
スコット，リドリー（Scott, Ridley）93
スチル写真（the cinematic still）39, 43, 44
ステッドマン，ラルフ（Steadman, Ralph）118

せ

世界内チャット（in-world chat）242
セカンドライフ（Second Life）34, 201, 241, 242
セフトン・グリーン，ジュリアン（Sefton-Green, Julian）16, 17, 19, 41, 60, 238
セルウィン，ニール（Selwyn, Neil）23, 30

そ

創造性（creativity）20–22, 120, 121, 131, 132, 206, 226–228, 236
双方向性（interactivity）102

た

タッカー，ニコラス（Tucker, Nicholas）137–139, 147
楽しさ（pleasure）18

索 引

つ
通時的統語（diachronic syntagms）44, 93

て
ディケンズ，チャールズ（Dickens, Charles）120
ディスプレイのインスクリプション 112
テーラー，T. L.（Taylor, T. L）219
デジタル・アニメーションソフト（digital animation software）91, 95, 110
デジタル編集システム（digital video editing system）122
デ・パルマ，ブライアン（de Palma, Brian）53
デュゲイ，ポール（du Gay, Paul）9, 11
デュラン，ジェーム（Durran, James）32, 172, 202, 226

と
トールキン，J・R・R（Tolkien, J.R.R）138
ド・セルトー，ミシェル（de Certeau, Michel）236
トンプソン，デニス（Thompson, Denys）14, 167

な
「ナラトロジー（物語論）対 ルドロジー（ゲーム論）」のディベート（narratology-ludology debate）170

は
パークサイド・コミュニティ・カレッジ（Parkside Community College）109, 117, 132
バーン，アンドリュー（Burn, Andrew）24, 26, 32, 54, 89, 125, 144, 169, 171, 182, 202, 206, 226, 241
パイディアとルドゥス（paidea and ludus）148
バイリンガルであること（bilingualism）121, 125, 127, 128, 129, 131
バスキン，レオナルド（Baskin, Leonard）118
バッキンガム，デビッド（Buckingham, David）3, 4, 12, 16, 17, 19, 21–23, 26, 30, 35, 79, 87, 91, 102, 132, 167, 168, 170, 172, 204, 226, 227
ハビトゥス（habitus）17, 19, 20, 212
バフチン，ミハイル（Bakhtin, Mikhail）18, 56, 70
ハマーフィルム（Hammar studios）42
ハリデー M.A.K.（Halliday, M.A.K）3, 45, 85, 141, 151, 170
バルト，ロラン（Barthes, Roland）3, 18, 43, 44, 45, 47, 51, 52, 55–57, 71, 75, 240

ひ
ヒース，スティーヴン（Heath, Stephen）39, 63
ヒッチコック，アルフレッド（Hitchcock, Arfred Joseph）19, 51, 64, 65, 67, 68, 239
ヒューズ，テッド（Hughes, Ted）118

257

ふ

フィスク，ジョン（Fiske, John）4
ブライトン，エニッド（Blyton, Enid）137
フラスカ，ゴンゾロ（Frasca, Gonzalo）170, 178–180, 241
フランク，エイミー（Frank, Amy）17
ブルーナー，ジェローム（Bruner, Jerome）80
ブルデュー，ピエール（Bourdieu, Pierre）9
フレイザー，ピーター（Fraser, Peter）7
ブレーク，ウィリアム（Blake, William）118
フロイト，ジークムント（Freud, Sigmund）54
プロップ，ウラジミール（Propp, Vladimir）147, 175, 238
ブロフィ，フィリップ（Brophy, Philip）51, 239
プロフェッショナル版のビデオ編集ソフト 88
文化（culture）3
    文化の回路（circuit of）9
    クロス・メディア文化（cross-media）138
    ポピュラー・カルチャー（popular）4

へ

ベーオウルフ（Beowulf）118
ベクタ形式の描画ソフト（vector-drawing software）85, 94, 96, 101
ヘブディジ，ディック（Hebdige, Dick）4
ペレティア，キャロライン（Pelletier, Caroline）172, 176
ペロー，シャルル（Perrault, Charles）46
ベンヤミン，ヴァルター（Benjamin, Walter）209, 210, 212, 213

ほ

ボアール，アウグスト（Boal, Augusto）233
ボーム，フランク・L（Baum, L. Frank）138
ホール，スチュアート（Hall, Stuart）9
ポストモダン主義（postmodernism）5, 6, 8, 234
ホッジ，ロバート（Hodge, Robert）44, 45, 51, 70, 93
ポッター，ジョン（Potter, John）25

ま

マーチ，ウォルター（Murch, Walter Scott）100
マクドガル，ジュリアン（McDougall, Julian）238
マシニマ（machinima）34, 201
マッケイ，マーガレット（Mackey, Margaret）138, 169
マノヴィッチ，レフ（Manovich, Lev）25–27, 30, 31, 181, 236, 238
マムーリアン，ルーベン（Mamoulian, Rouben）46
マリー，ジャネット（Murray, Janet）28, 196, 198
マルチモダリティ（Multimodality）8–10, 32, 35, 118, 123, 131

マルビー，ラウラ（Mulvey, Laura）
　　19, 239

み
ミッションメーカー（Missionmaker）
　　26
民話（folktale）147, 153

め
メッツ，クリスチャン（Metz, Christian）86, 229, 230
メディア制作の理論と実践（theory and practice in media production）79, 80

も
モーズリー，デビッド（Moseley, David）206
モダリティ（modality）158–162, 165

ゆ
ユニバーサル映画（Universal Pictures）42

よ
読みの道筋（reading path）154

ら
ライアン，マリー・ロール（Ryan, Marie-Laure）138, 186
ランディス，ジョン（Landis, John）46
ランハム，リチャード（Lanham, Richard）29, 89

り
リーヴィス，F. R.（Leavis, Frank Raymond）14, 18, 167
リーンダー，ケビン（Leander, Kevin）17

リテラシー（literacy）1, 38, 117–119
　　クリティカル・リテラシー（critical）11
　　ゲーム・リテラシー（game）167
　　メディア・リテラシー（media）2, 20, 22, 23, 29, 31–33, 118
リンデンラボ（Linden Lab）207

る
ルーク，アラン（Luke, Allan）36
ルール，ゲームデザインの（design (rule in game)）28, 176–178, 180, 181, 187, 188, 193, 195–197

れ
レイド，マーク（Reid, Mark）26, 120, 203
レヴィ，ピエール（Levy, Pierre）34, 35, 215
レムケ，ジェイ・L（Lemke, Jay L.）141, 142, 154, 171

ろ
ローウッド，ヘンリー（Lowood, Henry）233, 236
ロール・プレイング・ゲーム（role-playing games）30, 138, 140, 186

わ
ワーズワース，ウィリアム（Wordsworth, William）120

訳者紹介

第1章　森本洋介(弘前大学・講師)
　　　京都大学大学院教育学研究科博士後期課程修了。博士(教育学)

第2章　奥泉 香(日本体育大学・教授)
　　　早稲田大学大学院教育学研究科博士後期課程修了。博士(教育学)

第3章　和田正人(東京学芸大学教育実践研究支援センター・教授)
　　　国際基督教大学大学院教育学研究科教育方法学博士後期課程修了。博士(教育学)

第4章　水澤祐美子(成城大学・准教授)
　　　ウーロンゴン大学大学院人文学部博士課程修了。博士(言語学)

第5章　村井明日香(東北大学大学院博士後期課程在籍，桜美林大学・非常勤講師)
　　　東京大学大学院学際情報学府修士課程修了。修士(学際情報学)

第6章　田島知之(FCT メディア・リテラシー研究所・理事)
　　　立命館大学大学院社会学研究科博士後期課程単位取得退学。修士(社会学)

第7章　松田結貴(米国テネシー州立メンフィス大学・准教授)
　　　南カリフォルニア大学大学院言語学科博士課程修了。博士(言語学)

第8章　石田喜美(横浜国立大学・准教授)
　　　筑波大学大学院博士課程人間総合科学研究科修了。博士(教育学)

訳語の統一管理
　　　高橋敦志(東京学芸大学大学院博士後期課程在籍，立教新座中学校・高等学校・講師)
　　　東京学芸大学大学院教育学研究科修士課程修了。修士(教育学)

アンドリュー・バーン（Andrew Burn）

　英国 University College London（ロンドン大学）教育学研究所教授（Ph.D.）。子ども・若い人たちとメディア研究センターにおいて，デビッド・バッキンガム氏らと協働研究を行ってきた。代表的な仕事に，英国のグローブ座との協働研究で，若者や子どもがシェイクスピア作品の理解や，文化的・歴史的吟味・検討を行えるゲーム・オーサリングシステムの開発（Playing Shakespeare: developing a game-authoring tool for Macbeth with The Globe and Immersive Education, AHRC Digital Transformations programme, 2012），英国映画協会やEUとの協働による，画像理解，映像理解のための若者や子ども向け教材の開発，ソフトウェアの開発等がある（Film Literacy in EU member states, Co-I with the BFI and Film Education, Screening Literacy, EC, 2012）。

参加型文化の時代におけるメディア・リテラシー
――言葉・映像・文化の学習――

NDC379／x+260p／21cm

初版第1刷	2017年 10月5日
著　者	アンドリュー・バーン
編訳者	奥泉　香
訳　者	石田喜美・田島知之・松田結貴・水澤祐美子 村井明日香・森本洋介・和田正人
発行人	岡野秀夫
発行所	株式会社くろしお出版

〒113-0033　東京都文京区本郷3-21-10
［電話］03-5684-3389　［WEB］www.9640.jp

印刷・製本　シナノ書籍印刷　装　丁　折原カズヒロ

©Kaori Okuizumi 2017
Printed in Japan

ISBN978-4-87424-742-6 C3037

乱丁・落丁はお取りかえいたします。本書の無断転載・複製を禁じます。